Inhalt

Vorwort
Stichwortverzeichnis

Hinweise und Tipps zur schriftlichen Abiturprüfung

1 Grundlagen I
2 Prüfungsstoff I
3 Aufgabenarten II
4 Anforderungsbereiche und Operatoren V
5 Tipps VIII

Hinweise und Tipps zur schriftlichen Abiturprüfung

1 Allgemeines X
2 Prüfungsteil I: eigenständiger Vortrag X
3 Prüfungsteil II: das Prüfungsgespräch XII

Abiturähnliche Übungsaufgaben

Untersuchendes Erschließen pragmatischer Texte: Textanalyse

Übungsaufgabe 1: Linus Reichlin: Geständnisse eines Netzlings/ Zitat von Linus Reichlin 1
Übungsaufgabe 2: Siegfried Lenz: Das Ende des Gutenbergzeitalters/ Sendemanuskript „Zukunft ohne Bücher?“ 9
Übungsaufgabe 3: Harald Jähner: Worte wie Bojen. Der deutschen Sprache geht es besser denn je. Ein Sprachschutzgesetz würde das ändern/Andreas Oplatka: Europäischer Sommer der schlechten Laune 17
Übungsaufgabe 4: Norbert Kron: Was hinterlassen uns Dichter, wenn sie ihre Manuskripte nur noch auf dem Computer schreiben? 24
Übungsaufgabe 5: Ruth Klüger: Frauen lesen anders 31

Untersuchendes Erschließen literarischer Texte – Epik
Übungsaufgabe 6: Gottfried Keller: Romeo und Julia auf dem Dorfe 39
Übungsaufgabe 7: Theodor Fontane: Stine / Irrungen, Wirrungen 45
Übungsaufgabe 8: Theodor Fontane: Irrungen, Wirrungen / Zitat von Eva Illouz 53

Untersuchendes Erschließen literarischer Texte – Drama
Übungsaufgabe 9: Max Frisch: Andorra / „Du sollst dir kein Bildnis machen ...“ 60

Untersuchendes Erschließen literarischer Texte – Lyrik
Übungsaufgabe 10: Johann Wolfgang Goethe: Gesang der Geister über den Wassern 68
Übungsaufgabe 11: Matthias Claudius: Kriegslied/Georg Trakl: Menschheit 72
Übungsaufgabe 12: Georg Heym: Der Nebelstädte winzige Wintersonne / Joseph von Eichendorff: In Danzig........................... 80

Abiturprüfungsaufgaben 2008 (Fach und Hauptfach)

Block I: Arthur Schopenhauer: Unser Verhalten gegen andere betreffend. / Max Frisch: Höflichkeit 2008-1
Block II: Heinrich von Kleist: Das Erdbeben in Chili 2008-8
Block III: Bertolt Brecht: Leben des Galilei 2008-16
Block IV: Georg Heym: Die Morgue / Günter Kunert: Ikarus neuerlich 2008-24

Abiturprüfungsaufgaben 2010 (Fach und Hauptfach)

Block I: Dietrich Schwanitz: Bildung – Alles, was man wissen muß 2010-1
Block II: Daniel Kehlmann: Die Vermessung der Welt / Johann Wolfgang von Goethe: Die Wahlverwandtschaften 2010-10
Block III: Walter Moers: Die Stadt der Träumenden Bücher / Umberto Eco: Im Wald der Fiktionen 2010-19
Block IV: Eduard Mörike: Auf einer Wanderung / Joseph von Eichendorff: Im Abendroth 2010-25

Autoren: Renate Belling, Dr. Werner Bentin, Birgit Doogs, Heike Felsner, Susan Herpel, Sylke Liehr, Ulrich Patz, Dr. Ulrike Pätzold, Sabine Tautorat, Dr. Werner Winkler

Vorwort

Liebe Abiturientinnen und Abiturienten,

der vorliegende Band soll Ihnen dabei helfen, sich optimal auf die Abiturprüfung im Fach Deutsch vorzubereiten. Das einführende Kapitel „**Hinweise und Tipps**" informiert Sie über die offiziellen Rahmenvorgaben, macht Sie mit den Arbeitsanweisungen (Operatoren) vertraut und erläutert die verschiedenen Schwierigkeitsstufen (Anforderungsbereiche) innerhalb jeder einzelnen Aufgabe. Es schließen sich konkrete Tipps an, was Sie bei der Bearbeitung der unterschiedlichen Aufgabenarten beachten müssen. Hinweise zur mündlichen Prüfung im Fach Deutsch runden diesen Teil ab.

Einem Block mit zahlreichen Übungsaufgaben folgen die offiziellen Abiturprüfungsaufgaben von 2008 und 2010. Zu jedem Klausurbeispiel finden Sie einen ausführlichen **Lösungsvorschlag**, mit dem Sie Ihren eigenen Aufsatz vergleichen können. Den Lösungsvorschlägen vorangestellt sind **Hinweise und Tipps**, die Ihnen bei der Erschließung der einzelnen Arbeitsanweisungen helfen. Wesentliche **Fachbegriffe** in den Lösungsvorschlägen sind durch Fettdruck hervorgehoben.

Vergegenwärtigen Sie sich bei Ihrer Vorbereitung immer wieder die genaue Fragestellung und die verwendeten Operatoren und lesen Sie wiederholt die Erklärung der unterschiedlichen Aufgabenarten in den Hinweisen nach. Auf diese Weise wiederholen Sie auch die im Unterricht gelernten Inhalte und Methoden.
Ein **Stichwortverzeichnis** ermöglicht die schnelle Orientierung in dem Band.

Sollten nach Erscheinen dieses Bandes noch wichtige Änderungen in der Abiturprüfung 2011 vom Kultusministerium bekannt gegeben werden, finden Sie aktuelle Informationen dazu im Internet unter:
www.stark-verlag.de/info.asp?zentrale-pruefung-aktuell

Wir wünschen Ihnen eine effektive Abiturvorbereitung und eine erfolgreiche Abiturprüfung!

Die Autoren und der Verlag

Stichwortverzeichnis

Werkregister

Andorra 60 ff.
Auf einer Wanderung 2010-25 ff.

Bildung – Alles, was man wissen muß 2010-1 ff.

Das Ende des Gutenbergzeitalters 9 ff.
Das Erdbeben in Chili 2008-8 ff.
Der Nebelstädte winzige Wintersonne 80 ff.
Die Morgue 2008-24 ff.
Die Stadt der Träumenden Bücher 2010-19 ff.
Die Vermessung der Welt 2010-10 ff.
Die Wahlverwandtschaften 2010-16 ff.

Entdeckungen 60 ff.
Europäischer Sommer der schlechten Laune 22 ff.

Frauen lesen anders 31 ff.

Gesang der Geister über den Wassern 68 ff.
Geständnisse eines Netzlings 1 ff.

Höflichkeit 2008-5 ff.

Ikarus neuerlich 2008-30 ff.
Im Abendroth 2010-30 ff.
Im Wald der Fiktionen 2010-23
In Danzig 83 f.
Irrungen, Wirrungen 50 ff., 53 ff.

Kriegslied 72 ff.

Leben des Galilei 2008-16 ff.

Menschheit 77 ff.

Romeo und Julia auf dem Dorfe 39 ff.

Stine 45 ff.

Unser Verhalten gegen andere betreffend 1 ff.

Was hinterlassen uns Dichter, wenn sie ihre Manuskripte nur noch auf dem Computer schreiben? 24 ff.
Weltende 42 ff.
Worte wie Bojen. Der deutschen Sprache geht es besser denn je 17 ff.

Zukunft ohne Bücher? 14 ff.

Personenregister

Brecht, Bertolt 2008-16 ff.

Claudius, Matthias 72 ff.

Eco, Umberto 2010-23
Eichendorff, Joseph von 83 f.; 2010-30 ff.

Fontane, Theodor 45 ff.
Frisch, Max 60 ff.; 2008-5 ff.

Goethe, Johann Wolfgang 68 ff.; 2010-16 ff.

Heym, Georg 80 ff.; 2008-24 ff.

Illouz, Eva 58 f.

Jähner, Harald 17 ff.

Kehlmann, Daniel 2010-10 ff.
Keller, Gottfried 39 ff.
Kleist, Heinrich von 2008-8 ff.
Klüger, Ruth 31 ff.
Kron, Norbert 24 ff.
Kunert, Günter 2008-30 ff.

Lenz, Siegfried 9 ff.

Mörike, Eduard 2010-25 ff.
Moers, Walter 2010-19 ff.

Oplatka, Andreas 22 ff.

Reichlin, Linus 1 ff.

Schopenhauer, Arthur 2008-1 ff.

Schwanitz, Dietrich 2010-1 ff.

Trakl, Georg 77 ff.

Hinweise und Tipps zur schriftlichen Abiturprüfung

1 Grundlagen

1.1 Vorgaben für das Zentralabitur Deutsch

Die schriftlichen Prüfungsaufgaben richten sich in Aufbau und Inhalt nach:

- den gültigen Richtlinien und Lehrplänen Deutsch Sekundarstufe II – Gymnasium,
- den bundesweit verbindlichen Einheitlichen Prüfungsanforderungen in der Abiturprüfung (EPA), im Internet zu finden unter: http://www.kmk.org/doc/beschl/epa_deutsch.pdf.

1.2 Zeitrahmen und Hilfsmittel

In der Abiturprüfung im Fach Deutsch werden Ihnen vier unterschiedliche Aufgaben vorgelegt, von denen Sie eine auswählen müssen. Die Einlesezeit beträgt 30 Minuten. Zur Bearbeitung stehen Ihnen 240 Minuten im Grundkurs (Fach) bzw. 300 Minuten im Leistungskurs (bzw. Hauptfach) zur Verfügung. Als Hilfsmittel ist ein Wörterbuch der deutschen Rechtschreibung zugelassen. Zudem werden Ihnen unkommentierte Ausgaben der beiden Prüfungslektüren zur Verfügung gestellt.
Alle Abiturienten, die Kursteilnehmer des Grundkurses (Fachs) wie des Leistungskurses (Hauptfach), bearbeiten einen **Teil A**. Darüber hinaus müssen die Schüler, die Deutsch im Leistungskurs (Hauptfach) belegt haben, sich noch mit einem **Teil B** auseinandersetzen. B bezieht sich inhaltlich auf A.

2 Prüfungsstoff

Das Kultusministerium hat für das Jahr 2011 **zwei literarische Werke** festgelegt, die als potenzieller Prüfungsstoff gelten und deren Kenntnis vorausgesetzt wird. Mit diesen sollten Sie sich daher bei der Abiturvorbereitung intensiv auseinandersetzen.

- Gottfried Keller: *Romeo und Julia auf dem Dorfe*
- Theodor Fontane: *Irrungen, Wirrungen*

Zusätzlich werden von Ihnen genauere Kenntnisse zum bürgerlichen Realismus, dem beide Werke zugeordnet werden, erwartet. Sie sollten also in der Lage sein, typische Stoffe, Motive, erzählerische Gestaltungsweisen und poetologische Konzepte dieser Epoche zu erkennen und zu erläutern.

3 Aufgabenarten

Die EPA unterscheidet drei wesentliche fachspezifische Erschließungsformen von Texten: das **Untersuchen**, das **Erörtern** und das **Gestalten**. Kombiniert man diese drei Methoden mit einer Textart (literarisch oder pragmatisch), erhält man die folgenden Aufgabenarten:

Erschließungsform	Textart	Aufgabenart
untersuchend	literarisch pragmatisch	Textinterpretation Textanalyse
erörternd	literarisch pragmatisch	literarische Erörterung Texterörterung

In allen Aufgabenarten sind die Kombination verschiedener Textvorlagen sowie vergleichende Textbetrachtungen möglich.

3.1 Textinterpretation

Die häufigste Aufgabenart ist die Textinterpretation. Zugrunde liegen kann ein Textausschnitt aus einem bekannten **epischen, lyrischen oder dramatischen Werk** oder ein unbekannter Text, den Sie dann meistens zusammenfassen, erschließen und interpretieren sowie mit Bekanntem vergleichen sollen. Es geht darum, den Text in seiner Besonderheit zu verstehen und dieses Verständnis sprachlich zum Ausdruck zu bringen. Es ist ratsam, ihn zunächst mehrfach zu lesen, Auffälliges zu markieren, Beobachtungen zu notieren, Fragen an ihn zu stellen und sich zu überlegen, was charakteristisch und wesentlich daran ist. Die Deutung soll aus solchen Beobachtungen heraus entwickelt und mit Zitaten belegt werden. Als dritte Aufgabe schließt sich manchmal noch eine persönliche Auseinandersetzung mit dem Gegenstand an, die oft auch dazu auffordert, ein eigenes Urteil zu formulieren. Eine beliebte Variante stellt der Gedichtvergleich dar, bei dem zwei Werke unterschiedlicher Autoren, Epochen oder Form einander gegenüberstehen und unter einem bestimmten Gesichtspunkt in Beziehung zueinander gesetzt werden sollen.

3.2 Textanalyse

Die Textanalyse bezieht sich auf **Sachtexte**, die in ihrer Aussage und Struktur, ihrer Argumentation und Intention zu erschließen und in ihren Thesen oder spezifischen Positionen zu erläutern und zu erörtern sind. Üblicherweise handelt es sich um **journalistische Texte**, Berichte, Kommentare, Kritiken, Reden und Essays. Im Unterschied zu literarischen Texten sind sie nicht fiktional: Nicht ein lyrisches Ich oder ein erdachter Erzähler, sondern die Autoren sind reale Persönlichkeiten, die eine bestimmte Intention verfolgen, appellieren oder überzeugen, manchmal aber auch provozieren wollen. Die für das Abitur ausgewählten Sachtexte setzen sich meistens mit kultur- und gesellschaftspolitischen Fragen auseinander.

3.3 Die literarische und die textgebundene Erörterung

Die literarische sowie die textgebundene Erörterung gehen über eine reine Textinterpretation bzw. Textanalyse hinaus. Das Verständnis der Vorlage ist hier nicht die Hauptsache, sondern Grundlage für die nun im Zentrum stehende Erörterung. Bei dieser Aufgabenart sollte man folgerichtig argumentieren und Gesichtspunkte gegeneinander abwägen können, um daraus ein eigenes Fazit zu gewinnen.

3.6 Tipps zur Arbeit mit Texten

Jeder gelungene Deutschaufsatz entsteht aus einem Zusammenspiel von genauem Eingehen auf die Aufgabenstellung und individuellem Zugang, also der Fähigkeit, den Text „zum Sprechen" zu bringen. Für die Prüfungssituation ist es wichtig, über ein **Repertoire an Fragen** zu verfügen, mit denen man an literarische Texte herangeht.

Interpretation einer dramatischen Szene

- Hier sollte man – immer vorausgesetzt, dass die Aufgabenstellung nicht ausdrücklich einen bestimmten Untersuchungsaspekt vorgibt – nach Kommunikationssituation und Redeanteilen fragen.
- Welche Spannung liegt in der Szene? Wie spitzt sich die Auseinandersetzung zu?
- Wo ist eventuell ein Höhe- und Wendepunkt?
- Welche Rolle spielt der Schauplatz und eventuell ein Requisit oder eine Geste?
- Was tragen die Regieanmerkungen zum Verständnis bei?
- Was bleibt hinter dem gesprochenen Wort unausgesprochen und ist mitzudenken und lässt uns ahnen, wie es in der Figur wirklich aussieht und was sie vielleicht plant?
- Welchen Platz hat die Szene im Handlungszusammenhang? Welche Funktion kommt ihr zu? (Was wäre, wenn sie gestrichen wäre?)

Gedichtinterpretation

- Bestimmen Sie bei Gedichten nicht mechanisch das Metrum, wenn Sie nicht wissen, was es ausdrückt und bewirkt.
- Aus welcher Perspektive wird im Gedicht gesprochen?
- Was entwickelt sich vom ersten bis zum letzten Vers?
- Welche Versgruppen gehören zusammen?
- Wie ist ein Motiv durchgeführt und inwieweit wandelt es sich?
- Was ist mit dem Ich, das implizit oder explizit sich und seine Sicht der Welt zum Ausdruck bringt? Wie spricht es? Welche Sprache wählt es?
- Ergibt sich eher fließend ein Erlebniszusammenhang mit einer spürbaren Atmosphäre? Oder ist es ein eher spröder, intellektuell gedachter und gebauter Text, durchsetzt von Konjunktionen, Einsprüchen und Antithesen?

Sie sollten hinhören und überlegen, wie das Gedicht wirkt, und untersuchen, wodurch diese Wirkung zustande kommt. In der ersten halben Stunde einer Gedichtinterpretation sollten Sie den Text auf sich wirken lassen, Fragen sammeln und noch nicht losschreiben. Und noch etwas: Wie das eine oder andere letztlich zu verstehen ist, ist nicht immer eindeutig zu entscheiden: Gedichte haben einen offenen Deutungsraum. Die Interpretation muss daher nach Plausibilität streben, indem sie sich nahe am Gedicht bewegt und die Thesen durch konkrete Textbelege stützt.

Interpretation von epischen Texten

- Bei erzählender Literatur sollten Sie sich vor der Gefahr hüten, in der Fülle des Stoffes zu ertrinken und zuviel Inhaltliches zu rekonstruieren.
- Sie müssen meistens den Romanausschnitt erst einmal im Romanganzen (im Kontext) verankern (situieren) und eine Zusammenfassung geben, bevor man zur Untersuchung übergeht. Die Konzentration auf Wesentliches, auf den thematisierten Erzählstrang oder Aspekt und die Strukturierung der eigenen Darstellung sind hier besonders nötig.
- Entscheidend für das Verständnis ist es sehr oft, die Erzählperspektive und Haltung des Erzählers zu erkennen und zu deuten. Weiß er nicht mehr, als die einzelne Person wissen kann, erzählt er gleichsam aus ihr heraus personal? Oder überschaut

er eine Welt? Oder verschwindet er ganz hinter einem erzählenden Ich? Hegt der Erzähler Sympathie für seine Helden oder bleibt er ironisch distanziert?
- Wird linear-chronologisch erzählt oder gebrochen in Zeitsplittern, Facetten, Vorwegnahmen und Rückblicken?
- Entsteht ein Abbild unserer Wirklichkeit, oder erscheint sie ins Artifizielle, Groteske, Absurde verfremdet?
- Welches Bild von der erzählten Zeit wird entworfen, mit welchen Fragen setzt sich der Autor in seinem Text auseinander?

Analyse von Sachtexten
- Bei Sachtexten ist es wichtig, Textsorte, Adressatenbezug und Kommunikationszusammenhang zu klären, denn oft reagieren Autoren auf ganz bestimmte Situationen, greifen mit ihrem Beitrag in eine öffentliche Debatte ein oder lösen damit eine öffentliche Debatte aus. Bei der Wahl solcher Themen sollte man also etwas Hintergrundinformation haben.
- Entscheidend ist es, das zentrale Problem zu erfassen, die Intention des Autors aus der Fülle der Aussagen herauszuschälen und die wichtigsten Argumente zu finden, die die vorgetragene Absicht stützen.
- Bei Reden wäre zu fragen, ob überzeugend argumentiert oder ob eher überredet, manipuliert, verschleiert und mit Emotionalität und Suggestion Stimmung erzeugt wird. Aufschlussreich bei der Untersuchung von Reden ist es, nach Merkmalen zu suchen, die vielleicht eine Wir-Gruppe von einer Feind-Gruppe abgrenzen.
- Der Übergang zu literarischen Texten ist dann fließend, wenn die Autoren Dichter sind und in der Form des Essays schreiben.
- Bei Glossen und Polemiken kommt es sehr darauf an, Mittel der Ironie, der ironischen Übertreibung und Zuspitzung, nicht zu überlesen.

Einen guten Eindruck macht es immer, wenn korrekt **zitiert** werden kann. Man sollte nicht zu umfangreich zitieren oder dem Leser das Zitat kommentarlos präsentieren. Zitate, oft nur ein Satzfetzchen oder ein besonderes Wort, werden gewählt, weil sie aufschlussreich und vielsagend sind: Man muss also damit arbeiten, sie erläutern und kommentieren. Überhaupt ist es das A und O aller Interpretation, das Vorgefundene mit eigenen Worten zu erfassen. Wer nur wiederholt, was der Autor sagt, bleibt gleichsam erkenntnisblind. Die Anstrengung dagegen, Fremdes selbstständig in der eigenen Sprache wiederzugeben, wirft unwillkürlich Fragen auf und bedeutet damit den ersten Schritt zum Verständnis eines Textes.

Sehr ratsam ist es, über ein paar **Fachbegriffe** so zu verfügen, dass über Erzähltes und Dargestelltes präzise gesprochen werden kann. Man sollte etwa schreiben können: „Die Peripetie erkenne ich in dem Moment, in dem …“ Oder: „Hier wird der Beziehungsaspekt wichtiger als der Inhalt.“ Oder: „In diesen Ellipsen, diesen Kurzsätzen ohne Prädikat, drückt sich aus, wie …“. – Sehen Sie zu, dass Sie Wortarten, Satzteile und Nebensatztypen korrekt bezeichnen können. Üben Sie sich darin, die wichtigsten rhetorischen Figuren zu erkennen, die gestalteter Sprache ihre Wirkung verleihen.
(Eine gute Übersicht über rhetorische Figuren findet sich in dem folgenden Band: Werner Winkler, *Prüfungswissen Oberstufe,* Freising: Stark Verlag 2000, Titel-Nummer: 94400, dort S. 17–22.)

4 Anforderungsbereiche und Operatoren

4.1 Anforderungsbereiche (AFB)

In der EPA werden **drei Anforderungsbereiche** definiert, die sich in jeder Aufgabe – in jeweils leicht variierenden Anteilen – wiederfinden. Die einzelnen Bereiche bauen aufeinander auf und verlangen von Ihnen einen zunehmenden Grad an Abstraktionsfähigkeit und Problemlösungsvermögen. In jedem Bereich gilt es, eine Verstehensleistung, eine Argumentationsleistung und eine Darstellungsleistung zu erbringen.

- **Anforderungsbereich I** betrifft die **Reproduktion:** die Wiedergabe von gelernten Sachverhalten sowie die wiederholende Zusammenfassung, die sehr oft in Teilaufgabe 1 der Abiturprüfung verlangt ist. Der im Unterricht erarbeitete Hintergrund an Lektüre- und Faktenwissen, fachspezifische Arbeitstechniken, Methoden der Texterschließung sowie Darstellungstechniken sollen zum Einsatz gebracht werden.
- **Anforderungsbereich II** zielt auf die Anwendung erworbener Arbeitsweisen, auf **Reorganisation von Bekanntem und Transferleistungen**. Meistens sind in der zweiten Teilaufgabe solche Anforderungen gestellt, die ein selbstständiges Auswählen, Ordnen, Erläutern, Interpretieren oder Vergleichen verlangen. Erwartet wird von Ihnen eine eigenständige, argumentativ begründete Interpretation bzw. Erörterung, die zeigt, dass Sie in der Lage sind, Gelerntes auch auf unbekannte Zusammenhänge anzuwenden. Auf dem AFB II liegt in der Abiturprüfung das Hauptgewicht, die Teilaufgabe wird auch entsprechend stark bewertet.
- **Anforderungsbereich III** betrifft die gedankliche Selbstständigkeit der Leistung, die oft besonders in der letzten Teilaufgabe nötig wird: Hier müssen Sachverhalte und Zusammenhänge eigenständig ausgewertet, durchdacht und begründet beurteilt oder gestaltet werden. Sie sollen zu einer differenzierten und kritischen Wertung von Texten und Sachverhalten gelangen und Ihre Fähigkeit zur **Reflexion und Problemlösung** beweisen.

Teil A deckt die Anforderungsbereiche I – III ab, wobei der Schwerpunkt im Anforderungsbereich II liegt. Die Aufgabenstellung im **Teil B**, die sich nur an die Schüler des Hauptfachs richtet und inhaltlich auf Teil A aufbaut, konzentriert sich auf den Anforderungsbereich III.

4.2 Operatoren

Operatoren sind Arbeitsanweisungen. Sie machen deutlich, welche Art von Aufgabenstellung gemeint ist, lassen sich den einzelnen Anforderungsbereichen zuordnen und geben einen Hinweis auf das Niveau der entsprechenden Aufgabe. Durch ihre konkreten Vorgaben dienen Operatoren sowohl dazu, Arbeitsaufträge eindeutig zu formulieren und voneinander abzugrenzen, als auch einheitliche Bewertungs- und Korrekturmaßstäbe zu setzen. Die folgende Operatorenliste basiert auf den Vorgaben der EPA und bietet ein breites Spektrum an Arbeitsaufträgen, die Ihnen in einer Abiturprüfung begegnen können.

Anforderungsbereich I (Reproduktion)

(be)nennen	Hier sollen Sie zielgerichtet Informationen zusammentragen, ohne diese zu kommentieren.	*Nennen Sie die wesentlichen Merkmale* eines Sonetts.
beschreiben	Textaussagen oder Sachverhalte müssen in eigenen Worten strukturiert und fachsprachlich richtig dargestellt werden.	*Beschreiben Sie die äußere Form* des Gedichtes.
wiedergeben	Sie sollen Informationen aus dem Vorwissen bzw. dem Material zusammenfassend in eigenen Worten präsentieren.	*Geben Sie die Hauptgedanken* der Rede *wieder.*
zusammen-fassen	Es wird von Ihnen erwartet, dass Sie Inhalte, Aussagen, Zusammenhänge komprimiert wiedergeben.	*Fassen Sie die* unterschiedlichen *Meinungen* zum Thema X *zusammen.*
darstellen	Sie haben die Aufgabe, einen Sachverhalt, Zusammenhang, eine methodische Entscheidung zu formulieren.	*Stellen Sie die Wirkungsabsicht dar*, die der Autor mit seinem Text verfolgt.

Anforderungsbereich II (Reorganisation und Transfer)

untersuchen, erschließen	Hier müssen Sie an Texten, Textaussagen, Problemstellungen, Sachverhalten kriterienorientiert arbeiten.	*Untersuchen Sie*, inwiefern *die rhetorischen Mittel* die Aussageabsicht verstärken. *Erschließen Sie* anhand der Bildsprache *die Grundstimmung des Textes.*
einordnen	Sie sollen einen Inhalt, eine Problemstellung, einen Sachverhalt auf einen vorgegebenen oder selbst gewählten Kontext beziehen.	*Ordnen Sie* dieses Naturgedicht *epochal ein.*
charakteri-sieren	Es wird erwartet, dass Sie eine Person oder Sache in ihren Eigenheiten darstellen, treffend und anschaulich schildern.	*Charakterisieren Sie den Protagonisten* in Goethes Drama *vor dem Hintergrund der Epoche* des Sturm und Drang.
vergleichen	Sie sollen Texte, Problemstellungen, Sachverhalte unter vorgegebenen oder selbst gewählten Aspekten gegenüberstellen, in Beziehung setzen und Gemeinsamkeiten bzw. Unterschiede feststellen.	*Vergleichen Sie die Figurenkonstellation* mit derjenigen im Drama X. *Vergleichen Sie Art und Wirkung der Metaphorik* in beiden Gedichten.
kennzeichnen	Es kommt bei dieser Aufgabe darauf an, Typisches herauszustellen.	*Kennzeichnen Sie das vorliegende Gedicht* als expressionistisch.
erklären	Es wird von Ihnen erwartet, dass Sie Textaussagen und Sachverhalte auf der Basis von Kenntnissen differenziert darstellen.	*Erklären Sie* Brechts Dramentheorie *anhand des vorliegenden Textausschnittes.*

erläutern	„Erläutern" entspricht „erklären", enthält jedoch den zusätzlichen Aspekt, dass Sie Ihre Ergebnisse durch Zusatzinformationen und Beispiele veranschaulichen sollen.	*Erläutern Sie* Schillers Theaterverständnis *durch Miteinbeziehen* seines Dramas X.
in Beziehung setzen	Sie haben die Aufgabe, Analyseergebnisse, Textaussagen, Sachverhalte, Problemstellungen mit vorgegebenen oder selbst gewählten Aspekten in Verbindung zu bringen.	*Setzen Sie Ihr Analyseergebnis in Beziehung* zur aktuellen Medienkritik am Privatfernsehen.

Anforderungsbereich III (Reflexion und Problemlösung)

beurteilen	Sie müssen zu einem Text, der ästhetischen Qualität eines Textes, einem Sachverhalt zu einem selbstständigen, begründeten Sachurteil gelangen, und zwar nicht gestützt auf subjektive Werte, sondern auf fachliches Wissen.	*Beurteilen Sie den Versuch des Autors*, die Ereignisse und Folgen des 11. Septembers 2001 in lyrischer Form darzustellen.
bewerten	Es wird von Ihnen erwartet, dass Sie zu einem Sachverhalt, Text oder Problem selbstständig Stellung nehmen und ihn unter Bezug auf eine Wertordnung angemessen beurteilen.	*Bewerten Sie* Jandls lyrische „Sprachspiele" vor dem Hintergrund ihres eigenen Verständnisses von der Aufgabe der Lyrik in der Gegenwart.
(kritisch) Stellung nehmen	Hier geht es darum, die Einschätzung einer Problemstellung, eines Sachverhaltes, einer Wertung auf der Grundlage fachlicher Kenntnis und Einsicht nach kritischer Prüfung und Abwägung zu formulieren.	*Nehmen Sie zu den Aussagen* des Autors kritisch *Stellung*, indem Sie Erkenntnisse der Sprachsoziologie berücksichtigen.
begründen	Es ist wichtig, dass Sie ein Analyseergebnis, Urteil, eine Einschätzung, eine Wertung fachlich und sachlich absichern (durch einen entsprechenden Beleg, Beispiele, eine Argumentation).	Schreiben Sie dem Verfasser eine Antwort; *begründen Sie* anschließend die von Ihnen gewählte Darstellungsform und die von Ihnen gewählten Stilmittel.
sich auseinandersetzen mit	Sie sollen zu einer (fachlichen) Problemstellung oder These eine Argumentation entwickeln, die zu einem begründeten und nachvollziehbaren Ergebnis führt.	*Setzen Sie sich mit der Position* des Schriftstellers vor dem Hintergrund Ihrer Kenntnisse des Vormärz *auseinander.*
prüfen, überprüfen	Hier müssen Sie eine Textaussage, These, einen Sachverhalt auf der Grundlage eigener Kenntnisse, Einsichten oder Textkenntnis auf ihre/seine Angemessenheit hin untersuchen.	*Überprüfen Sie die Stimmigkeit* der Aussage anhand der Gliederung und der rhetorischen Mittel.
gestalten	Erarbeiten Sie hier in Verbindung mit einer Textvorlage, auf der Grundlage einer konkreten Arbeitsanweisung einen eigenen Text nach ausgewiesenen Kriterien.	*Gestalten Sie ein Flugblatt* textlich und grafisch, das die Intention der analysierten Rede widerspiegelt.

analysieren, interpretieren	**Literarische Texte:** Texterfassung, Textbeschreibung, Textdeutung (unter Berücksichtigung des Wechselbezuges von Textstrukturen, Funktionen und Intentionen, Erfassen zentraler strukturbildender, genretypischer, syntaktischer, semantischer und rhetorischer Elemente und ihrer Funktionen für das Textganze), kritische Reflexion und ggf. Wertung. **Sachtexte:** Texterfassung, Textbeschreibung, Textuntersuchung (Zusammenhang Textstruktur und Textintention, strukturbildende semantische, syntaktische Elemente unter Berücksichtigung der sprachlichen Funktion); Erfassen der pragmatischen Struktur des Textes unter besonderer Berücksichtigung der Argumentationsweise; Erkennen und ggf. Beurteilen des Zusammenspiels von Struktur, Intention und Wirkung im Rahmen des historischen und aktuellen Verstehenshorizontes.	*Interpretieren Sie* das vorliegende Gedicht. *Analysieren Sie* beide Gedichte vergleichend. *Interpretieren Sie* den vorliegenden Text im Zusammenhang mit den Ihnen bekannten Dramentheorien. *Analysieren Sie* die Rede unter Berücksichtigung der Anmerkungen. *Analysieren Sie* den vorliegenden Text *im Hinblick auf die Argumentationsstruktur.*
erörtern	Es wird von Ihnen erwartet, dass Sie eine These oder Problemstellung, eine Argumentation durch Für- und- Wider- bzw. Sowohl-als-Auch-Argumente auf ihre Stichhaltigkeit hin prüfen und auf dieser Grundlage eine Schlussfolgerung bzw. eigene Stellungnahme dazu entwickeln.	*Erörtern Sie die Notwendigkeit* von Sprachförderkonzepten im Zusammenhang mit den Aussagen der beiden vorliegenden Texte.

Tipp: In Mecklenburg-Vorpommern kommen einige zentrale Operatoren zum Einsatz wie „analysieren“ und „interpretieren“, wobei hier noch eigens nach einer Bewertung der Gestaltungs- und Wirkungsweise (Operator „bewerten“) gefragt werden kann. Für Teil B sind Operatoren wie „erörtern“, „auseinandersetzen“ und „(vergleichend) erschließen“ typisch.

5 Tipps

5.1 Praktische Tipps

Die **Wahl der Aufgabe** sollte sorgfältig getroffen werden, denn von der „richtigen“ Aufgabe hängt ganz wesentlich der Erfolg der Arbeit ab. Deshalb sollten Sie nicht nur die Textvorlage, sondern auch die Aufgabenstellung genau lesen und für sich selbst folgende Fragen beantworten:

- Was genau wird verlangt: Reproduktion, Erarbeitung, Beurteilung, Stellungnahme, Vergleich, Eigengestaltung?
- Welches ist die Schwerpunktaufgabe? Liegt sie mir?
- Welche Aufgabe fordert mich heraus? Wo kann ich meine Stärken einbringen?

- Ausschlaggebend sollte nicht die vermeintliche Leichtigkeit einer Aufgabe sein, sondern die Möglichkeit, sie auf ergiebige und gehaltvolle Weise zu lösen. Auch die Gelegenheit, Kenntnisse aus dem Unterricht einzubringen, ist ein Aspekt bei der Entscheidungsfindung.

Grundsätzlich verlangt eine Aufgabe immer Leistungen in zwei Bereichen: bei der **Reproduktion** und der **Erarbeitung**.

- Zum ersten Typus gehört alles, was man „im Kopf" hat (oder haben sollte), wenn man den Prüfungsraum betritt: Wissen um Gattungen, Epochen, Autoren, Stoffe, Werke – kurz, das Hintergrundwissen, das für jede Bearbeitung und Einordnung nötig ist. Sie sollten es parat haben und nur noch entscheiden müssen, was davon im vorliegenden Zusammenhang relevant ist.
- Einen anderen Charakter hat die Erarbeitungsaufgabe: Hier liegt das Wissen noch nicht bereit, es ist mithilfe geeigneter Methoden erst noch zu erschließen. Das ist natürlich arbeits- und zeitaufwendiger als das Reproduzieren.

Ist die Entscheidung gefallen, sollten Sie möglichst nicht mehr wechseln, denn das wäre verschenkte Zeit. Eine grobe **Zeitplanung** ist immer hilfreich. Im Grundkurs (Fach) beträgt die Bearbeitungszeit 240 Minuten. Die 300 Minuten Bearbeitungszeit des Leistungskurses (Hauptfaches) entsprechen einem knapp sechsstündigen Unterrichtsvormittag. Es liegt also nahe, eine Grobplanung im 45-Minuten-Takt vorzunehmen. Bei Analyseaufgaben könnte man zum Beispiel zwei Unterrichtsstunden für die Konzeptphase ansetzen – Textmarkierungen, Skizzen, Aufsatzgliederung, Disposition, Ausformulierung von Kern- und Gelenkstellen –, etwa zwei Stunden für die Reinschrift und eine Stunde für die Durchsicht und Feinkorrektur. Damit wären etwa fünf Stunden verplant, sodass abzüglich der Pausen noch ein Puffer von einer knappen Stunde bleibt. Pausen sollten Sie erst nach Beendigung eines Arbeitsganges einlegen, im Idealfall erst vor der Reinschrift.

5.2 Hinweise zu den Bewertungskriterien

Bei der Bepunktung werden folgende Bewertungskategorien berücksichtigt:

- inhaltliche Leistung,
- methodische Leistung,
- sprachliche Leistung/Darstellungsleistung.

Besonders viel Gewicht wird in der Bewertung darauf gelegt, dass Ihre Ausfertigung

- sachlich richtig ist,
- Ihre Aussagen folgerichtig und begründet sind,
- Ihre Darstellung und Ihr Verständnis der Thematik den prinzipiellen Ansprüchen eines Grundkurses (Faches) bzw. Leistungskurses (Hauptfaches) entsprechen,
- Ihre Arbeit einen bestimmten Grad an Selbstständigkeit, z. B. in der Entwicklung von Gedankengängen, aufweist,
- über einen klaren Aufbau und eine klare Sprache verfügt,
- eine grundlegende Sicherheit im Umgang mit der Fachsprache und den entsprechenden Methoden aufweist und
- sprachlich richtig und in ihrer äußerlichen Form angemessen ist.

Hinweise und Tipps zur mündlichen Abiturprüfung im Fach Deutsch

1 Allgemeines

Eine mündliche Abiturprüfung gibt es in jedem Fall im vierten Abiturfach. Daneben sind weitere mündliche Prüfungen im ersten bis dritten Abiturfach möglich, wenn die Leistung in den Abiturklausuren mit null Punkten bewertet worden ist oder ein Prüfling sich für eine freiwillige mündliche Prüfung meldet, z. B. um seinen Abiturdurchschnitt zu verbessern. Für mündliche Prüfungen im ersten bis dritten Fach gilt, dass sie nicht dem Stoffgebiet der Abiturklausur entsprechen dürfen.

Die mündliche Prüfung enthält in der Regel zwei gleichwertige Elemente, durch die einerseits die Fähigkeit zum **Vortrag**, andererseits die Fähigkeit zur Beteiligung am **Prüfungsgespräch** überprüft wird. Es gelten ansonsten grundsätzlich dieselben Kriterien für die Bewertung wie bei den schriftlichen Anforderungen, wobei es besonders darauf ankommt, dass man auch in mündlicher Rede gewandt und präzise argumentiert, ohne den Faden zu verlieren.

Zunächst erhalten Sie eine Aufgabenstellung, die aus einer oder mehreren Teilaufgaben bestehen kann. Für die Bearbeitung dieser Aufgabe stehen Ihnen im Vorbereitungsraum 20 Minuten zur Verfügung. Innerhalb dieser Zeit sollen Sie einen 10- bis 15-minütigen Vortrag vorbereiten, der in sich geschlossen und logisch untergliedert ist. Während des Vortrages können Sie sich auf die Texte sowie auf Ihre stichwortartigen Aufzeichnungen stützen.

Die Kürze der Vorbereitungszeit schließt aus, dass Sie Ihren Vortrag schriftlich ausformulieren; vielmehr ist es, ähnlich wie bei der Sichtungsphase in der Klausur, notwendig, den Vortrag durch sinnvolles Markieren und knappe Anmerkungen vorzubereiten.

Der zweite Prüfungsteil besteht aus einem Prüfungsgespräch, in dem Ihr Hintergrundwissen und Ihre Fähigkeit, größere fachliche und sachliche Zusammenhänge zu erschließen, überprüft werden.

2 Prüfungsteil I: eigenständiger Vortrag

Die größten Schwierigkeiten bei der mündlichen Abiturprüfung liegen erfahrungsgemäß im ersten Teil, also in dem mindestens 10-minütigen zusammenhängenden, gegliederten Vortrag. Da es für solch lange Vorträge kaum echte Übungsmöglichkeiten im Unterricht gibt, zumindest nicht für jeden Einzelnen, fehlt es weitgehend an konkreten Vorerfahrungen; daher im Folgenden einige Tipps, wie Sie sich auf diese Prüfungssituation vorbereiten und Ihren Vortrag ansprechend gestalten können.

Tipps für die 20-minütige Vorbereitung

- Themenstellung: Was ist die Zielrichtung der geforderten Bearbeitung?
- Operatoren: Welche konkreten Anforderungen werden gestellt? Bei Mehrteiligkeit: Welche Gliederungshilfe bieten die Teilaufgaben? Welcher Aufgabe kommt das größte Gewicht zu?
- Einstieg: Mit welcher Einleitung führt man den Vortrag schnell und stringent zum Kern der Aufgabenstellung?
- Texte: Fachbegriffe an den Rand schreiben, Quellen-Anmerkungen ergänzen, Stichworte für den Vortrag festlegen; wichtige Zitatstellen markieren.
- Gliederung: Nummerieren Sie Ihre Markierungen, damit Sie Ihren Vortrag anhand dieser Reihenfolge gestalten können.
- Beenden Sie Ihren Vortrag mit einem klaren Fazit.
- Grobstruktur: Nennung der Aufgabenstellung – Einleitung – Bearbeitung der Teilaufgaben – Schlussteil.

Tipps für den Vortrag

- Zeitmanagement: Legen Sie eine Armbanduhr neben Ihr Konzept, schreiben Sie, bevor Sie zu sprechen anfangen, den konkreten Zeitraum für Ihren Vortrag auf Ihr Konzept – so haben Sie klare zeitliche Anhaltspunkte.
- Nutzen Sie die Anmerkungen, die Sie während der Vorbereitungszeit angefertigt haben, als Leitfaden Ihres Vortrages.
- Sprechen Sie möglichst frei, klammern Sie sich nicht an Ihr Konzept.
- Sprechen Sie klar, deutlich und hinreichend laut.
- Achten Sie auf ein angemessenes Sprechtempo. Versuchen Sie, nicht zu schnell zu sprechen.
- Vermeiden Sie sowohl „Endlossätze“ als auch Aneinanderreihungen und monotone Satzanfänge („Und … und … und …“).
- Verwenden Sie die Fachsprache, die Sie gelernt haben, um zu verdeutlichen, dass Sie Ihr Metier beherrschen.
- Zitate/Textbelege: Verdeutlichen Sie während des Vortrages, woher Sie Ihre Aussagen beziehen, indem Sie Kernstellen mit Zeilenhinweis anführen.
- Ein gelegentlicher Blickkontakt zu Ihrem Prüfer oder den übrigen Beisitzern zeugt von einem souveränen Umgang mit der Situation und den Kommunikationsregeln.
- Bewegen Sie sich bei Ihrem Vortrag auf einer einheitlichen Sprachebene und vergegenwärtigen Sie sich, dass die Adressaten Ihres Vortrags Deutschlehrerinnen und Deutschlehrer, also Fachleute sind.

Sie können diesen ersten Teil der mündlichen Prüfung üben und simulieren, indem Sie Arbeitsaufträge aus diesem Band zugrunde legen, die Vorbereitungszeit exakt einhalten und zwei Kursmitglieder als fiktive Prüfungskommission hinzuziehen. Lassen Sie sich anschließend von Ihrer „Prüfungskommission“ begründet darlegen, ob Ihr Vortrag sprachlich und inhaltlich verstanden wurde.
Ebenso können Sie natürlich in der Familie oder im Freundeskreis das Referieren üben oder zu diesem Zweck Ihren Vortrag selbst aufnehmen und überprüfen.

Die zeitliche Dauer des zweiten Prüfungsteils entspricht derjenigen des ersten Teils: 10 bis 15 Minuten je nach Verlauf. Das Thema des Prüfungsgesprächs muss einem anderen Kurshalbjahr entnommen sein als der für den vorangegangenen Vortrag vorgegebene Gegenstand. Meistens stellt der Prüfer durch eine kurze Überleitung einen Zusammenhang zwischen Ihrem Vortrag und dem Gegenstand des zweiten Teils der Prüfung her; das gibt auch Ihnen die Gelegenheit, an Ihren Vortrag anzuknüpfen. Sie sollten sich dabei aber nicht wiederholen oder gar den Eindruck erwecken, dass sie dem Thema des Prüfungsgesprächs ausweichen wollen.
Im weiteren Verlauf sollen Sie Ihre Kommunikationskompetenzen im Rahmen eines Fachgesprächs unter Beweis stellen: Zeigen Sie sich also als gewandter Gesprächspartner, der adressatengerecht und sachkundig die Fragen und Impulse aufgreift und möglichst selbstständig und ergiebig damit umgeht.

Tipps für das Prüfungsgespräch

- *Sprechanteil:* Je eigenständiger und umfassender Sie als Prüfling mit den Fragen und Impulsen umgehen, desto besser! Begnügen Sie sich nicht mit Kurzantworten, führen Sie länger aus.
- *Erfassen der Frageintention:* Achten Sie auf die Operatoren und auf fachliche Kernbegriffe! Führen Sie sinnvolle Beispiele oder Vergleiche aus dem Unterricht an, zeigen Sie Ihr Hintergrund- und Allgemeinwissen. Aber schweifen Sie nicht ab, bleiben Sie beim Thema.
- *Gesprächsaufbau durch den Prüfer:* In der Regel gestaltet der Prüfer ein solches Gespräch nach dem Prinzip „Vom Einfachen zum Schwierigen, vom Einzelfallbeispiel zum Allgemeinen/Modellhaften".
  Wenn Sie einen Bezug zu einer Ihnen passend erscheinenden Theorie oder zu einem aus dem Unterricht bekannten Beispiel selber herstellen können: Tun Sie dies!
- *Unterrichtsbezüge:* Hintergrund aller Fragen und Impulse ist das aus dem Unterricht Bekannte. Stellen Sie also dort nach Möglichkeit über das gerade angesprochene Einzelbeispiel hinaus Vergleiche zu dem im Unterricht Behandelten an, weisen Sie auf Gemeinsamkeiten oder auch auf Unterschiede hin. Machen Sie somit deutlich, dass Sie den Gesprächsgegenstand aus dem Prüfungsgespräch in größere Zusammenhänge einordnen können.
- *Verständnisproblem:* Sollten Sie mit einer einzelnen Frage einmal nichts anfangen können: Verlieren Sie keine Zeit, bitten Sie an einer solchen Stelle um eine kurze ergänzende Erläuterung.
- *Unterbrechungen:* Lassen Sie sich nicht irritieren. Der Prüfer möchte Ihnen entweder zurück auf den Haupt(frage)weg helfen oder den Themenschwerpunkt wechseln, was vielleicht nur daran liegt, dass die Prüfungszeit allmählich knapp wird: Werten Sie solche Unterbrechungen in jedem Fall als für Sie günstig und hilfreich.
- *Mimik und Gestik:* Lassen Sie sich nicht durch Äußerlichkeiten irritieren: Die Prüfer werden sich bemühen, eine neutrale Atmosphäre herzustellen. Wenn das Gespräch beispielsweise weniger persönlich verläuft als eine normale Unterrichtsstunde, ist das kein beunruhigendes Zeichen.

Fach und Hauptfach Deutsch (Mecklenburg-Vorpommern)
Übungsaufgabe 1: Untersuchendes Erschließen pragmatischer Texte – Textanalyse

Teil A

Linus Reichlin (geb. 1957): Geständnisse eines Netzlings

Ich kenne nur noch zwei Sorten Menschen: Onliner und Pona. Onliner sind Leute mit Internet-Zugang und Pona sind die Unvernetzten, „People Of No Account", wie die Internetlosen in Amerika heißen. Man könnte das mit „Leute ohne Bedeutung" übersetzen, aber leider haben sie eine, und ihre Bedeutung beruht, wie die der Heuschrecken, auf ihrer großen Zahl. An Stehparties[1] sind die Pona uns Onlinern, uns Netzlingen, quantitativ überlegen; sie kommen immer zu dritt, zu viert und nehmen dich in die Mangel. Der schlimmste Pona, den ich kenne, ist ein praktisch nur mir bekannter Schriftsteller, der das Internet „die Spielwiese der Kontaktarmen" nennt und sich auf die Schiefheit seiner Metapher auch noch etwas einbildet. Er wirft seine langen Haare in den Nacken – das hat er einmal bei Handke[2] gesehen –, um dann seine Hermes Baby[3] zu preisen, bei der man doch jeden Buchstaben, den man tippe, in den Fingern spüre und die er überallhin mitnehmen könne und die ein unverwechselbares Schriftbild habe, die insgesamt seine Genialität viel stärker unterstützt, als das Internet es je könnte, kein Zweifel. Wenn ich wütend bin, bekomme ich rote Flecken auf den Backen, und gestern fragte mich dieser Poeten-Pona, ob mir heiß sei, ich hätte ganz gesprenkelte Wangen.

Mit Pona diskutiere ich grundsätzlich nicht mehr. Ich höre mir ihre antiquarischen Bemerkungen über die Vorzüge des Bücherlesens und eine angebliche Verarmung des menschlichen Kontakts im Internet an, ich lächle. Mittlerweile ertrage ich sogar die Arroganz, mit der sie das Internet beurteilen, ohne jemals drin gewesen zu sein. Ein mit mir befreundeter Netzling e-mailte mir einmal: „Lass sie schnöden, das sind Heiden." Verdammte Ungläubige, das stimmt, und sie sind dem GODD, dem „Gigabyte-orientierten Digitaldasein", ein Gräuel. Sie glauben nicht wie wir Netzlinge an die Propheten Negroponte[4] und Gates[5], die in ihren Schriften das kommende digitale Zeitalter minutiös voraussehen. Wunder werden sein, denn anstelle von Siebdrucken wird in unserer Wohnung ein Flachbildschirm hängen, und sollten wir in dieser lichten Zukunft überhaupt noch frühstücken, werden wir dazu nicht mehr die Zeitung lesen, sondern „Internet-Verbindung" ins Mikrofon des Flachbildschirmes hauchen. Schon sind wir online. „Es ist keine Milch mehr da", wird eine Frauenstimme uns zuflüstern, denn der Computer wird mit dem Kühlschrank vernetzt sein, und wenn wir uns zum Milchkaufen ins Auto setzen, wird der Bordchip uns die benzinsparendste Route zur Migros[6] ausrechnen, und dann wird der Zorn des GODD über die letzten Pona kommen, die ihre Kühlschränke noch selber verwalten.

Das Problem ist, dass wir Netzlinge das alles glauben, aber nicht beweisen können, und weil die Pona umgekehrt nicht beweisen können, dass das nächste Jahrtausend im Zeichen der Hermes Baby stehen wird, brechen an Stehparties Glaubenskriege aus.

Ich, wie gesagt, streite mich nicht mehr, ich habe mich für die Mission entschieden. Pona sind arme Seelen. Sie vegetieren fernab vom GODD und haben niemanden, der ihnen ein E-Mail schickt. Dass die Zahl ihrer Freunde, die noch nicht von „Netscape", „Surfen" und „Chat Room" reden, bedrohlich abnimmt, führt bei ihnen nicht zur Einsicht, sondern zur kulturellen Regression: Seufzend gedenken sie des guten alten Bleistifts und predigen die Überlegenheit des Amselgesangs über die Technik. Insgesamt manövrieren sie sich durch ihre Irrgläubigkeit an die Peripherie der Zivilisation, wo sie eines Tages allein sein werden mit den Schweizer Demokraten und den Amseln. Dagegen kämpfe ich an im Zeichen des Chips. Zwei Pona habe ich schon gerettet, zwei Frauen, die heute wissen, wie man ein E-Mail verschickt und im Internet den „Blick“ findet. Und ich werde nicht ruhen, bis ich alle Pona in meinem Umfeld zum GODD geführt habe, denn siehe, es wird der Tag kommen, an dem selbst der nur mir bekannte Schriftsteller erkennen wird, dass das Internet die wichtigste Erfindung seit dem Telefon ist, aber dann wird es zu spät sein, Hermes Baby!

Aus: Die Weltwoche[7] *vom 24. 12. 1997*

Anmerkungen

[1] in der Schweiz üblicher Gebrauch von Präpositionen, siehe auch Zeile 35

[2] Peter Handke, geb. 1942: österreich. Schriftsteller, dessen Prosa häufig provozierenden Charakter trägt

[3] Hermes-Baby: Typ einer Reiseschreibmaschine

[4] Negroponte, Nicholas: US-amerikanischer Medientechnologe, Mitbegründer und Leiter des interdisziplinär orientierten Media Lab am Massachusetts Institute of Technology; Autor des Buches „Total digital“ (1995)

[5] Gates, Bill: US-amerikanischer Programmierer, Gründer und Direktor der Firma „Microsoft“

[6] Migros: Migros AG, Genossenschaftsbund, schweizerisches Großunternehmen des Einzelhandels

[7] Die Weltwoche: Schweizer Wochenzeitschrift, die sich vor allem gesellschaftlich relevanten sowie literarischen und kulturellen Themen widmet

Aufgabe:

Analysieren Sie die Glosse des Schweizer Publizisten Linus Reichlin und bewerten Sie die Gestaltungs- und Wirkungsweise des Textes.

Tipps und Hinweise

Der Text Reichlins ist eine Glosse, also eine meinungsäußernde, subjektive Textart, die der Beeinflussung, auch Provokation des Lesers dient. Sie ist 1997 veröffentlicht worden, also kein aktueller Text. Gerade im Bereich der Nutzung der neuen Medien schreitet die Entwicklung sehr schnell voran, das im Text konstatierte quantitative Verhältnis von Internetnutzern und -Nichtnutzern hat sich in der vergangenen Dekade rasant verändert. Sie sollten daher den Zeitpunkt des Entstehens des Textes bei seiner Bewertung berücksichtigen, um ihm gerecht zu werden.

Die Aufgabenstellung verlangt, dass Sie den Text ***analysieren*** *und seine Darstellungs- und Wirkungsweise* ***bewerten****. Es ist generell für die Untersuchung wichtig, dass Sie zwischen dem Autor Reichlin und der Instanz des Sprechers, dem „Ich“ unterscheiden. Im Text begegnet Ihnen der Sprecher, er ist eine fiktive Figur und muss nicht zwingend die persönliche Auffassung Reichlins vertreten. Daher werden Sie auch nicht nach der Wirkungs****absicht*** *des Verfassers befragt, sondern nach der Gestaltungsweise und Wirkung auf den Leser.*

Für die ***Analyse*** *ist es erforderlich, zunächst das Thema der Glosse zu bestimmen und ihren inhaltlichen Aufbau, d. h. den wesentlichen Gedankengang, zu erfassen und wiederzugeben. Im nächsten Schritt untersuchen Sie die sprachliche Gestaltung des Textes, um herauszufinden, welche Mittel für die Vermittlung der Aussagen eingesetzt werden. Überprüfen Sie dabei, inwiefern die sprachlichen Mittel mit der Aussage korrespondieren oder sie unterlaufen und infrage stellen. Leiten Sie Wirkungen auf den Leser ab.*

Für den zweiten Aufgabenteil, das ***Bewerten****, ist es nötig, die im Text vermittelten Positionen, die Textstruktur, die sprachliche Gestaltung und mögliche Wirkungen ausgewogen zu betrachten und kritisch einzuschätzen. Sie sollen aus Ihren Untersuchungen schlussfolgern, in-*

wieweit die Argumentation des Sprechers folgerichtig und überzeugend auf Leser wirkt, welche gedanklichen Anstöße sie vermittelt, zu denen sich Leser positionieren können. Beurteilen Sie unter Berücksichtigung der Entstehungszeit des Textes und der Textart die Aktualität und ästhetische Qualität der Glosse. Begründen Sie Ihre Auffassung am Text.

Lösungsvorschlag in Grundzügen

In seiner 1997 in der „Weltwoche" veröffentlichten **Glosse** „Geständnisse eines Netzlings" lässt der Schweizer Publizist Linus Reichlin einen anonymen Sprecher in der Ich-Form seine Sicht auf das Internet als Medium grenzenloser Verständigung und ungeahnter Möglichkeiten verkünden. Dieser teilt die Menschen provokativ in zwei Gruppen ein: in jene, die sich des Internets bedienen, und jene, die dieses Medium ignorieren und demzufolge zu belehren seien. Dabei kommen die Gegner des Internets nur indirekt über den Bericht des Sprechers zu Wort. In seiner Darstellung disqualifizieren sich beide Gruppen durch ihr Verhalten und ihre Argumentationsweise selbst.
Reichlin zeigt in der Glosse seine **kritisch-distanzierte Sicht auf einseitige Denk- und Argumentationsstrategien** in geistigen Auseinandersetzungen. Ironisch stark zugespitzt führt er dabei geäußerte Machtansprüche ad absurdum.

Reichlins Text ist inhaltlich in vier Abschnitte gegliedert. Der erste Abschnitt (Z. 1 bis 15) leitet die Argumentation des Sprechers ein und liefert die Grundinformationen für seine Haltung: Der Leser wird unvermittelt mit der verabsolutierenden **Einteilung der Gesellschaft in Nutzer und Nichtnutzer des Internets** – die „Onliner" (Z. 1) bzw. „Netzlinge" (Z. 5) und „Pona" (Z. 1) – konfrontiert und über die verwendeten Abkürzungen informiert. Die quantitative Überlegenheit der Nichtnutzer wird an Beispielen aus dem gesellschaftlichen Alltag demonstriert und beklagt. Der Sprecher gibt ausführlich seine persönliche Empörung über die bewusste Verweigerungshaltung eines offensichtlich unbekannten (vgl. Z. 7) Schriftstellers gegenüber dem Internet preis.
Der zweite Abschnitt (Z. 16 bis 32) zeigt die deutliche Verschärfung der ablehnenden Haltung des Ichs gegenüber der problematisierten Gruppe der Internet-Ignoranten, die als weltfremde, nicht mehr zeitgemäß agierende oder gar arrogante Menschen abgewertet werden, da sie nicht an den Fortschritt des neuen digitalen Zeitalters glauben wollen. Dieses wird in fantastischen Bildern ausgemalt, der Sprecher kündigt wundervolle elektronische Neuerungen an, die den Alltag der Menschen revolutionieren würden.
In einem kurzen dritten Abschnitt (Z. 33 bis 35) stellt der Sprecher den Streit zwischen beiden Gruppierungen als ernsthaft verfestigt dar, er vergleicht die aufeinanderprallenden Haltungen mit **Glaubenskriegen**. Der letzte, vierte Abschnitt präsentiert die Konsequenz, die der Sprecher aus seinen Erfahrungen mit der Gruppe der Internet-Verweigerer gezogen hat: Er bevorzugt anstelle des als fruchtlos zu bewertenden Streits die Missionierung der Gegenseite. Zwei gelungene Bekehrungsversuche kann er bereits vorweisen und sichert dem Leser zu, sein Missionierungswerk fortzusetzen.
In diesen vier Abschnitten entwickelt der Ich-Sprecher folgenden Gedankengang: Die Möglichkeiten des Internets seien unbegrenzt und würden das Leben der Menschen grundlegend verändern. Trotz dieser zweifellosen Revolutionierung des Lebens verweigere sich noch immer eine Mehrheit den dafür erforderlichen technischen Neuerungen. Diese internetlosen Zeitgenossen seien antiquiert und mit ungläubigen Heiden vergleichbar. Doch ungeachtet dieser vielen Gegner werde sich der technische Fortschritt durchsetzen. Internet-Ignoranten würden vereinsamen, bevor sie – viel zu spät – die Vorzüge des Internets begriffen. Dieser Prozess sei durch **Aufklärung und Missionierung der Unwissenden** zu beeinflussen.

Schon der erste Satz mit seiner rigorosen und absurden Klassifizierung der Menschheit nach nur einem Kriterium – dem bewussten Bejahen oder Ablehnen eines modernen Kommunikationsmediums – versetzt den Leser in eine amüsierte und distanzierte Haltung. Der Sprecher selbst bemüht sich jedoch darum, den Leser für sich einzunehmen: Selbstbewusst beginnt er den Text mit „Ich“, die Konjunktion „nur“ lässt seine Einteilung endgültig und unwiderruflich wirken. Die beiden seiner Darstellung nach feindlichen Gruppen werden zunächst begrifflich, künftig auch durch ihnen zugeschriebene Verhaltensweisen und Äußerungen auf- bzw. abgewertet. Der Neologismus „Onliner“ beinhaltet konnotative Elemente wie Aktivität und Kompetenz: Beschreibt das englische „online“ eher einen Zustand („online sein“), so weist die Ableitung „Onliner“ mit ihrer Substantivendung „-er“ auf die Regelmäßigkeit des Handelns (analog zu Berufsbezeichnungen wie „Schuster“, „Fischer“ – jemand, der „online geht“, „online tätig ist“, mit dem Internet umgeht). Das Schlagwort „Onliner“ wird fast jedem zeitgenössischen Leser auch in der Schweiz oder Deutschland verständlich sein, während die Abkürzung „Pona“ für die gegnerische Gruppe den meisten Lesern unverständlich bleibt und darüber hinaus in ihrer Lautverbindung ungewohnt ulkig klingt. Der Folgesatz, der die Begriffserklärung liefert, erweckt den Eindruck, dass die „Internetlosen“ (Z. 3) den Internetnutzern unterlegen sind und ihnen etwas fehlt. Die vom Sprecher gewählte Übersetzungsvariante für „People Of No Account“ mit Menschen „ohne Bedeutung“ kann für den des Englischen mächtigen Leser überraschend und willkürlich wirken, denn im Amerikanischen sind in diesem Kontext lediglich Personen ohne Internet*zugang* gemeint. Der Sprecher reißt mit seiner Interpretation jedoch bewusst den Begriff „account“ aus dem ursprünglichen Zusammenhang. Der Konjunktiv („man *könnte* das … übersetzen“, Z. 3 f.) sichert die Aussage zwar als sachlich richtig ab, die Mehrdeutigkeit des Substantivs wird jedoch offensichtlich vom Ich dazu benutzt, um gleich zu Beginn die Zielgruppe seiner Kritik für den Leser drastisch als bedeutungslose Wesen herabzusetzen. Schon die ersten drei Sätze zeigen, wie der Sprecher scheinbar unauffällig die zunehmende Abwertung der Gruppe der Nichtnutzer des Internets verschärft. Bereits im vierten Satz nimmt der Sprecher ohne Überleitung den Leser in die eigene Gruppe der „Onliner“ auf, die sofort tautologisch als die Gruppe der „Netzlinge“ (Z. 5) bezeichnet wird. Der Leser hat sich mit seiner Einstufung als „wir Onliner“ oder „wir Netzlinge“ auseinanderzusetzen und muss sich fragen, ob er ein „Netzling“ sein möchte. Die konnotative Bedeutung dieses **Neologismus** ist diffus, es drängen sich Assoziationen auf an Worte, die scheinbar neutral wirken wie „Jüngling“, „Fremdling“, „Findling“. Eine Verbindung zu „Lemming“ liegt aufgrund der klanglichen Unterschiede zwar nicht so nahe, könnte jedoch auch belustigende oder zwiespältige Gefühle hervorrufen.
Die durchgängig vorgenommene Polarisierung der beiden Menschengruppen provoziert den Leser und wird ihn misstrauisch gegenüber den weiteren Äußerungen des Sprechers stimmen.

Reichlin lässt seinen Sprecher eine **große Vielfalt stilistischer Mittel** nutzen, die ausnahmslos in den Dienst der **kontrastierenden Auf- bzw. Abwertung der beiden Gruppierungen** gestellt werden. Den Gleichklang der Abkürzung „GODD“ mit dem englischen „god“ nutzt der Sprecher aus, um das neue „Digitaldasein“ (Z. 22) anzupreisen, für den Leser muss das in dieser Übertreibung jedoch eher ironisch wirken. Das Ich bedient sich verschiedener Wörter aus dem religiösen Bereich und spitzt dabei seine Darstellung zu: Es nennt prominente Medienwissenschaftler und Computerentwickler „Propheten“ (Z. 22), unterscheidet zwischen „glaubenden“ Internetnutzern (Z. 33) und „Ungläubige[n]“ (Z. 21), strukturiert mit Inversionen Sätze in gehobener Sprache („Wunder werden sein“, Z. 24, „denn siehe, es wird der Tag kommen“, Z. 46 f.), die an religiöse Texte erinnert. Bei genauerer Untersuchung wird deutlich, dass der Sprecher nicht konsequent seine Aussageabsicht – die „Pona“ zu disqualifizieren und ihren Lernbedarf zu behaupten – verfolgt. Wenn er unkommentiert die Meinung eines Freundes wiedergibt, es handle sich um schnödende „Heiden“ (Z. 20 – auch hier wirkt die Verbableitung „schnöden“ als abwertender Neologismus), und selbst bestätigt: „Verdammte Ungläubige“ (Z. 21), so erkennt der Leser in solchem Wortgebrauch den Bezug zu fanatischen, militanten religiösen Auseinandersetzungen in Vergangenheit und Gegenwart. Diese

Hyperbeln wirken stark und unangemessen. Der Leser wird sich fragen müssen, welche Haltung des Sprechers der Verfasser eigentlich vorführen will. Die offensichtliche Erhöhung der eingeweihten Minderheit der Internetnutzer erschließt sich dem Leser sehr schnell, denn die Verwendung von englischen, Begriffen der Computerfachsprache sowie eines klassisch gehobenen Sprachstils weist einen hohen Bildungsstand aus. Folgerichtig ordnet sich auf den ersten Blick die überdeutliche Herabsetzung der Mehrheit der Internetverweigerer in die Sprecherintention ein. Diese werden ironisch karikiert, so z. B. der unbekannte Schriftsteller, dem Fähigkeit und Individualität abgesprochen werden. Er habe keine Öffentlichkeit, sei praktisch nur dem Sprecher bekannt, ahme „richtige" Schriftsteller nach und bilde „schiefe" Metaphern, halte sich jedoch für genial (vgl. Z. 7 ff.). Handlungen der diffamierten Mehrheit werden häufig, anders als die der Computer-Eingeweihten, mit umgangssprachlichem Wortgebrauch beschrieben: Sie „nehmen ... in die Mangel" (Z. 6), sie „vegetieren" und sind „arme Seelen" (Z. 37), „Heiden", „Ungläubige" (Z. 20 f.). Ihre Argumente werden unbegründet als antiquiert oder arrogant denunziert. Dieses Mittel der Differenzierung zwischen beiden Gruppen durch Wechsel der Ebene des Sprachgebrauchs verwendet der Sprecher jedoch nicht konsequent, denn auch die Pona „seufzen", „gedenken" und „predigen" (vgl. Z. 40). Der **Vergleich** mit dem oft als Ungeziefer und Schädling bewerteten Insekt Heuschrecke (vgl. Z. 4), die Verwendung des Superlativs „schlimmsten" Pona (Z. 7) oder der **Alliteration** „Poeten-Pona" (Z. 15) sind klare Beispiele für die abwertende Sprecherhaltung. Deren Eindeutigkeit wird allerdings aufgehoben durch zahlreiche **selbstironische Wendungen**. So wirkt die Bezeichnung „Propheten" für Negroponte und Gates nicht nur als Erhöhung, sondern ist in ihrer Übertreibung fragwürdig, für viele Leser sicher auch lächerlich. Allein die Verknüpfung des aus alten Zeiten bekannten, religiös geprägten Begriffs „Prophet" mit Repräsentanten eines neuen Zeitalters wirkt verzerrend. Auch die **Hyperbel**, diese Propheten sähen das kommende Zeitalter „minutiös" voraus (Z. 23), stellt den Aussagegehalt ironisch infrage. Die Verwendung des Futurs für die Ausmalung der Zukunft und die gehobene Wortwahl („lichte Zukunft", „hauchen", „zuflüstern", „Zorn" – vgl. Z. 25 ff.) in Verbindung mit sehr profanen Umständen und Tätigkeiten (leerer Kühlschrank, einkaufen, Benzinverbrauch) wirken unpassend und lächerlich. Der Sprecher scheint selbst Zweifel zu haben am prophezeiten Ideal der neuen Zeit, das er aus den Schriften der Experten entnommen zu haben vorgibt.

Wenn das Ich für die Auseinandersetzung mit den Vertretern der Mehrheit als Vergleich die Hyperbel „Glaubenskriege" einsetzt und gleichzeitig bekennt, dass auch das eigene Lager der „Netzlinge" seine Ansichten und Überzeugungen nicht beweisen kann, so zeigt sich in der vermeintlichen Angriffslust deutliche Selbstironie und -kritik. Das eigene Argumentieren und Verhalten ähnelt dem der angeblichen Gegner aufs Haar. Gesteht der Sprecher der eigenen Seite immerhin ein **direktes Zitat** zu (vgl. Z. 20), sodass sich der Leser selbstständig dazu positionieren kann, wird die gegnerische Seite nur gebrochen aus der Sicht des Ichs wiedergegeben, dabei reduziert und verunstaltet. Diese Argumentationsweise erleichtert dem aufmerksamen Leser die eigene Wertung, denn sowohl das Zitat wie auch die Beschreibungen sind so drastisch, dass **sich der Sprecher in seiner Engstirnigkeit selbst entlarvt**. Oder entlarven will? Die überdeutliche Selbstironie in den vom Ich geäußerten Hyperbeln am Textende – schon zwei Pona habe es gerettet – entlarvt seinen Wertemaßstab als unangemessen angesichts seines Anspruchs, die Mehrheit der Menschheit retten zu wollen. Sein Angriff auf die Schweizer Demokraten, die er in einem Atemzug mit Amseln nennt (Z. 43), wird ihm die Empörung etlicher Leser zuziehen. Diese Wirkung bereitet er in seiner Argumentation sorgfältig vor.

So ist Reichlins Glosse nicht, wie möglicherweise zunächst angenommen, ein Feldzug gegen die zum Zeitpunkt ihrer Veröffentlichung noch vermutete Mehrheit der Bürger, die dem Einzug der neuen medialen Möglichkeiten skeptisch gegenüberstanden. Sie zielt vielmehr als **Kritik gegen unnachgiebige, verfestigte Haltungen auf beide Seiten**. Durch ironische Brechungen und Zuspitzungen weist Reichlin den in diesem Text stets zur Stellungnahme aufgeforderten Leser auf die Sinnlosigkeit der Verunglimpfung Andersdenkender hin.

Teil B

Linus Reichlin ist nicht nur als Journalist tätig, sondern veröffentlichte auch erfolgreich Netzliteratur im Internet. In einem von IBM und der „ZEIT“ ausgelobten Internet-Literatur-Wettbewerb wurde er für seine interaktive Webstory „Kafka im Weltraum“ als Preisträger ausgezeichnet. In seiner Danksagung kommentierte er: „Streng genommen hat Literatur im Internet nichts zu suchen. Sie ist zu langsam und muss naturgemäß mit bloß 26 graphischen Elementen auskommen, die wir schon zu oft gesehen haben.“

(http://www.txt.de/webguide/litsurf.de/cyber/prosa.htm)
(http://deaddodo.org/ugugu/Linus_Reichlin)
interaktives Web-Abenteuer „Kafka im Weltraum“

Aufgabe:

Setzen Sie die erfolgreiche Tätigkeit des Internetautors Reichlin in Beziehung zu seiner Glosse. Gehen Sie dabei auf Veränderungen des Literaturverständnisses ein und setzen Sie sich mit seiner Äußerung nach der Preisverleihung auseinander.

Tipps und Hinweise

Die Analyse der Glosse hat gezeigt, dass Reichlin gerne Sachverhalte zuspitzt und polarisiert, was den Verdacht nahelegt, dass sein einseitiges Urteil über Literatur im Netz nicht wörtlich verstanden sein will. Stellen Sie bei Ihrer Auseinandersetzung einen Bezug zu der Glosse her, untersuchen Sie dann kritisch das Zitat und versuchen Sie, die Intention Reichlins herauszuarbeiten. Es empfiehlt sich, dabei die Möglichkeiten, die das World Wide Web für Literatur und Literaten eröffnet, zu beleuchten.

Lösungsvorschlag in Grundzügen

Der Text von Linus Reichlin ist eine Glosse, also eine publizistische Kleinform des Feuilletons mit häufig polemischem Inhalt. Der Schweizer Verfasser führt hier eine höchst einseitige, engstirnige Argumentationsweise von fiktiven Charakteren mit entgegengesetzten Haltungen vor. Die enthaltene Ironie ist leicht als Provokation des Lesers zu entlarven. Offensichtlich ist es gar nicht das Ziel des Autors, in Gestalt des Sprechers um eine Mehrheit für das Internet zu werben, die „Internet-Ignoranten“ zu missionieren. Eher gilt es, wie in solchen Textformen üblich, den Leser auf spritzige, unterhaltsame Weise auf Phänomene des Alltags aufmerksam zu machen, Verhalten kritisch zu beleuchten und zu hinterfragen. So ist auch die spürbare Selbstironie des Sprechers, der sich in seiner Argumentationsweise/Geisteshaltung nicht wesentlich von der vermeintlich gegnerischen Seite unterscheidet, nicht als mahnender Fingerzeig Reichlins misszuverstehen, eifrige Nutzer des Internets zu belächeln.
Stattdessen weist sich Reichlin selbst als technisch aufgeschlossener Zeitgenosse aus, der nicht nur in traditionellen Kommunikationsmedien wie der Presse veröffentlicht, sondern die neuartigen Möglichkeiten des Internets als Projektionsfläche für sein Schaffen nutzt. Wie die Preisverleihung zeigt, gelingt ihm das in besonderem Maße. Reichlins persönliche Motive für diese Entscheidung können hier nicht benannt werden; ein Spektrum von Neugier, Lust am Erproben neuer Wege und Faszination für Technologie dürfte aber mit Recht zu vermuten

sein. Für eine gewisse **Spielfreude** spricht auch die **Lust am Erfinden von Neologismen** oder paradoxen Wendungen, die bereits in seiner Glosse auftauchen. Dass sein öffentlicher Auftritt als Autor von interaktiver Web-Literatur jedoch noch tiefgründigere Ursachen hat, lässt seine in der Danksagung geäußerte Aussage erahnen. Auch in dieser Situation begegnet Reichlin dem Leser/Zuhörer polemisch und provokativ. Seine Behauptung klingt sicher und absolut. Das einleitende „streng genommen" (Z. 4) relativiert die folgende Aussage zwar geringfügig, vielleicht *muss* man die Angelegenheit ja nicht so streng nehmen, aber letztendlich ist es doch ernst: Literatur passe nicht ins Internet. Welche Argumente führt der Publizist-Autor für seine These auf, die er mit der umgangssprachlichen Wendung vom „Nichts-zu-suchen-Haben" so drastisch formuliert? Literatur sei „zu langsam" (Z. 5) – ein Paradoxon. Literatur an sich ist keine Erscheinung des Lebens, die zeitlich gemessen werden kann. Dem Leser stellt sich die Frage, ob die Schaffung von Literatur, ihre Veröffentlichung und Verbreitung, Rezeption oder langfristige Wirkung gemeint ist. Für wen ist Literatur zu langsam – für den Schriftsteller, Lektor, Verleger, Verkäufer oder Leser? Impliziert sind all diese Personenkreise und Prozesse des kulturellen Lebens. Literatur sei zu langsam, so Reichlin, um im schnellen Medium Internet etwas zu suchen zu haben. Dem widerspricht, dass äußerst **viel Literatur im Internet zu finden** ist, dass dieses sogar helfen kann, deren „Langsamkeit", zumindest was ihre Verbreitung betrifft, stark zu beschleunigen: Soweit es sich um den Abdruck von Werken aus dem Literaturkanon handelt, also bekannter, älterer Texte, genügt oft ein Klick in das „Projekt Gutenberg", der fast augenblicklich zu den Klassikern der Lyrik, Epik, Dramatik der deutschen und unter Berücksichtigung des Urheberrechts immer mehr auch der Weltliteratur führt. Dieses Angebot erweitert sich fast täglich – ein Indiz für das **andauernde Interesse an Literatur**. Doch gegen die Funktion des Internets als riesige Datenbank und Informationsquelle, auch für die Sammlung von Literatur, hat Reichlin mit seiner Äußerung vermutlich nicht angespielt. Denn er argumentiert weiter, Literatur sei mit ihren „26 graphischen Elementen" (Z. 6) zu begrenzt.
Linus Reichlin beschreibt das Kunstprodukt „Literatur" recht unpassend. Beim Nachdenken über das bemühte Zahlenspiel mag sich der Adressat daran erinnern, dass es jene 26 Elemente sind (plus Umlaute und Interpunktionszeichen, die der Autor hier großzügig unterschlägt), aus denen sich unsere Sprache und damit die gesamte Kommunikation unserer Gesellschaft zusammensetzt. Sie ist jedoch **nicht eine Ansammlung von 26 beliebigen grafischen Elementen**, denn sie bildet auf der Textebene eine schier unendliche Vielzahl von Wörtern und Sätzen, die – betrachtet man die Ebene der Darstellung – Handlungen, Gedanken und Gefühle erzählen können und ein breites Sinnpotenzial für den Sprecher/Leser bereithalten. So konstituieren diese 26 Zeichen in all ihren Kombinationsmöglichkeiten den ganzen Reichtum unserer Erfahrungen mit der erlebten und erträumten Welt. Das weiß natürlich auch der Autor Reichlin. Trotzdem spitzt er seine These weiter zu mit seiner Behauptung, diese Elemente der Literatur hätten wir „schon zu oft gesehen" (Z. 6). Will er der Literatur ihre Berechtigung in der von neuen Medien überfluteten Welt absprechen? **Meint Reichlin, was er sagt?** Und wenn ja, hat er damit Recht?

Einen Preis für sein literarisches Schaffen anzunehmen und der Literatur abzuschwören, ist widersinnig. Auch der Schweizer hat sich der uns allen so bekannten 26 grafischen Elemente bedienen müssen, seien es auch Druckknöpfe auf einer Tastatur gewesen. Allerdings ist die Literatur, die unter seinen Händen entstand, anders als das tradierte Literaturverständnis des klassischen Buchlesers. Ins Netz gestellte literarische Texte oder Textfragmente können in unterschiedlichen Formen auftreten – Literaturliebhaber, Laien, Autodidakten, angehende Autoren umgehen die umständlichen und einschüchternden Prozeduren des offiziellen Literaturbetriebes und stellen ihre Gedichte, Geschichten, Szenen auf speziellen Homepages der Internet-Öffentlichkeit vor. Der ursprünglich zutiefst individuelle, in vielen Fällen fast einsame Prozess des künstlerischen Schaffens kann hier aufgebrochen und nach außen geöffnet werden für den Austausch und die Rückversicherung der Schreibenden. Ausführliche Gespräche in Diskussionsforen über solche neuen Texte oder Schreibversuche zeugen von der Lebendig-

keit der Literatur und ihrer Wirkung in der Gegenwart. Der Austausch zwischen Autor und Leser über den Text geht sehr unmittelbar vonstatten und beeinflusst den literarischen Prozess im Einzelfall gründlich. Dies ist jedoch nur eine, wenn auch wesentliche Möglichkeit, Literatur entstehen und wirken zu lassen – immerhin handelt es sich hierbei noch um Literatur im herkömmlichen Sinne, lediglich das Papier wurde ersetzt und die **Kommunikation um ein Vielfaches beschleunigt und erweitert**.
Begünstigt durch den direkten medialen Austausch der Kommunikationsteilnehmer ist jedoch auch eine neue Literaturform entstanden: „**Interaktive Webliteratur**" bezeichnet Texte, die von einem ersten Verfasser ins Internet gestellt werden und dort auf den Zugriff und die Mitarbeit weiterer Leser warten. So entstehen auf spielerische Weise neue, multiple Handlungsverläufe oder Paralleltexte, die mit der ursprünglich intendierten Geschichte verknüpft werden oder ein ganz neues Eigenleben führen. Nicht nur der Status der Urheberschaft von Literatur kann hierbei stark verändert werden – es ist nicht mehr nur ein Autor, der ein Literaturprodukt schafft –, auch das literarische Werk selbst wird offener, assoziativer, vielfältiger.
Ob der Leser sich generell für diese spielerische, häufig beliebigere Variante von Literatur entscheidet oder die „klassische", „langsame" Literatur vorzieht, muss er selbst entscheiden. Das Internet eröffnet jedoch vielen Menschen Zugang zur eigenen kreativen literarischen Äußerung und birgt mit seinen interaktiven Angeboten vielleicht auch die Potenz, „Büchermuffel" spielerisch zum Lesen oder sogar zum eigenen Schreiben zu verführen.

So verbirgt sich hinter Reichlins scheinbar literaturfeindlicher Äußerung die **Aufforderung, durchaus zu lesen und zu schreiben**. Mit dem Titel seines eigenen Web-Romans „Kafka im Weltraum" schlägt er die Verbindung von einem großen Autor des Literaturkanons zu den Herausforderungen der Neuzeit. Was immer – auch durch die Einmischung des Lesers – dem Kafka in der Webstory widerfährt, selbst wenn er überhaupt nicht auftaucht, bekennt sich Reichlin mit dieser Referenz zur altbekannten Literatur, zur langsamen mit den 26 grafischen Zeichen, die auch nach vielen Jahren noch auf ihre Leser wirkt. Gleichzeitig initiiert er ein neuartiges literarisches Werk, das übrigens ebenfalls aus diesen 26 Elementen (plus einigen Hypertext-Links) konstituiert wird, das sehr schnell an seine Leser gelangt und durch die Einwirkung anderer Leser-Schreiber ebenfalls sehr schnell beginnt, ein Eigenleben zu führen. Mag es auch heute noch etliche „Ponas" geben, die behaupten, interaktive Webstorys seien keine „Literatur", so wirkt die provokante Behauptung des Schweizer Autors mit ihrem impliziten logischen Widerspruch eher wie ein schmunzelnder Gegenangriff und Anstoß dazu, in unserer Zeit aufgeschlossen zu sein sowohl für die alten als auch neuen Spielformen von Literatur.

Teil A

Siegfried Lenz (geb. 1926): Das Ende des Gutenbergzeitalters (Auszug)

[…] Die klassische Vorstellung vom Leser, der bereit ist, die Einsamkeit eines Autors zu teilen, mußte aber bereits überprüft werden, als das Radio erfunden wurde. In der Heraufkunft dieses neuen Mediums, das Literatur gleichzeitig an Millionen Konsumenten vermitteln konnte, glaubten einige, wenn auch nicht den Verdränger, so doch den Ideal-Konkurrenten des Buches zu erblicken. Der Konsument, der wußte, daß er im Augenblick des Empfangs mit vielen anderen Hörern verbunden war, wäre nie auf den Gedanken gekommen, daß der Autor sein Buch für ihn, ihn allein, geschrieben haben könnte. Die Intimität überkommener Lesekultur wurde aufgehoben; eine andere Qualität der Wahrnehmung zeigte sich. Noch aber war der Autor nicht entmachtet: Auch im gehörten Buch ließen sich sein persönlicher Stil erkennen, seine formalen Fähigkeiten, seine Überredungskunst – sie erkannte man an, ihnen vertraute man. Da die Rezeption von sogenannten Hörbüchern eine andere Aufmerksamkeit erfordert als eine stille Lektüre – sie kann anscheinend beiläufiger geschehen, müheloser und genügt sich oft darin, überflüssige Zeit nutzbringend zu verwenden –, war es wohl absehbar, daß eines Tages regelrechte Hör-Bibliotheken entstehen würden, in denen Proust[1], Joyce[2] oder Thomas Mann auf Kassette zu haben sind. Doch seltsam genug: Diese Hör-Bibliotheken haben das Buch keineswegs ersetzen oder überflüssig machen können; es läßt sich sogar in einzelnen Fällen nachweisen, daß das gedruckte Buch durch das gehörte begünstigt wurde. Aus aufschlußreichem Ungenügen nämlich entschieden sich Hörer dazu, das Gehörte noch einmal nachzulesen; nicht selten aus dem Bedürfnis, ein gewonnenes Urteil durch Lektüre zu bestätigen. Das aber legt die Vermutung nahe, daß wir bei der Entwicklung unserer kognitiven Fähigkeiten nicht aufs Lesen verzichten können. Lesend – so argumentierte schon Plato[3] – wird die Urteilskraft gefördert, lesend wird das Erinnerungsvermögen verfeinert, wird die Phantasie entwickelt.

Hellsichtige Diagnostiker, die die Zeichen der Zeit früh wahrgenommen haben, versichern uns, daß für den Erzähler die Spätzeit bereits begonnen habe, für ihn und die ganze narrative Literatur. Michael Joyce[4] hat erkannt: „Wir befinden uns in der Spätzeit des Drucks, einer Übergangszeit, da das Buch, wie wir es kennen, dem Ausdruck des Geistes in Lichtform Platz macht.“ Da stellt sich wie von selbst die Frage: Wird der Bildschirm des Computers das Buch überflüssig machen, wird Gutenbergs schwarze Revolution bald nur noch ein Abreißblatt in der Geschichte der Textverbreitung sein?

Was sich dem computerorientierten Konsumenten heute an Informationsvielfalt bietet, hätte sich ein Schriftgießer alter Tage in der Tat nicht träumen lassen. Schon ist es möglich, am Bildschirm durch das gewaltige Labyrinth menschlichen Wissens zu streifen, durch ein scheinbar unbegrenztes Universum. Die enzyklopädische Offerte braucht nur angenommen zu werden, und wir können nicht nur in die Tiefe der Zeit tauchen, sondern auch alle gewonnenen Informationen miteinander verbinden. Die Musik eines Jahrhunderts, seine Philosophie, seine Malerei, seine Naturwissenschaften werden im Augenblick präsent, und nicht nur dies: Sie verweisen auch aufeinander. Der Semiotiker Eco[5], der selbst eine CD-ROM verfaßt hat – er nannte sie „Encyclomedia“ – ist sicher, daß die neue Technologie gewisse Bücher verdrängen wird, Handbücher vor allem, Enzyklopädien.

Ihm stellte sich übrigens die Informationsbeschaffung durch den Computer als höchst praktikabel dar – im Vergleich zur Befragung einer Enzyklopädie.
Doch welch ein Schicksal ist der Literatur vorbehalten, dem Roman, dem Gedicht? [...]

(1999)

Aus: Siegfried Lenz: Mutmaßungen über die Zukunft der Literatur. Drei Essays. Hoffmann und Campe. Hamburg 2001.

Anmerkungen
1 Marcel Proust (1871–1922): bedeutender französischer Schriftsteller
2 James Joyce (1882–1941): bedeutender irischer Schriftsteller
3 Plato (um 427–347 v. Chr.): bedeutender altgriechischer Philosoph
4 Michael Joyce: amerikanischer Professor, Verfasser von Hypertextromanen
5 Umberto Eco (geb. 1932): italienischer Sprachwissenschaftler und Romanautor

Aufgaben:

Analysieren Sie den Text und bewerten Sie dessen Gestaltungs- und Wirkungsweise.

Tipps und Hinweise

Siegfried Lenz dürfte Ihnen als Autor von Romanen und Erzählungen bekannt sein. Sie sollten bei der Darstellung seines Essays stets im Sinn behalten, dass es ein berühmter Schriftsteller ist, der sich hier zur Zukunft der Literatur äußert.

Ihre Aufgabe besteht darin, Lenz' Argumentationsgang transparent zu machen und Inhalt sowie Struktur des Essays darzustellen. Sie werden explizit zu einer Bewertung der Gestaltungs- und Wirkungsweise aufgefordert, das heißt, Sie sollen den Einsatz der rhetorischen Mittel und ihre Funktion beleuchten. Nicht zuletzt sollen Sie beurteilen, ob der Text die Erwartungen einlöst, die die Überschrift weckt. Berücksichtigen Sie das Entstehungsjahr des Textes, 1999. Aus der zeitlichen Distanz ist es möglich, die Prognosen des Autors kritisch einzuschätzen.

Lösungsvorschlag in Grundzügen

1. Vorbemerkung

In seinem Aufsatz aus dem Jahre 1999 untersucht Siegfried Lenz, ob die schöngeistige Literatur im ausgehenden 20. Jahrhundert angesichts rasanter technischer Entwicklungen auf dem Gebiet der neuen Medien eine Zukunft hat. Er geht der Frage nach, inwieweit Hörbuch und Computer Wahrnehmungs- und Lesegewohnheiten der Rezipienten beeinflussen. Lenz äußert **Zweifel, dass die neuen Technologien imstande seien, gedruckte Literatur zu verdrängen**, da es immer Leser geben werde, die sich doch mit dem Buch auseinandersetzen. Er fragt aber auch generell nach dem Schicksal fiktionaler Literatur im sogenannten computerorientierten Informationszeitalter.
Die Aufgabenstellung macht es erforderlich, den Textauszug hinsichtlich seiner inhaltlichen Gliederung, der vorgebrachten Thesen, seiner Argumentationsweise und der verwendeten Gestaltungsmittel wie auch der dadurch hervorgebrachten Wirkung zu analysieren. Der zweite Teil der Aufgabe verlangt von Ihnen, sich bei der Analyse selbst mit der Gestaltungs- und Wirkungsweise auseinanderzusetzen und beide begründet zu bewerten.

2. Inhalt/Thesen des Autors

Siegfried Lenz äußert sich im vorliegenden Abschnitt aus seinem Aufsatz über das Verhältnis vom traditionell als Druckerzeugnis vorliegenden Buch zu einer Literatur, die über das Medium Radio verbreitet wird und sich in der Folgezeit zum „Hörbuch" entwickelt. Er betont Auswirkungen auditiv vermittelter Lektüre auf die Rezeptionsweisen der Hörer und hebt die Bedeutung des Lesens hervor. Lenz gibt Prognosen über das vermeintliche Ende des gedruckten Buches Raum und stimmt der Aussage zu, der Computer sei ein scheinbar unbegrenztes und vernetzendes Medium für die Wissensaneignung auf den unterschiedlichsten Gebieten.

Dabei entwickelt er in seinem Gedankengang folgende Thesen:
Das **Hörbuch**, das von einigen als „Ideal-Konkurrent" (vgl. Z. 4f.) des Buches gewertet werde, führe nicht zur Verdrängung des Buches in seiner klassischen Form. Werde auch die „Intimität überkommener Lesekultur" (Z. 7f.) bei der Rezeption von Gehörtem aufgehoben – der Konsument wisse sich im Moment des Empfangs mit einer Vielzahl anderer Hörer verbunden Die Einzigartigkeit des Kunsterlebnisses, die intime Verbindung zwischen Rezipient und Autor sei beim Hören nicht mehr wie bei der Lektüre herstellbar – so werde der Autor trotzdem nicht entmachtet. Beim Rezipieren von Hörliteratur käme eine **andere Qualität der Wahrnehmung** zum Tragen. Obwohl – so Lenz – die Rezeption von Hörbüchern müheloser scheint, beiläufig erfolgen kann und weniger Aufmerksamkeit erfordern mag als die Buchlektüre, können Hör-Bibliotheken das geschriebene Buch nicht ersetzen. Die Praxis zeige, dass das Hörerlebnis viele Konsumenten dazu anrege, das Gehörte noch einmal nachzulesen und zu vertiefen, um gewonnene Urteile zu bestätigen. Daraus leitet Lenz die Vermutung ab, dass das **Lesen unverzichtbar für die kognitive Entwicklung** des Menschen sei, und belegt seine Ansicht mit dem Autoritätsargument, dass Plato sich über den positiven Einfluss des Lesens auf die Festigung der Urteilskraft, des Erinnerungsvermögens und der Fantasie äußerte.

Lenz schließt sich der verbreiteten **These** an, dass die entwickelte **Computertechnik viele Zugänge zu praktisch unbegrenzten vernetzten Wissensbeständen ermögliche**, und beschreibt die Vorzüge des schnellen und unkomplizierten Zugriffs auf Informationen. Der Autor gibt die Auffassung wieder, dass die neuen Informationsmedien Bücher enzyklopädischen Charakters zurückdrängen und ablösen werden und bezieht sich dabei auf die ernstzunehmende Einschätzung Umberto Ecos. Der Auszug aus Lenz' Aufsatz endet mit der unbeantworteten Frage, welches Schicksal der Literatur, dem Roman und Gedicht, vorbehalten sei.

3. Argumentationsweise, sprachliche Gestaltung und Wirkung

Lenz stimmt den Leser bereits durch die **Wahl des Titels** auf die Ernsthaftigkeit seiner Argumentation ein. Mit dem Verweis auf Gutenberg weckt er die Bereitschaft des Lesers, sich auf eine tiefgründige Lektüre einzulassen, sich an Tradition und Geschichte zu erinnern. Mit dem provozierenden Konstatieren des Endes eines Zeitalters schärft er das kritische Bewusstsein des Lesers, aufmerksam dem Vorgebrachten zu folgen und die Positionen zu prüfen, ihnen beizupflichten oder zu widersprechen. Lenz bedient sich bei der Entfaltung seiner Ansichten strukturierender Leitfragen, die dem Leser die Orientierung und Positionierung erleichtern.

Der Verfasser verhält sich scheinbar objektiv, wenn er Veränderungen in den Lektüregewohnheiten der Menschen darstellt. Untersucht man seine Wortwahl jedoch genauer, so fällt durchaus **Lenz' Parteinahme für das gedruckte Buch** auf. Er baut einen Kontarst auf, wenn er einerseits von „Leser", „Intimität", „Lesekultur", „Lektüre" (vgl. Z. 1, 7, 8, 12) spricht, andererseits eher mit ökonomischen und technischen Begriffen wie „Konsumenten", „Konkurrenten", „Rezeption" (Z. 3, 5 f., 11) operiert. Bei der Bezeichnung der neuen Medien schwingt Ironie mit, wenn der Verfasser **Neologismen** wie „Heraufkunft" oder „Ideal-Konkurrenten" (Z. 2 f., 4 f.) verwendet. Die Rolle des Autors schöngeistiger Literatur dagegen erfährt in Lenz' Darstellung eine außerordentliche Wertung – was nicht verwundert, ist Lenz doch selbst ein sprachgewaltiger, in viele Sprachen übersetzter Autor zahlreicher breit angelegter Erzählwerke. Der Leser liest von der „Einsamkeit eines Autors" (Z. 1), er setzt sich mit der Idee auseinander, der Autor könne sein Buch speziell für ihn, den individuellen Leser, allein geschrieben haben (Z. 7). Lenz spricht von der Macht des Autors, die einer möglichen Entmachtung (Z. 9) vorausgegangen sein muss, er nennt „persönliche[n] Stil", „formale[...] Fähigkeiten", „Überredungskunst" (Z. 10).
Nach diesem überzeugenden **Hohelied auf den Schriftsteller**, überzeugend durch die verwendete Sprache, durch das Mittel der Wiederholung und nicht zuletzt auch durch die Autorität, die Lenz selbst mit seinem erfolgreichen literarischen Schaffen für sich in Anspruch nehmen kann, schließt sich die Aussage, dass das Radio bzw. das Hörbuch als auditive Medien das gedruckte Buch nicht verdrängen können, eher das Lektüreverhalten der Menschen anregen und bereichern, folgerichtig an. Die Ableitung der Rolle des Lesens für die geistige Entwicklung, unantastbar gemacht durch den Bezug auf Plato, beendet den ersten Abschnitt der Argumentation.

Fasst der Leser das bisher Aufgenommene zusammen, zeigt sich ein Widerspruch zum Titel, denn bis jetzt wurde ein friedliches Nebeneinander von Buchkultur und anderen Literatur übermittelnden Medien beschrieben. Ab Zeile 25, dem Beginn des zweiten Abschnitts, setzt Lenz jedoch mit einem neuen Gedankengang ein. Jetzt offenbart sich ein deutlicherer Bezug zur Titelaussage, wenn der Verfasser mit Michael Joyce einen Wissenschaftler und Autor von **Hypertextromanen** zu Wort kommen lässt, der meint, dass wir uns bereits in einer Übergangszeit befinden, in der das Buch vom Computer abgelöst werde. Bezeichnenderweise trägt Lenz dieses Argument nicht als eigene besorgte Beobachtung vor, sondern zitiert einen Verfechter der Idee, dass die Computer mit ihren Möglichkeiten die Literatur in ihrer klassischen Form ablösen werden. Diese Entscheidung gibt Lenz die Möglichkeit, scheinbar unparteiisch Ansichten mitzuteilen, diese durch geschickt verwobene sprachliche Mittel jedoch deutlich zu werten.

Bis jetzt hatte sich der Verfasser mit sachlichen Aussagen an den gebildeten Leser gewendet. Anspruchsvolle Wortwahl, Fremdwörter und ein komplexer Satzbau mit vielen **hypotaktischen** Reihungen und einigen **Parenthesen** setzten einen gebildeten und interessierten Leser voraus, der den Text aufnehmen und möglicherweise auch die darin vorgeführte Sprachkraft wahrzunehmen vermochte. Im zweiten Abschnitt ändert Lenz den eigenen Sprachstil. Deutlich zeigt er die eigene Distanz, wenn er die zitierte Haltung ironisch herabsetzt und ihre Vertreter als „hellsichtige Diagnostiker" bezeichnet, die die „Zeichen der Zeit früh wahrgenommen" hätten (Z. 25). Er versucht, den Leser für die eigene Position zu vereinnahmen, wenn er erstmals eine Sprecherinstanz in Erscheinung treten lässt und sie gleich vereinnahmend mit dem Leser identifiziert: „Uns“ (Z. 26) wird von den „hellsichtigen Diagnostikern“ versichert, dass für den „Erzähler die Spätzeit bereits begonnen“ (Z. 26) habe. Zur Verstärkung korrigiert der Sprecher noch „für ihn und die ganze narrative Literatur“ (Z. 26 f.). Lakonisch knapp wird von einer Erkenntnis gesprochen („Michael Joyce hat erkannt“, Z. 27), die vom Verfasser scheinbar wertungsfrei zitiert wird, sich mit ihrem überbetonten Pathos vom „Ausdruck des Geistes in Lichtform“ (Z. 28 f.) jedoch selbst in zweifelhaftes Licht setzt und komisch verzerrt. Diese Wirkung vertieft Lenz mit eigenen kraftvollen **Metaphern**, wenn er den feierlichen Tonfall kopierend von „Gutenbergs schwarze[r] Revolution“ (Z. 30) spricht, die er kontrastierend mit einem „Abreißblatt in der Geschichte der Textverbreitung“ (Z. 31) vergleicht und so die Gedankengänge der „hellsichtigen Diagnostiker“ (vgl. Z. 25) denunziert.

Nach diesem provozierenden Einstieg in die Problematik, die mit ihrer ironischen Schärfe den Leser zur Aufmerksamkeit und eigenen Auseinandersetzung aufruft, leitet Lenz über zur sachlichen Argumentation. Überraschend geht er zunächst auf Vorteile der Computernutzung ein und lobt die Informationsvielfalt, die sich dem Nutzer bietet. Er behält die Entgegensetzung von „klassischer“ Sprache und technischen Termini für die Unterscheidung zwischen tradierter Buchkunst und neuen Medien, wie er sie im ersten Abschnitt noch einsetzte, nicht bei, sondern gesteht auch dem Computer zu, durch das „gewaltige Labyrinth menschlichen Wissens zu streifen“ (Z. 34). Wieder führt Lenz zur Unterstützung eine Autorität ins Feld und wählt mit Umberto Eco einen namhaften Sprecher, der nicht nur als Geistes- und Kulturwissenschaftler eine international anerkannte Kapazität ist, sondern auch als weltbekannter Romanautor einen Namen hat. Er wiederholt Ecos Auffassung, dass die Computertechnik sicherlich eine bestimmte Spezies von Büchern, nämlich Handbücher und Nachschlagewerke, verdrängen wird.

Nachdem Lenz dieses Zugeständnis an die technischen Möglichkeiten der neuen Medien zum Ausdruck gebracht hat, bleibt immer noch die **Vorankündigung des Titels** vom Ende des Gutenbergzeitalters **uneingelöst**, denn offensichtlich schließt sich Lenz Ecos Ansicht an, dass Enzyklopädien letztendlich wohl in elektronischer Form überdauern werden. Die Frage nach dem Schicksal der klassischen „Literatur [...], dem Roman, dem Gedicht“ (Z. 45), stellt er am Ende des Textauszugs dem mündigen Leser. Ob es sich wieder um eine strukturierende Leitfrage handelt, Lenz sich im hier nicht abgedruckten Folgetext also noch dazu äußert, oder ob der Leser tatsächlich in die Situation gerät, eigene Überlegungen anstellen zu müssen, bleibt offen. Es gelingt Lenz, den Spannungsbogen, der den Leser in die Pflicht nimmt, vom polemischen Titel bis zur letzten Frage aufrechtzuerhalten. In seinem Text führt er –mit der eigenen Lust am Formulieren – die Notwendigkeit, aber auch den Luxus des Lesens sowie die Schönheit und Kraft der Sprache vor. Entscheiden muss der Leser selbst, welche Form der Lektüre er für sich und nachfolgende Generationen genießen und nutzen möchte. Sicher ist, dass er durch sein Lektüreverhalten die Antwort auf diese Frage in der Zukunft wesentlich mitbestimmen wird.

Teil B

Der Sender 3sat strahlte im November 2000 in dem Magazin *nano vision* einen Beitrag aus, in dem es um die Zukunft gedruckter Medien ging. Das folgende Material stammt aus dem Sendemanuskript:

Zukunft ohne Bücher?

2005 Das digitale Buchzeitalter hat begonnen. Und das heißt: „Lesen ja" – doch der Stoff, aus dem die Träume sind, muss nicht mehr gebunden sein. Mit aller Macht drängt das E-Book auf den Markt. Das elektronische Buch wird von den Herstellern mit großem Aufwand beworben. „Mehr ist weniger" – so lautet das Motto. Das Lese-Handy kann den Inhalt von rund fünfzig Taschenbüchern speichern. Der Einkauf im klassischen Buchhandel entfällt und der Vertrieb wird über das Internet abgewickelt: Buch auswählen, Inhalt runterladen und die fällige Gebühr überweisen. Und das ist in etwa soviel, wie die gebundene Variante kostet. Die ersten E-Book-Leser müssen aber mit Einschränkungen leben. Denn elektronisch abrufbar ist nur ein Bruchteil aller gedruckten und gebundenen Worte.

2010 Das Buch verteidigt seinen Stellenwert auf dem Lese-Markt. Und das Angebot ist sogar noch größer geworden. Der Grund: Das Bestellbuch hat sich etabliert. Das Prinzip von „book on demand": Viele Bücher werden nicht mehr in großen Auflagen für den Handel bereitgehalten, sondern in der Minimalversion als digitale Druckvorlage gespeichert. Erst nach einer Bestellung wird also gedruckt und geliefert. Das bietet den Autoren völlig neue Perspektiven. Sie können ihre Werke schon in geringen Auflagen ohne das Risiko hoher Produktionskosten selbst veröffentlichen. Das elektronische Buch stößt auf Akzeptanz-Probleme. Auch, weil die Hersteller noch immer unterschiedliche Betriebssysteme installieren. Mit der Folge, dass die Buchtexte gleich für zahlreiche Formate aufbereitet werden müssen. Das gibt ein digitales Durcheinander, vor dem viele Verlage zurückschrecken. Die Konsequenz: Die inhaltliche Angebots-Palette für das E-Book ist vergleichsweise klein.

2025 Die weltweiten Datennetze haben die Buchproduktion gravierend verändert. Entstanden ist ein Nebeneinander von klassischem Buch und der elektronischen Variante – noch mit Vorteilen für das Gedruckte. Im Jahr 2025 hat die Papierindustrie ihren Schrumpfungsprozess abgeschlossen. Denn in den letzten zwanzig Jahren ist der Papierbedarf der Buchdruckereien um fünfzig Prozent zurückgegangen. Auch der Buchhandel musste eine Durststrecke überwinden. Der Markt wird jetzt dominiert von großen Verlagen mit Filialketten und online-Angeboten. Geschrieben und veröffentlicht wird soviel wie nie zuvor. Dazu tragen auch die Internet-Schriftsteller bei. Sie schreiben online. Und wer will, kann von jedem Ort der Welt aus beim gedanklichen Entstehungsprozesses eines Romans dabei sein und kann selbst ein Buch daraus machen: runterladen, ausdrucken und beim Buch-Dienstleister um die Ecke individuell gestalten lassen.

Aus: 3sat, Nano online, 02. 11. 2000:
http://www.3sat.de/3sat.php?http://www.3sat.de/nano/vision/11792/index.html

Aufgabe:

Eine Zukunft ohne gedruckte Bücher? Setzen Sie sich mit den im Sendemanuskript aufgeworfenen Problemen auseinander.

Tipps und Hinweise

In diesem Teil der Prüfung weisen Sie nach, dass Sie die wesentlichen Thesen aus dem Essay von Siegfried Lenz in einen neuen Zusammenhang einordnen können, gegebenenfalls dabei zu neuen Deutungen, vor allem aber zu eigenen Folgerungen, Begründungen und auch Wertungen gelangen.
Die folgenden Impulse sollen Ihnen dabei helfen:

- *Berücksichtigen Sie, dass beide Texte, der Essay von Siegfried Lenz und das Sendemanuskript, nahezu zeitgleich entstanden sind.*
- *Ermitteln Sie, welche Gemeinsamkeiten und welche Unterschiede hinsichtlich der Perspektive für elektronische Bücher in den beiden Texten thematisiert werden.*
- *Wägen Sie ab, welche Vor- bzw. Nachteile die im Sendemanuskript aufgezeigten Perspektiven für Leserinnen und Leser und somit auch für Sie persönlich haben könnten. Stellen Sie dabei, wo möglich, Bezüge zu den Äußerungen von Lenz her.*
- *Beziehen Sie eigene Gewohnheiten beim Lesen und bei der Auswahl von Literatur mit ein.*
- *Berücksichtigen Sie die technischen Entwicklungen der letzten Jahre nach der Veröffentlichung beider Texte: Was ist Realität, was Vision?*

Lösungsvorschlag in Grundzügen

Was in der Sendung „Zukunft ohne Bücher?" im 3sat-Magazin „nano vision" im Jahr 2000 als Zukunftsvision vorgestellt wurde, ist heute teilweise schon Wirklichkeit: Man kann sich Bücher auf ein **Lesehandy** herunterladen und sie überall lesen, ohne schwere Bücher mit sich herumtragen zu müssen. Wann immer man gerade Lust und Zeit hat, kann man lesen, egal, ob ein Sachbuch, eine wissenschaftliche Abhandlung oder einen Roman. Das spart Zeit. Und das Handy ist noch multifunktionaler geworden. Aber manchmal steckt der Teufel im Detail. Was ist, wenn man beim Download eines Buches in ein Funkloch gerät oder wenn gerade der Server überlastet ist? Dies kann ziemlich nervtötend sein, da man in solchen Fällen äußeren Einflüssen machtlos gegenübersteht. Aber auch mit der Technik eines Lesehandys kann man an Grenzen stoßen, z. B. wenn der Akku entladen ist und abrupt die Lektüre beendet. Darüber hinaus hat das Display eines Lesehandys wohl kaum das Format einer Buchseite. Unter diesen Umständen ist es ziemlich anstrengend, über längere Zeit einen umfangreichen Text zu lesen, geschweige denn ein dickes Buch. Hinzu kommt außerdem, dass vorerst nur „ein Bruchteil aller gedruckten und gebundenen Werke" (Z. 10) im Internet zur Verfügung stehen wird.
Die im Sendemanuskript genannten vorübergehenden Einschränkungen sind also nicht nur eine Frage der Bereitstellung eines umfangreichen Angebots an elektronisch abrufbarer Literatur, sie sind darüber hinaus zudem technischer Natur und haben auch mit physischen und psychischen Eigenschaften des Nutzers eines Lesehandys zu tun. Die technischen Probleme können in nicht allzu ferner Zukunft sicher gelöst werden. Aber wie ist es mit der Bereitschaft der Leserinnen und Leser, auf das gedruckte Medium Buch zu verzichten?
Eigentlich gehöre ich zur Gruppe der Leser, die sich von Zeit zu Zeit gern zum Lesen zurückziehen und ungestört auch mal zurückblättern, eine spannende Stelle noch einmal lesen oder sogar ein paar Seiten nach vorn blättern – das stelle ich mir auf dem Lesehandy mühsam vor. Ein gedrucktes Buch ist da wesentlich freundlicher den eigenen Lesegewohnheiten gegenüber. Um mit Siegfried Lenz zu sprechen: Manchmal braucht man tatsächlich „die Einsamkeit eines Autors", um Muße auch beim Lesen zu haben (vgl. Lenz, Z. 1 f.).
Dem kann entgegengehalten werden, dass sich eines Tages das „Bestellbuch" etablieren wird und man auf das gedruckte Buch nicht verzichten muss, wie in der Sendung glaubhaft versichert wird (vgl. Z. 12). Vielleicht werden Bücher dann auch preiswerter, weil die Verlage

und Druckereien wirklich nur das produzieren müssen, was sie real verkaufen. Aber können sie so sicherstellen, dass auch die ganze Vielfalt allen Leserinnen und Lesern bekannt und zugänglich wird? Das wage ich zu bezweifeln, selbst wenn in der Vision des Jahres 2025 entsprechende Vorbehalte ausgeräumt werden.
Zweifellos ist es bequem, im Internet zu stöbern und sich dann ein Buch aufs Handy oder auf den PC zu laden. Aber in die Buchhandlung zu gehen, in Büchern zu blättern, sie in Ruhe anzulesen und dabei ein interessantes Buch zu entdecken, ist immer wieder ein schönes Erlebnis. Dazu gehört, Bücher in Ruhe auszuwählen oder für eine nahe stehende Person ein passendes Geschenk zu suchen. – Ein gedrucktes Geschenk hält lange und ist nicht von der Vergänglichkeit eines doch recht anfälligen Speichermediums betroffen.
In Ruhe beim **Stöbern in einer Buchhandlung** fündig zu werden – das hat eine ganz **andere Qualität als die Internetrecherche**. Woher weiß man beim Recherchieren im Internet, ob der Titel auch das hält, was er verspricht? Zwar ist es heute möglich, bei den im Internet angebotenen Büchern das Inhaltsverzeichnis anzusehen und auch zwei bis drei Probeseiten am Bildschirm zu lesen. Aber erfährt man wirklich etwas Konkretes über den Inhalt? Schließlich haben die zur Ansicht ausgewählten Seiten eine Werbefunktion. Um Genaues über den Inhalt zu erfahren, ist man in der Bibliothek und in der Buchhandlung besser aufgehoben, weil man dort auch mal einen Titel diagonal lesen und sich vorinformieren kann. Das funktioniert am Bildschirm nur mit kompletten E-Books. Die erhält man aber erst nach dem Kauf, und man ist immer an technische Voraussetzungen gebunden.
Die Vision aus dem Jahre 2010 räumt ein, dass sich das **Bestellbuch** etablieren wird, weil das elektronische Buch wohl auf Akzeptanzprobleme stoßen wird – ganz in dem Sinne wie Siegfried Lenz es in seinem Aufsatz an einigen Stellen anklingen lässt. Zugegeben, es ist eine interessante Perspektive, ein Buch nur für sich persönlich drucken und binden zu lassen (vgl. Z. 15 f.). Und für die Autorinnen und Autoren z. B. belletristischer Literatur eröffnen sich dadurch natürlich viel bessere Chancen auf dem Buchmarkt, da sie nicht mehr unbedingt auf das Votum eines Verlags angewiesen sind. Allerdings nur, wenn sie und ihre Werke auch einen entsprechenden Bekanntheitsgrad erreichen. Das heißt, dass es mit dem Angebot an Bestellbüchern, den „book(s) on demand“ (vgl. Z. 13) allein nicht getan ist; auch die Werbung wird sich verändern, die Publikation eines Buches wird wohl völlig anders organisiert werden müssen. Es bleibt also abzuwarten, ob die Menschheit tatsächlich – wie im Sendemanuskript aus dem Jahr 2000 prognostiziert wurde – noch mehr als 15 Jahre braucht, um das herauszufinden, und ob „das Nebeneinander von klassischem Buch und der elektronischen Variante“ (Z. 25 f.) sich etablieren und Bestand haben wird.
Dieser Prozess wird sich schneller vollziehen, als in der Sendung angenommen. Zumindest wird das sicherlich auf den Bereich der schöngeistigen Literatur zutreffen, während vor allem im **Bereich der wissenschaftlichen Literatur die elektronische Variante wohl größere Perspektiven** hat als die gedruckte. Denn häufig kommt es vor, dass bei dem rasanten Fortschritt der Wissenschaft die Inhalte von Publikationen, bis sie gedruckt vorliegen, in Teilen schon wieder überholt sind. Und die ständige Aktualisierung, z. B. eines Lexikons, ist teuer, auch für die Nutzer. Hier liegen die eigentlichen Chancen für elektronische Bücher.
Das will auch Siegfried Lenz seinen Leserinnen und Lesern sicherlich sagen, wenn er auf Umberto Eco verweist (vgl. Lenz, Z. 39 ff.). Seine besorgte Frage nach dem Schicksal der Romane und der Gedichte am Schluss des Textauszugs (Lenz, Z. 45) ist verständlich, wurde sie doch zu einer Zeit formuliert, als der Computer und das Internet sich in einem rasanten Tempo entwickelten und es den Anschein hatte, dass alle Welt den gedruckten Büchern den Garaus machen wollte. Nahezu euphorisch wurden die Möglichkeiten des Computers und des Internets damals bejubelt. Auch diesen Hintergrund muss man sehen, wenn man den Auszug aus Lenz‘ Essay über „Das Ende des Gutenbergzeitalters“ und das Sendemanuskript liest. Man kann die Bedenken Siegfried Lenz‘ entkräften bzw. relativieren. Das „Gutenbergzeitalter“ wird eines Tages für Lexika und andere Nachschlagewerke sicher vorbei sein. Aber ebenso wenig wie das Hörbuch den gedruckten Roman, das gedruckte Gedicht verdrängen konnte, wird dies auch dem E-Book nicht gelingen.

Fach und Hauptfach Deutsch (Mecklenburg-Vorpommern)
Übungsaufgabe 3: Untersuchendes Erschließen pragmatischer Texte – Textanalyse

Teil A

Harald Jähner: Worte wie Bojen. Der deutschen Sprache geht es besser denn je. Ein Sprachschutzgesetz würde das ändern.

Ich wünschte, „Sie entbänden mich meiner bisherigen Inkubenz", schrieb Goethe an Herzog Carl August. Inkubenz meinte Schuldigkeit. Goethe schrieb auch von „etiolieren", wenn es ums Verkümmern ging, entzweit nannte er „brouilliert", er sprach von Rotomontaden und Sponsieren und schreckte selbst vor „performances" nicht zurück. All dieser damals modische Fremdwortfirlefanz, den er mit Genuss betrieb, hinderte ihn nicht, das Deutsche in einer Vollendung zu schreiben, die ihn später zum Kernelement deutscher Kulturidentität machte. Das notorische Fraternisieren mit anderen Sprachen versehrte sein Deutsch überhaupt nicht, wahrscheinlich ist sogar, dass die Eskapaden ins Fremde das Sprachgefühl in besonderem Maß schärften und dort, wo es darauf ankam, zu voller Schönheit führten.

Auch heute schadet dem Deutschen der häufige Gebrauch von amerikanischen Begriffen nicht. Im Gegenteil: Der deutschen Sprache geht es, sieht man mal von der Rechtschreibreform ab, gut wie schon lange nicht mehr. Zum Beispiel in der Popmusik. Nachdem sie in Deutschland Jahrzehnte lang durch das volkspädagogische Bad des Englischen gegangen war, erlebt das Deutsche im HipHop eine unangestrengte Renaissance. [...] Bei Jugendlichen hat der HipHop zu einer Sprachbildung geführt, wie sie kein Sprachschutzgesetz jemals vollbringen könnte. [...] Man kann sich bei der Sprache auf die Kräfte der Selbstregulierung verlassen; gesetzliche Vorschriften, etwa ins Sendeverhalten von Rundfunkstationen, können hier nur Unheil anrichten.

Ein Sprachschutzgesetz, wie es der „Verein deutsche Sprache" ausarbeitet, würde einen Kulturkampf auslösen, der die deutsche Sprache mit dem ängstlich sich Abschirmenden und Obrigkeitsstaatlichen verkoppelte, was sie nun wirklich nicht verdient hat. [...]

Die Gefahr eines Identitätsverlustes durch die Amerikanisierung der Sprache, wie sie Fritz Vilmar in dieser Zeitung an die Wand gemalt hat, besteht keineswegs, wenn man den tatsächlichen Zustand der deutschen Sprachpraxis betrachtet. Warum also soll man einen Eyeliner künftig Lidstrichzeichner nennen müssen und wie unterscheidet man ihn dann von einem Kajalstift? Der VDS fordert ein Sprachschutzgesetz, das die Verwendung von deutschen Produktnamen erzwingt. [...] Airbag, Container, Home Page, Last-Minute-Angebot, Mountainbike – all das käme auf die schwarze Liste und würde mit Bußgeld belegt, sobald es in offiziellem oder werblichem Zusammenhang gebraucht würde. Aus Krawalllust heraus würde man die groteske Beamtenhatz auf Anglizismen ja gern erleben, wenn es den Steuerzahler nicht so unsinnig teuer käme.

An den Sprachschützern verwundert das mangelnde Vertrauen in die Sprache und das fehlende Interesse für den Zusammenhang zwischen einem übernommenen Wort und der neuen Sache, die es möglicherweise bezeichnet. Es bringt wenig, sich gegenseitig Lächerlichkeiten vorzuhalten – die „businesse", die Fritz Vilmar aus dem Jobdeutsch zitiert, sind so albern wie der Versuch, Small-talk durch das unpassende Geschwätz zu ersetzen. Lohnender ist es, den Bedeutungsverschiebungen nachzuforschen, die sich ergeben, wenn ein deutsches Wort durch ein englisches vorübergehend verdrängt wird.

Kids zum Beispiel. Vor fünfzehn Jahren etwa wurde es im Westen in einer bestimmten Elternszene üblich, von den eigenen Kindern als Kids zu sprechen. Das Wort Kinder wurde peinlich vermieden; Kids verkleinerte das Herrschafts- und Verantwortungsgefälle. In Kids verrät sich die Unsicherheit einer Elterngeneration, die der Aufgabe, Autorität

auszuüben, befangen und verlegen gegenüberstand. Heute, da Erziehung als notwendige und reizvolle Aufgabe kulturell neu definiert wird und die Familie politisch wieder umworben wird, ist auch der Gebrauch des Wortes Kids zurückgegangen und Kinder dürfen wieder Kinder sein.
Das Beispiel zeigt, dass angelsächsische Begriffe nicht grund- und zusammenhanglos ins Deutsche einwandern. Oft bezeichnen sie unbewusste neue Sachverhalte, denen mit ihrer Hilfe nachgespürt werden kann. Worte schwimmen wie Bojen im Meer ihrer scheinbar nachlässigen Verwendung. Man kann an der Stelle, die sie markieren, hinuntertauchen und die erstaunlichsten Entdeckungen machen. [...]
Die Aufregung um den Sprachverfall ist ein Scheingefecht. Wer sich über Amerikanisierung der Sprache ärgert, sollte ehrlich genug sein, sich über die Attraktivität der amerikanischen Kultur zu empören. Er mag sein Deutsch pflegen und damit überzeugen. Mit kulturellen Schutzzöllen und staatlichen Verboten ist im geistigen Leben nichts zu gewinnen.

Aus: Berliner Zeitung vom 13. Juli 2001, Nr. 161, S. 11.

Aufgabe:

Analysieren Sie den Text von Harald Jähner und bewerten Sie dessen Gestaltungs- und Wirkungsweise.

Tipps und Hinweise

Der im vorliegenden Fall gewählte Zeitungsartikel, der in gekürzter Fassung vorliegt, behandelt ein spezifisches Thema des Deutschunterrichts, da es um aktuelle Tendenzen in der deutschen Sprache geht.

Die Aufgabenstellung ist durch die gewählten Operatoren „analysieren" und „bewerten" eindeutig zweigeteilt, wobei der erste Operator eine analytische Tätigkeit verlangt, während der zweite Operator auf ein Urteil abzielt, wie der Autor seine Intentionen sprachlich umsetzt bzw. welchen Effekt er erzielt. Es geht, inhaltlich orientiert, darum, die Auffassungen des Autors Harald Jähner zum Thema Amerikanismen bzw. Anglizismen in der deutschen Sprache zu erfassen, und, sprachlich orientiert, zu erkennen, mit welchen Mitteln Jähner seine Auffassungen zu stützen versucht. Eine Bewertung kann durchaus kritisch ausfallen. Wenn Sie logische Fehler oder eine einseitige Herangehensweise in der Argumentation feststellen, sollten Sie dies auch begründet darlegen.

In sprachlicher Hinsicht ist ferner zu beachten, dass in der Arbeit klar zu erkennen ist, wo die Meinungen Jähners wiedergegeben werden. Diese Klarheit wird meist nur durch die Verwendung des Konjunktivs I zur Wiedergabe der indirekten Rede erreicht.

Lösungsvorschlag in Grundzügen

Callcenter, Wellness, Lifestyle, E-Mail, Bodybuilding – die Reihe solcher scheinbar oder tatsächlich aus der englischen Sprache stammenden Wörter ließe sich noch lange fortsetzen. Ob man fernsieht, im Internet surft, ein Handy kaufen möchte, seine Telefonrechnung liest, eine Frauen- oder Modezeitschrift aufschlägt oder sich einfach in seinem Badezimmer unter den dort stehenden Produkten umsieht – in all diesen und noch vielen anderen Situationen ist man, obwohl ansonsten alles darauf hindeutet, dass man sich in Deutschland befindet, von Anglizismen bzw. Amerikanismen, von „Denglisch" bzw. „Neuanglodeutsch" (diese Bezeichnungen existieren allesamt) umzingelt.
Die sprachpolitische, kulturelle und soziale **Bedeutung dieses Phänomens** spiegelt sich, was Deutschland angeht, seit Jahren schon in der Anteilnahme wider, die das Thema in der Presse findet, aber auch in der Gründung des „Vereins deutsche Sprache" (VDS), der diese Tendenz sehr kritisch betrachtet und für ein Sprachschutzgesetz plädiert. Weitere Publikationen in Buchform, zum Beispiel von dem Wissenschaftsjournalisten Dieter E. Zimmer *(Deutsch und anders),* haben die Debatte vertieft und mit empirischen Befunden zur Diskussion beigetragen.

Der Journalist Harald Jähner von der *Berliner Zeitung* beschäftigte sich in einem dort am 13. Juli 2001 erschienenen Artikel ebenfalls mit dieser Problematik. Die vorliegenden Auszüge aus diesem Artikel sollen nun auf die Urteile, die Jähner fällt, und auf die Stichhaltigkeit seiner Begründungen hin untersucht werden. Aus dem Inhalt lässt sich erschließen, dass Jähner mit seinem Text offenbar auf einen Artikel von Fritz Vilmar in der Zeitung des VDS antwortet (vgl. Z. 24).
Der **Titel** des Zeitungsartikels von **Harald Jähner** ist lang und lautet: „Worte wie Bojen. Der deutschen Sprache geht es besser denn je. Ein Sprachschutzgesetz würde das ändern". Nach einem **Vergleich**, den man zunächst wohl noch nicht versteht, der einen aber gerade deshalb dazu anregen könnte, den Artikel weiterzulesen, und der auch tatsächlich im Verlauf des Textes entschlüsselt wird, folgen **zwei** Behauptungen, die ebenfalls die Neugier des Lesers darauf wecken sollen, wie der Autor diese **Thesen** wohl belegen wird.
Der Artikel selbst wird mit einem **Autoritätsargument** eröffnet: Schon Goethe, immerhin der bedeutendste deutsche Dichter aller Zeiten, habe Fremdwörter benutzt (Jähner gibt einige Beispiele, die sicher kurios wirken sollen). Dessen ungeachtet sei er zum „Kernelement deutscher Kulturidentität" geworden (Z. 6 f.). Jähner verdolmetscht all die Fremdwörter, die Goethe in seine Briefe und andere Schriften einfließen ließ. Dabei handelt es sich größtenteils um Anleihen aus dem Französischen, das vom 16. bis zum 18. Jahrhundert als Sprache des Hofes und des gebildeten Bürgertums galt. Zudem wirkte die französische Kultur stilbildend. Bezeichnenderweise benutzt Jähner in diesem Abschnitt selbst Fremdwörter wie „Fraternisieren" (Z. 7) oder „Eskapaden" (Z. 8), die noch heute im Deutschen gebräuchlich sind und offenbar beweisen sollen, dass der Einfluss einer fremden Sprache auf die eigene durchaus befruchtend wirken kann.
Auch heute, so schlussfolgert Jähner, schade der häufige Gebrauch amerikanischer Begriffe der deutschen Sprache nicht, sondern nutze ihr sogar. Der deutschen Sprache gehe es prächtig, und nur die Rechtschreibreform (gemeint ist sicher die seit 1998 gültige) beeinträchtige das schöne Gesamtbild. Worin die negative Wirkung der Rechtschreibreform bestehe, verrät Jähner allerdings nicht, sodass es bei dieser populistischen und unbegründeten Behauptung bleibt. Zur **Illustration seiner These** führt der Journalist der *Berliner Zeitung* die Popmusik und die HipHop-Musik an, die die deutsche Sprache bereichert und bei den Jugendlichen zu einer unverhofften, erstaunlichen „Sprachbildung" (Z. 16) geführt hätten, obwohl oder gerade weil die Musik jahrzehntelang dem Einfluss des Englischen ausgesetzt gewesen sei. Die sprachschöpferische Kraft des HipHop wäre durch ein Reglement von oben nie zu erreichen gewesen. Spätestens hier ist die Stoßrichtung des Zeitungsartikels klar: Jähner wehrt sich gegen eine obrigkeitsstaatliche Bevormundung und gegen Versuche, die Sprachentwicklung durch Gesetz zu steuern.

Der Autor **kritisiert** im Folgenden den VDS, der ein Sprachschutzgesetz fordert. Dies verkenne, dass man „sich bei der Sprache auf die Kräfte der Selbstregulierung verlassen" könne (Z. 17 f.). Das Anliegen des VDS wird in diesem Zusammenhang von Jähner mit im heutigen Deutschland negativ besetzten Begriffen **abgewertet**: „Kulturkampf" (Z. 21), „ängstlich abschirmen" (vgl. Z. 21), „obrigkeitsstaatlich" (vgl. Z. 22), „erzwingen" (vgl. Z. 28), „Beamtenhatz auf Anglizismen" (Z. 31), „Schutzzölle" (Z. 56), „staatliche Verbote" (Z. 56). Ein Sprachschutzgesetz sei zudem teuer – eine Behauptung, die hier **nicht begründet** wird. Doch sieht er darin nur einen Auswuchs der Bürokratie, dessen Wirkung fragwürdig sei. Für zahlreiche Lehnwörter existierten keine deutschen Entsprechungen, sodass eine zwanghafte Übersetzung oft am Gemeinten vorbeigehe. „Geschwätz" drücke zum Beispiel etwas ganz anderes aus als „Small-talk" (Z. 37), zumal es außerdem eine negative Konnotation besitzt. Ferner berücksichtige der VDS nicht den historischen Kontext, in dem ein Wort in eine Sprache übernommen würde. Beispielsweise habe das Wort „Kids" etwa Mitte der Achtzigerjahre in den Sprachgebrauch antiautoritär gesinnter westdeutscher Eltern Eingang gefunden, da ihnen das althergebrachte Wort „Kinder" offenbar zu streng, zu distanziert erschien. In diesem Zusammenhang erschließt sich auch erst Jähners Vergleich von Wörtern mit Bojen: Man könne gewissermaßen an den Wörtern wie an Bojen in die Tiefe tauchen und dort die erstaunlichsten Entdeckungen machen. „Kids" sei also kein Synonym für das Wort „Kinder" und folglich auch nicht durch dieses ersetzbar. Heutzutage gehe der Gebrauch des Wortes „Kids" aufgrund einer geänderten Mentalität der jetzigen Elterngeneration wieder zurück. Jedenfalls zeige das **Beispiel**, so Jähner, dass auch angelsächsische Begriffe nicht grund- und zusammenhanglos in die deutsche Sprache einfließen. Eine Sprachveränderung sei immer auch ein Indikator für eine Bewusstseinsveränderung. Insgesamt moniert Harald Jähner an den Sprachschützern, dass diese zu wenig Vertrauen in die Selbstheilungskräfte der deutschen Sprache hätten. Die Gefahr eines Identitätsverlustes durch die Amerikanisierung der Sprache bestehe keineswegs; und wenn das Deutsche amerikanisiert sei, dann, so Jähner, weil die amerikanische Kultur eben besonders attraktiv sei, was man ehrlich zugeben solle. Der Artikel schließt mit einer **impliziten Aufforderung**: Wer zur Pflege und der Intaktheit der deutschen Sprache beitragen wolle, solle selbst einen vorbildlichen Stil schreiben. An die Stelle einer Lenkung von oben tritt die Überzeugungsarbeit von unten. Jähner selbst wird seiner Maxime gerecht und bietet einen geschliffenen, elaborierten Stil und einen gut lesbaren hypotaktischen Satzbau. Durch die Anführung zahlreicher Fakten und Beispiele tritt der **Autor als Sachverständiger** auf, der seine Leser von der Unsinnigkeit eines Sprachschutzgesetzes überzeugen will.

Harald Jähners Ausführungen verfolgen eine Argumentationsstrategie der **Beschwichtigung**, die betont, es handle sich bei der behaupteten exzessiven Verwendung von Amerikanismen um einen normalen Prozess des Sprachwandels, wie es ihn immer gegeben habe und der unvermeidlich für eine lebendige Sprache sei. Jähners Argumentation erfolgt hier zunächst in Kombination mit dem Verweis auf Goethe. Doch in der vermeintlichen Stärke dieses Autoritätsarguments liegt eigentlich seine Schwäche, denn niemand, der heute – vorzugsweise in den Medien und der Werbebranche – exzessiv Amerikanismen benutzt, dürfte in der Lage sein (weder trotzdem noch gerade deshalb), „das Deutsche in einer Vollendung zu schreiben" wie Goethe (Z. 6). Selbst die Behauptung, das Verwenden von Fremdwörtern habe Goethe nicht daran gehindert, „zum Kernelement deutscher Kulturidentität" zu werden, lässt sich anzweifeln. Auch macht es sich Jähner mit seinem **Analogieschluss** von Goethe auf die heutige Zeit wohl etwas zu einfach, wenn er zum Beleg seiner These, auch heute gehe es dem Deutschen gut, einen relativ entlegenen Bereich wie den HipHop anführt, der die Sprachbildung der Jugendlichen gefördert habe. Hier sollte man kritische Fragen stellen, nämlich: Wie relevant ist eigentlich der HipHop als gesellschaftliches und sprachbildendes Phänomen? Welche Sprache ist es, die er bildet? Und warum geht Jähner nicht auf jene Lebensbereiche ein, die wirklich breitenwirksam das Bewusstsein und wohl auch das Sprachverhalten von Millionen Deutschen tagtäglich beeinflussen? Das **Fernsehen**, besonders die kommerziellen

Sender, überflutet das Deutsche mit englischen Wörtern oder englisch klingenden Wortneuschöpfungen.
Jähners Vertrauen auf die Selbstregulierungskräfte der deutschen Sprache dürfte angesichts der Tatsache, dass die **heutige Öffentlichkeit** nach einem zweihundertjährigen Strukturwandel **eine völlig andere als die zu Zeiten Goethes** und seines Herzogs ist, reichlich naiv sein. Denn damals war der „modische Fremdwortfirlefanz" (Z. 5) die Sache von ein paar Adligen, Dichtern und in den Adelsstand erhobenen Ministern, denen keine Massenmedien zur Verfügung standen, um ihre „Sprachpanschereien" unter das ohnehin nicht demokratisch regierte Volk zu bringen, dessen Bewusstseinszustand daher auch nur von geringer Bedeutung war.
Im weiteren Verlauf seines Artikels attackiert Jähner die Forderung des VDS, „in offiziellem oder werblichem Zusammenhang" (Z. 30) die Verwendung von deutschen Produktnamen zu erzwingen. Der Autor bleibt auch hier eine Begründung schuldig, warum es verwerflich wäre, die von ihm in diesem Kontext genannten Begriffe (vgl. Z. 28 f.) zum Teil einzudeutschen.
Jähners oben wiedergegebene Ausführungen zum Einsickern des Wortes *Kids* in die deutsche Sprache der alten Bundesrepublik hören sich durchaus plausibel an, und dass seit den Achtzigerjahren ein Mentalitätswandel stattgefunden hat oder vielmehr neue Mentalitäten und Sozialisationshintergründe hinzugekommen sind, dürfte auch stimmen. Dass deshalb „Erziehung als notwendige und reizvolle Aufgabe kulturell neu definiert wird" (Z. 44 f.), ist allerdings eine sehr euphemistische Formulierung. Die in den letzten Jahren verstärkt aufgekommenen Klagen über einen „Erziehungsnotstand" bestätigen zwar, dass das Thema Erziehung wieder auf die Tagesordnung gelangt ist. Jedoch zeigt die neu angestoßene Debatte ebenfalls, dass Erziehung eher als Last empfunden wird und weniger als „reizvolle Aufgabe".

Seine **Verteufelung von Sprachpolitik als obrigkeitsstaatlich**, das heißt wohl als undemokratisch, ist nicht unbedingt nachvollziehbar. Auch wenn Jähners Argumentation, die ein **Plädoyer für die Überlebenskraft der deutschen Sprache** sein soll, auf den ersten Blick überzeugend wirkt, erweist doch eine genauere Analyse, dass die **Beweisführung nicht immer stringent** ausfällt und sich auf vereinzelte und disparate Bereiche wie das Deutsch Goethes oder HipHop-Texte stützt. Um seinen Text noch stichhaltiger zu gestalten, hätte er weitere Lebensbereiche berücksichtigen und die Bedeutung von Amerikanismen gerade in den Medien in seine Darstellung einbeziehen müssen. So entsteht der Eindruck, Jähner hätte nur Randerscheinungen in der Sprachentwicklung aufgegriffen, da sie sich in den Gang seiner Argumentation einfügen.

Teil B

Andreas Oplatka

Europäischer Sommer der schlechten Laune

[...] Bleiben das Kulturerbe, die Vielfalt und der Reichtum unseres Kontinents, oft mit Stolz angeführt als eine Eigenart, die uns namentlich von Amerika abhebt. Beglückend in der Tat kann es sein, vor Masaccios Fresken in Florenz oder vor Mozarts Salzburger Geburtshaus zu stehen und sich zu sagen, Meister dieser Art hätten unsere europäische Welt geprägt. Dies liegt in der einen Waagschale. In der anderen aber lastet die Amerikahörigkeit der europäischen Massenkultur. Man werfe einen Blick aufs Kinoprogramm, drehe ein wenig am Radio. Die vor Gewalttätigkeit strotzenden Filme aus Übersee beherrschen auch hierzulande die Leinwand und die Mattscheibe – „America at its worst", um im Stil zu bleiben. Denn auch die europäischen Sprachen, das Deutsche zuallererst, öffnen sich dem Amerikanisch-Englischen willig – aus modischer Servilität und geistiger Trägheit. [...]

Aus: Neue Zürcher Zeitung vom 9./10. August 2003, Nr. 182, S. 1.

Aufgabe:

Erschließen Sie den Textauszug von Andreas Oplatka vergleichend.

Tipps und Hinweise

Der kurze Auszug aus einem Zeitungsartikel von Andreas Oplatka hat die Funktion, weitere Anregungen zur Auseinandersetzung mit Jähners Thesen zu geben. Dieser Auszug legt es auch nahe, die Thematik in den Kontext der Globalisierung einzuordnen und die Frage nach der möglichen Vernichtung kultureller Vielfalt und nach ihrem Schutz aufzuwerfen.

Lösungsvorschlag in Grundzügen

Gerade **zu Jähners letzter These im Widerspruch** steht der Auszug aus dem Zeitungsartikel „Europäischer Sommer der schlechten Laune", den **Andreas Oplatka** in der *Neuen Zürcher Zeitung* veröffentlicht hat. Der Autor zeichnet ein ganz anderes Bild von der Strahlkraft der europäischen Kultur einerseits und der amerikanischen Kultur andererseits. Oplatka hält die kulturellen Hervorbringungen Europas für ein großartiges und beglückendes Erbe, an das Amerikas Kultur nicht heranreiche. Dennoch sei die europäische Massenkultur amerikahörig, womit Oplatka die Medien Radio und Kino, letzteres mit „vor Gewalttätigkeit strotzenden" Filmen (Z. 7), meint. Insbesondere die deutsche Sprache habe sich dem amerikanischen Einfluss „aus modischer Servilität und geistiger Trägheit" hingegeben (Z. 10 f.).

Der **Kontrast zwischen den beiden Artikeln** ist deutlich. Jähner sieht die Amerikanisierung der Sprache – er müsste eigentlich sagen: der deutschen Sprache – als unvermeidliche Konsequenz der „Attraktivität der amerikanischen Kultur" (Z. 54 f.). Oplatka hingegen zeichnet ein differenzierteres Bild, indem er zwischen **Kultur und Massenkultur** unterscheidet. Da könnte es einerseits durchaus beglückend sein, sich im großen kulturellen Erbe Europas aufgehoben zu fühlen, doch andererseits zeichne sich die europäische Massenkultur durch Amerikahörigkeit aus. Bestätigen kann man dies zum Beispiel, wenn man in den letzten Jahren regelmäßig die **Top Ten der Kinofilme in Deutschland** studiert hat. Fast 90 Prozent dieser bestbesuchten Filme sind US-Produktionen, deren Titel oft nicht einmal in andere Sprachen übersetzt werden. Wer sich für die Filmkunst wirklich interessiert, weiß, dass die Ursache nicht in höherer Qualität der Hollywoodproduktionen, in der „Attraktivität der amerikanischen Kultur" (Z. 54 f.), wie Jähner formuliert, zu suchen ist, sondern in deren gezielter Ausrichtung am Massengeschmack, welcher natürlich mit jedem Film noch einmal bestätigt und verstärkt wird, und in dem dahinterstehenden Kapital, das für eine weltweite Vermarktung – und tendenziell auch für eine globale Vereinheitlichung des Geschmacks – sorgt. Kaum Berücksichtigung in deutschen Kinos, zumal in der Provinz, finden Filme aus anderen Ländern, in denen es nichtsdestotrotz zum Teil eine bedeutende Filmindustrie gibt (etwa Indien und Frankreich). Besuche in französischen Kinos zeigen übrigens, dass das Programm dort bei Weitem nicht so auf Amerika fixiert ist wie in Deutschland: Zwar werden auch dort die Hollywoodproduktionen gesehen, aber der Anteil einheimischer Filme ist in diesem Land, in dem das Kino ein anerkanntes Element des *patrimoine culturel,* des kulturellen Erbes, darstellt, wesentlich höher als der deutscher Filme in deutschen Kinos. Zudem werden diese französischen Filme von Millionen Franzosen fast aller Altersstufen und dort lebenden Ausländern gesehen und geschätzt.

Das Deutsche, wie Oplatka personifizierend schreibt, tue sich hinsichtlich Anbiederei und „geistiger Trägheit" (Z. 10) besonders hervor, womit er andeutet, dass die Deutschen versuchen, sich durch ihre Orientierung an den USA und der englischen Sprache vermeintlich weltläufig zu zeigen. Oplatka wirft allen europäischen Sprachen, doch zuvorderst dem Deutschen vor, diesem Trend nicht aktiv und entschlossen genug gegenzusteuern, sondern ihn als zeitgemäß zu begrüßen.

Während Harald Jähner seine Überlegungen ganz auf Deutschland beschränkt, deutet Andreas Oplatka an, dass die Amerikanisierung der deutschen Sprache in einem komplexen kulturellen und historischen Umfeld zu sehen ist, das in etwa mit dem Begriff **Globalisierung** umschrieben werden kann. So zeugt eben oft die kritiklose Bewunderung der „Attraktivität der amerikanischen Kultur", die Offenheit und Weltläufigkeit demonstrieren soll, im Gegenteil von einem beschränkten Horizont, der sich in der Fixiertheit auf eine einzige Sprache und Kultur äußert, wodurch wirkliche sprachliche und kulturelle Vielfalt in Gefahr gerät.
Beide Artikel wirken in ihren extremen Positionen **einseitig**, der eine zu optimistisch, der andere zu pessimistisch, was die weitere Entwicklung der deutschen Sprache anbelangt. Beide Texte stimmen allerdings darin überein, dass es darauf ankommt, wie die eigene bzw. die fremde Kultur wahrgenommen wird, welche Attraktivität man ihr zuerkennt. Immerhin verweist eine sprachliche Beeinflussung auf die Dominanz einer ganzen Kultur und Lebensweise. Hier wird man wohl, will man die Wertschätzung der deutschen Sprache langfristig sichern, ansetzen müssen.

Fach und Hauptfach Deutsch (Mecklenburg-Vorpommern)
Übungsaufgabe 4: Untersuchendes und erörterndes Erschließen pragmatischer Texte

Teil A

Norbert Kron (geb. 1965)
Was hinterlassen uns Dichter, wenn sie ihre Manuskripte nur noch auf dem Computer schreiben? (2006) [Textauszug]

Anmerkung:
Der Beitrag des Verfassers ist der Beilage „Literarische Welt" entnommen, die der überregionalen Tageszeitung „Die Welt" für kulturinteressierte Adressaten beigegeben ist.

[...]
Was hinterlassen zeitgenössische Schriftsteller der Nachwelt außer den gedruckten Büchern? Welche Originalzeugnisse ihres literarischen Schaffens bleiben zurück, wenn ihre Manuskripte und Briefe nicht mehr handgeschrieben sind, sondern bloßes digitales Schriftgut?

Für Philologen aller Zeiten war es selbstverständlich, bei der späteren Aufarbeitung von Texten an deren Quellen zu gehen, an die Ursprungsmanuskripte, die noch die Handschrift ihres Entstehungsprozesses aufweisen. Sie zusammenzutragen, aufzubewahren und auszuwerten, gehört zu unserem grundlegenden Verständnis von Schriftkultur. Die Idee des Archivs ist eng mit unserem Kulturbegriff verknüpft.
Im „Schillerjahr" wurde das besonders augenfällig – ist doch aus dem Marbacher Nationalmuseum, das dem schwäbischen Klassiker gewidmet ist, das wichtigste Deutsche Literaturarchiv erwachsen, ein Schriftspeicher, der gleichsam das Gedächtnis der neueren deutschen Literatur darstellt. Deren Gedankengut und Sprache lassen sich hier in den Nachlässen der wichtigsten deutschen Schriftsteller gleichsam im Keim besichtigen – von Schiller bis Döblin und Celan. Als Papierarchiv sammelt das Marbacher Institut die Schaffenszeugnisse traditionell in Holzkästen: Ein durchschnittlicher Nachlaß umfaßt bis zu 60 Kästen, bei Goethe sind es 480.
Der Leiter der Handschriftenabteilung, Jochen Meyer, weiß, daß sich mit dem Aufkommen neuer Medien ein gewaltiger Umbruch vollzieht. „Schon das 20. Jahrhundert ist davon durchzogen", erzählt er und verweist auf den sukzessiven Wandel, den Schreibmaschine, Fax und Computer bewirkt haben. Doch wenn Autoren heute überwiegend auf Notebooks schreiben, wenn sie nicht nur ihre Werke als Dateien abliefern, sondern auch ihre literarischen Briefwechsel per E-Mail abwickeln, dann gibt es kein „Manu-Skriptum" mehr, dann ist aus dem „Autographen", dem handschriftlichen Garanten von Autorschaft, ein austauschbarer Computer-Print geworden.
„Was als Papier herauskommt, sind ziemlich öde Ausdrucke", sagt Meyer. Und obgleich er weiß, daß Autoren wegen der Schnelligkeit der Kommunikation „mindestens so viele Mails wie Briefe schreiben, gehen eben viele Korrespondenzen verloren". Bahnt sich da mehr an, als daß Philologen ihrer Quellen verlustig gehen? Bedeutet das einen grundlegenden Wandel im Verständnis unserer Schriftkultur, ein Wegbrechen eines Fundaments, auf das wir zurückzugreifen gewohnt waren?
Der Berliner Schriftsteller Michael Lentz, geboren 1964, bestätigt den Verlust als einen, den er am eigenen Leib erfährt. „Ich interessiere mich für Nachlässe. Ich suche und finde gern etwas. Da kommen, wie Schiller sagt, Form- und Spieltrieb zusammen." Für den 40jährigen, der mit der Computerisierung der Welt groß geworden ist, ist die Auseinandersetzung mit der Tradition eine unmittelbare Voraussetzung des eigenen literarischen

Schaffens. „Eine Handschrift ist eine Kennung, ein Ausweis, ein Biorhythmus“ – während der Schreibakt auf dem Notebook zur „Entfremdung, Enteignung“ gerät.
Lentz, der den Bachmannpreis für eine Prosaerzählung gewann, ist ursprünglich Lyriker – einer, der das Sprachmaterial nicht nur als Werkzeug benutzt, sondern in seiner Eigenqualität zum Sprechen und Tönen bringt. Nicht nur seine Gedichte – die meisten seiner Texte schreibt er zunächst mit der Hand und transkribiert sie erst danach, begleitet von einem ersten Korrekturprozeß, in seinen Laptop. „Die mechanistische Anstrengung beim Schreiben mit der Hand ist größer – so bekommt die inhaltliche Bewältigung des Textes ein körperliches Gegengewicht.“
Lentz ist ein Ausnahmefall unter den jüngeren Autoren. Im allgemeinen sind es eher die Autoren der älteren Generation, die sich der Digitalisierung ihrer Kunst widersetzen. So hat der Amerikaner Don DeLillo dem Computer stets eine Absage erteilt, weil der Schreib-Widerstand und Klang einer mechanischen Schreibmaschine seiner Arbeit einen Rhythmus verleihe, wie sie die weiche, gleichförmig klackernde Computertastatur nicht biete. Und Günter Grass bevorzugt bis heute sein Stehpult, weil er sein Schreiben in unmittelbarer Verbindung zu seiner bildnerischen Arbeit betreibt und zuweilen sogar Zeichnungen direkt in die Manuskripte einfügt. Die zu Papier gebrachte Endfassung eines Buchs erscheint gelegentlich als Faksimile.
Und doch haben auch viele Schriftsteller, die ihr Handwerk vor Anbruch des Computerzeitalters gelernt haben, die Vorzüge digitaler Textprogramme zu schätzen gelernt. Sten Nadolny etwa. Der Autor der „Entdeckung der Langsamkeit“ sammelt zwar sein Stoffmaterial zunächst in Zettelkästen – schreibt dann aber „ausschließlich mit dem Computer. Ich drucke mir alle zwei, drei Tage die Textfassung aus, korrigiere sie von Hand, übertrage die Korrekturen wieder in den Computer.“
Entdeckung der Schnelligkeit? Im Gegenteil: Das technische Medium ist für ihn das perfekte Mittel jenes langwierigen Häutungsprozesses, den literarisches Schreiben bedeutet, eine schonungslose „Text-Verarbeitung“, bei der sich nach und nach der endgültige Text herausschält. „Für radikale Eingriffe oder Umstellungen eignet sich der PC besonders gut.“
Was die Nachwelt angeht, weist Nadolny mit verschmitzter Bescheidenheit alle Verantwortung von sich: „Wozu soll ich die Manuskripte aufheben? Ich bin einfach nicht der Typ, der die eigene Person für eine Nachwelt konservieren und archivieren möchte.“ Auch diesen Typ Autor hat es freilich immer gegeben, und selbst manch moderner Klassiker ist nur gegen seinen eigenen Willen überliefert wie im Fall Kafkas. Bei Nadolny ist es die Computertechnik, die die Rolle des Nachlaßretters à la Max Brod übernimmt und für eine unbeabsichtigte Archivierung des Geschriebenen sorgt. „Ich speichere E-Mail-Briefwechsel nicht bewußt ab, mein Computer tut es automatisch. Ich nehme mir immer wieder vor, das meiste Zeug zu löschen. Aber das Löschen ist mühsam und die Aufnahmefähigkeit meiner Festplatte offenbar unbegrenzt.“
[…]

Aus: Norbert Kron: Beilage „Literarische Welt“ der Tageszeitung „Die Welt“ (2006)

Aufgabe:

Analysieren Sie den Textauszug. Beurteilen Sie die Art und Weise der Argumentation.

Tipps und Hinweise

In den zurückliegenden Kurshalbjahren sind unterschiedliche Sachtexte wie zum Beispiel Reden, Essays und Zeitungsartikel analysiert und deren Inhalte erörtert worden. Folgende Arbeitsschritte standen dabei im Mittelpunkt: Themenanalyse, Stoffsammlung, Erarbeitung der Argumentationsstruktur und deren Beschreibung, Sprachanalyse, Auseinandersetzung mit der Problematik und Formulieren einer Entgegnung.
*Entsprechend der Aufgabenstellung sollten Sie im **ersten Teil** die **Argumentationsstruktur** des Textes erschließen und zeigen, inwiefern **sprachliche Mittel** dazu beitragen, Akzente zu setzen und Aussagen zu verdeutlichen. Im Kern geht es um die Frage, wie der Autor das von ihm aufgeworfene Problem sieht, welche Bedeutung handschriftliche Manuskripte heute noch haben.*

Zu ermitteln ist demnach, mit welchen Strukturelementen (Thesen, Argumente, Beispiele, Gegenthesen) der Autor seinen Standpunkt belegt. Durch welche sprachlich-stilistischen Mittel – wie etwa Metapher, rhetorische Frage oder Personifizierung – veranschaulicht er diesen? Bei der Textbeschreibung sollten Sie darauf achten, aussagekräftige Textbelege einzubeziehen und korrekt zu zitieren.

Lösungsvorschlag in Grundzügen

Mögliche Einleitung
Die Reihe der einzigartigen **historischen Manuskripte** ist lang. So sind unter anderem Prachtausgaben der Bibel, die Erstausgabe des *Simplicissimus* oder der *Codex Manesse* (die Große Heidelberger Liederhandschrift, die umfangreichste Liederhandschrift des Mittelalters) zu nennen. Fast ehrfurchtsvoll steht man als Besucher in **Ausstellungen** vor diesen Schriften und fühlt sich in vergangene Jahrhunderte versetzt. Nicht nur der Text erscheint einem dann als das Kunstwerk, denn das Buch an sich, die Schrift und die gestalterischen Elemente bilden zusammen ein Unikat.
Vielleicht dachte **Norbert Kron** an eine dieser wertvollen Handschriften, als er die heutigen Schreibtechniken von Autoren in seinem Artikel „Was hinterlassen uns Dichter, wenn sie ihre Manuskripte nur noch auf dem Computer schreiben?" reflektierte. Der 2006 in der literarischen Beilage der Tageszeitung *Die Welt* erschienene Text richtet sich dem Thema entsprechend an Leserinnen und Leser, die kulturell interessiert und gebildet sind.

Analyse des Textauszuges und Darstellung der Art und Weise der Argumentation
Der vorliegende Textauszug wird durch zwei rhetorische Fragen eingeleitet, die den bereits in der **Überschrift** des Artikels enthaltenen Gedanken variieren; und zwar wirft Kron das Problem auf, wie sich die zunehmende technische Entwicklung auf die Existenz von „Originalzeugnisse[n] […] literarischen Schaffens" (Z. 3) auswirkt. Der dadurch sofort zum Nachdenken angeregte Leser wird vermutlich mit Interesse mit der Lektüre fortfahren, denn schließlich ist er der Rezipient, für den Bücher und Gedichte geschrieben sind.

Der sich anschließende Abschnitt (Z. 6–10) beginnt mit dem Argument, dass es für Philologen immer selbstverständlich war, Quellen aufzuarbeiten, und unterstützt damit die nachfolgende **These**: Zu unserem grundlegenden Verständnis von Schriftkultur gehört das Zusammentragen, Aufbewahren und Auswerten von Ursprungsmanuskripten (vgl. Z. 8 bis 10). Die Akkumulation der Verben „zusammenzutragen, aufzubewahren und auszuwerten" (Z. 8 f.) zeigt, wie intensiv sich Liebhaber (Sammler) und Forscher mit Handschriften beschäftigen.

Der Autor unterstreicht seine Feststellung im dritten Abschnitt mit dem Hinweis auf das Marbacher Nationalmuseum, dem „das wichtigste Deutsche Literaturarchiv" (Z. 12 f.) angegliedert ist. Als **Beispiel** fügt er an, dass dort die Nachlässe bedeutender Schriftsteller aufbewahrt werden. Zur **Veranschaulichung** und **Beglaubigung** seiner Feststellung teilt er Einzelheiten mit: „Ein durchschnittlicher Nachlaß umfaßt bis zu 60 Kästen, bei Goethe sind es 480." (Z. 17 f.) Die **Metapher** „Schriftspeicher" (Z. 13) veranschaulicht, wie viel Kulturgut hier angehäuft ist. Dem Leser drängt sich unwillkürlich das Bild der alten Speicherstadt in Hamburg auf, in der vor nicht allzu langer Zeit noch die verschiedensten Handelsgüter aus anderen Kontinenten beziehungsweise Ländern angehäuft waren. Doch nun sind die Speicher leer, der Warenumschlag nimmt einen anderen Weg, einen moderneren und vermutlich auch schnelleren.

Zu Beginn des zwei Absätze umfassenden vierten Abschnitts der Argumentation (Z. 19 bis 32) greift Norbert Kron die Position von Jochen Meyer, der der Handschriftenabteilung in Marbach vorsteht, auf, „daß sich mit dem Aufkommen neuer Medien ein gewaltiger Umbruch vollzieht" (Z. 19 f.). Er zitiert also als **Autoritätsbeweis** die Äußerung eines ausgewiesenen Experten und leitet so zur **Gegenthese** über: Nichts wird – bezogen auf das erörterte Thema – in Zukunft mehr so sein, wie es früher war. Diese These unterlegt er mit einem **Faktenargument**: Da Autoren sowohl ihre Werke als auch ihren Briefwechsel nicht mehr handschriftlich, sondern auf dem Computer schreiben, gebe es keine Urquellen mehr, denn Computerprints seien austauschbar, also nicht mehr individuell. Demzufolge sei auch ein späteres Quellenstudium nicht mehr möglich.
Um seine eigene These, dass Kulturgut verloren gehe, zu stützen, führt der Verfasser zu Beginn des fünften Abschnitts ein weiteres **Autoritätsargument** an (vgl. Z. 33–39). Der **Schriftsteller Michael Lentz** bestätigt diesen Verlust, den er persönlich erfahren hat. Er formuliert seine Erkenntnisse in der **These**: „Eine Handschrift ist eine Kennung, ein Ausweis, ein Biorhythmus". Der Schreibakt auf dem Notebook gerate hingegen zur „Entfremdung, Enteignung" (Z. 38 f.). Seine eigene These untermauert Michael Lentz mit dem **Argument**, dass er selbst Wert auf handschriftliches Arbeiten lege, da die „mechanistische Anstrengung beim Schreiben mit der Hand" größer sei und so „die inhaltliche Bewältigung des Textes ein körperliches Gegengewicht" bekomme (Z. 44–46).

Im sich anschließenden sechsten Abschnitt (Z. 47–55) führt Norbert Kron verschiedene **Beispiele** an, um für das Schreiben mit der Hand zu votieren. So äußert er, dass insbesondere ältere Schriftsteller wie der Amerikaner Don DeLillo und der Deutsche Günter Grass „sich der Digitalisierung ihrer Kunst widersetzen" (Z. 48).

Doch auch eine **gegensätzliche**, dem Computer gegenüber aufgeschlossene **Haltung** kommt – im zwei Absätze übergreifenden siebten Abschnitt (Z. 56–66) – zur Sprache. So hebt der Verfasser hervor, dass „viele Schriftsteller [...] die Vorzüge digitaler Textprogramme [...] schätzen" (Z. 56 f.), weil das Arbeiten mit dem Computer das Umarbeiten und Korrigieren von Texten erleichtere.

Als einer dieser Vielen, der der angesprochenen Gruppe gewissermaßen ein Gesicht und eine persönliche Stimme verleiht, kommt der Schriftsteller Sten Nadolny zu Wort. Er gibt sich, wohl leicht kokettierend, bescheiden und versichert, dass er „die eigene Person" nicht „für eine Nachwelt konservieren und archivieren möchte" (Z. 69). Gleichzeitig ist er sich aber sehr wohl des Umstands bewusst, dass sein Computer alles, was er schreibt, automatisch speichert. Weil er zu faul sei, das Geschriebene wieder zu löschen, bleibe es gewissermaßen gegen seinen Willen – und jedenfalls ohne sein aktives Zutun – erhalten, denn „die Aufnahmefähigkeit" seiner Festplatte sei „offenbar unbegrenzt" (Z. 75 f.). **Ironischerweise** erscheint **der Computer aus solcher Sicht als Archivar des Schriftstellers**, der so die Möglichkeit erhält, sich uneitel zu geben und betont sorglos mit seinem künftigen Nachlass umzugehen. Der Computer schlüpft dann – um einen Vergleich zu einem berühmten Fall aus der Literaturgeschichte zu ziehen, den der Autor des Artikels im gleichen Sinne erwähnt (Z. 70–73) – gewissermaßen in die Rolle von Max Brod, dem Kafka ausdrücklich verbot, seine unveröffentlichten Manuskripte herauszugeben, der sich jedoch über diese Anweisung hinwegsetzte und Kafka so posthum zu unsterblichem Ruhm verhalf – was den Autor, hätte er noch davon erfahren, sicher mit Stolz erfüllt hätte. Die Parallele wird noch dadurch unterstrichen, dass Nadolnys Computer von Kron ironisch als „Nachlaßretter[s] à la Max Brod“ (Z. 72) personifiziert wird.

Der Text endet recht unvermittelt mit einer Äußerung Sten Nadolnys. Er weist keinen wirklichen Abschluss auf. Das liegt daran, dass er nur auszugsweise vorliegt. Schon der Beginn des – in sich jedoch nicht weiter gekürzten – Textauszugs ist nicht mit dem tatsächlichen Beginn des Artikels identisch. Daher lassen sich **nur eingeschränkt Aussagen über den Aufbau des Textes** machen. Zu vermuten ist jedoch, dass der Verfasser am Ende noch einmal auf die kritische Haltung zurückkommt, die offenkundig seiner eigenen Position entspricht. Dies ist im vorliegenden Auszug aber nicht mehr der Fall.

Teil B

Aufgabe:

Erörtern Sie die Behauptung „‚Eine Handschrift ist eine Kennung, ein Ausweis, ein Biorhythmus‘ – während der Schreibakt auf dem Notebook zur ‚Entfremdung, Enteignung‘ gerät.“ (Z. 38 f.)

Tipps und Hinweise

Wesentlich für den zweiten Teil ist das Erörtern der durch die Aufgabenstellung vorgegebenen These (Z. 38 f.). Als erstes sollten Sie diese mit eigenen Worten erläutern. Anschließend müssen Sie Ihren eigenen Standpunkt zur Problematik darlegen.
Sowohl Zustimmung als auch Ablehnung sind dabei möglich. Auf alle Fälle sollten Sie abwägen, inwieweit durch den Einzug der modernen Technik Vorteile beziehungsweise Nachteile entstehen. Hier kommt es auf eine differenzierte Darstellung an. Wichtig ist, dass Sie Pro- und Kontraargumente sowie Beispiele überzeugend einbeziehen.

Lösungsvorschlag in Grundzügen

Nicht nur der eben erwähnte Vergleich zwischen einem menschlichen und einem technischen Nachlassverwalter verdeutlicht den **Umbruch im Bereich der „Aufschreibesysteme“**. Der technische Fortschritt ist auch im Bereich der Kultur nicht aufzuhalten. Ob es uns passt oder nicht, handgeschriebene Manuskripte werden eine Rarität werden und somit wird es zu einem Verlust von Kulturgut kommen. Diese Entwicklung sieht auch der Schriftsteller Michael Lentz kritisch. Er vertritt die Auffassung, „[e]ine Handschrift“ sei „eine Kennung, ein Ausweis, ein Biorhythmus“, während der Schreibakt auf dem Laptop zur „Entfremdung, Enteignung“ gerate (Z. 38 f.). Für ihn ist das manuelle Schreiben etwas, das jeden Autor in seiner Einzigartigkeit kennzeichnet. Der eine schreibt geschnörkelt, der andere abgehackt, der nächste groß, wieder ein anderer winzig klein wie beispielsweise Robert Walser, dessen Nachlasszettel kaum mit der Lupe zu entziffern sind. So wie jeder Mensch eine individuelle Stimme besitzt, besitzt jeder auch seine eigene Handschrift. Der Computer verwischt diese Unterschiede: Ganz gleich, wie man auf die Tasten eines Computers einhämmert, das Schriftbild ist immer dasselbe.

Ich denke, **Michael Lentz** hat **recht, aber auch unrecht**. Die Schrift eines Menschen verändert sich im Laufe des Lebens. Beim Umräumen meines Zimmers fand ich kürzlich meine alten Schulhefte wieder. Belustigt schaute ich auf meine kindlich krakelige Handschrift und las die Geschichte „Wie der Frosch den Gartenteich eroberte“. Am Schluss war ich mir nicht sicher, was mich mehr beeindruckt hat: die Form oder der Inhalt. Bezogen auf die zu diskutierende These ist es aber gleichgültig, wie etwas geschrieben wurde, wichtig ist, dass Geschriebenes lange aufbewahrt wird, damit der Inhalt auch noch nach Jahren reflektiert werden kann.

Um diese Sichtweise zu stützen, kann man anfügen, dass beim Lesen eines Buches die Handlung und die damit verbundenen Konflikte interessieren und nicht die Schriftform (zumal Bücher in der Regel als Druckerzeugnisse erscheinen). Trotzdem fand ich es faszinierend, das *Heidenröslein* in Goethes Handschrift in seinem Wohnhaus am Frauenplan in Weimar betrachten zu können. Staunend warf ich einen Blick in seine Bibliothek und bewunderte die Prachtausgaben. Hier wurde mir auch bewusst, welch einen Verlust der Brand in der Anna-

Amalia-Bibliothek bedeutet. Es ist verständlich, dass Spenden und Hilfe aus aller Welt eintreffen, um das bei dieser Katastrophe beschädigte wertvolle Kulturgut erhalten zu helfen.

Während ich vor einem Computerausdruck des *Heidenrösleins* wahrscheinlich nicht stehen geblieben wäre, schätze ich die gedruckte Fassung des *Faust,* denn der Gedanke, diesen umfangreichen Klassiker in Goethes Handschrift zu lesen, erscheint mir eher abschreckend.

Ähnlich wird es wohl auch meiner Deutschlehrerin ergehen, wenn sie eine meiner Hausarbeiten liest. Ich vermute, dass sie die Hälfte der Zeit benötigen würde, wenn ihr die Arbeit als Computerausdruck vorläge. Und auch ich wäre froh, am Schluss der Arbeit problemlos Korrekturen vornehmen zu können. Aber auch hier geht es natürlich – wenn auch in anderer Weise als bei Schriftstellern – darum, aufgrund der Handschrift die individuelle Urheberschaft zu bezeugen. Handschriftlichkeit kann also ebenso aus dem profanen Grunde erwünscht sein, weil sie die Chance zu schummeln mindert.

Aber wie wäre es, wenn ich anstatt einer E-Mail eine handgeschriebene Karte bekäme, in der mir mein Freund für das gemeinsam verbrachte Wochenende dankt? Wäre mir nicht ein Anruf im Zeitalter des Handys das Allerliebste?

Abschließend denke ich, dass Michael Lentz mit seiner These zwar recht hat; aber auch die Einschätzung Jochen Meyers, „daß sich mit dem Aufkommen neuer Medien ein gewaltiger Umbruch vollzieht“ (Z. 19 f.), stimmt. Ich bin mir sicher, hätten Goethe und Schiller einen Computer besessen, hätten sie auf diesem geschrieben; ebenso wie sie den Weg zwischen Weimar und Jena nicht mit einer Kutsche, sondern mit dem Auto zurückgelegt hätten, wenn dieses damals schon existiert hätte.

Wir wissen jedoch, dass Goethe und Schiller kutschiert sind, dass beide sehr unterschiedliche Handschriften hatten, dass beider Gesamtwerk zu unserem wertvollsten Kulturgut gehört. Ich bin mir sicher, mein Weg führt mich irgendwann in das Deutsche Literaturarchiv in Marbach am Neckar, um mindestens in eine der 480 Holzkisten von Goethes Nachlass zu schauen, sofern mir Herr Meyer das gestattet. Allerdings werde ich mich mit ebenso viel Interesse und Neugier auf der Cebit in Hannover umsehen – nach dem neuen Kulturgut?

Fach und Hauptfach Deutsch (Mecklenburg-Vorpommern)
Übungsaufgabe 5: Untersuchendes und erörterndes Erschließen pragmatischer Texte

Teil A

Ruth Klüger (geb. 1931)
Frauen lesen anders. Essay (1996; Sammelband)[1] [Auszug]

Spät habe ich gelernt, mir meine Betroffenheit als Frau beim Lesen und Zuhören einzugestehen. Das heißt nicht, daß ich alle Literatur, die nach Frauenfeindlichkeit schmeckt, ablehne. Das kann ich mir nicht leisten. Im Gegenteil: Meistens finde ich mich damit ab, denn, ähnlich wie beim Antisemitismus, würde ich mir zuviel entgehen lassen, wollte ich alle Werke beiseite schieben, in denen über Juden, beziehungsweise Frauen, geringschätzig geurteilt wird. Nur nehme ich nicht mehr kritiklos hin, was der Kritik bedarf.
Zwar lernen lesefreudige Frauen wie Minderheiten früh und schnell die Distanz zu überbrücken, die ihre eigene Lebenserfahrung von der des weißen, christlichen, männlichen Autors trennt; doch bleibt es immer ein Sprung, ein Energieaufwand, den Männer so nicht machen müssen.
Nur zufällig, aber dann aufatmend, kommen wir an Bücher heran, in denen Frauen, abgesehen von der Jugend- und der Trivialliteratur (die ich natürlich keineswegs gleichsetze), nicht nur die Rolle spielen, die ihnen im Leben der Männer zukommt, sondern die Rolle, die sie in ihren eigenen Leben spielen. Dann erst merken wir, wie viel leichter eine solche Lektüre ist, wie viel direkter und ursprünglicher man damit umgehen kann, wenn man diesen erwähnten Sprung der Anpassung und Einfühlung nicht nötig hat. Wo die geistige Entwicklung der studierenden Frauen nicht ergänzt wird durch Primär- und Sekundärliteratur, die dem eigenen Wesen und den eigenen Lebensumständen entspringt oder entspricht, da werden die männlichen Kommilitonen und Kollegen einen Vorsprung, nämlich den direkteren Zugang zu den Texten, haben. Und die Studentinnen laufen Gefahr, in ihrem kritischen Denken entweder zaghaft oder exzentrisch zu werden.
Da man die Einfühlung in den männlichen Problemkreis Leserinnen als eine Tugend anrechnet, jedoch das Umgekehrte von Lesern nur selten erwartet, der literarische Kanon aber das Werk von Männern ist, so werden selbst angesehene Schriftstellerinnen, über deren Kompetenz kein Zweifel herrscht, an Schulen und Universitäten nur beschränkt rezipiert. Der Kampf um den Kanon dauert ja nun schon einige Jahre, aber er ist noch lange nicht ausgekämpft. Sprechen Sie einmal gebildete deutsche Leser darauf an, Ihnen drei oder vier Gedichte von Droste-Hülshoff auf Anhieb zu nennen. Von Christa Wolfs *Kindheitsmuster* hat hierzulande jeder gehört, und es hat auf ein großes weibliches Lesepublikum, zu dem ich mich übrigens rechne, eine außerordentliche Tiefenwirkung gehabt. Um so mehr erstaunt es, wie wenige romanlesende Männer das Buch wirklich kennen. (Das kam übrigens ganz deutlich in der öffentlichen Debatte um Wolfs Novelle *Was bleibt* zum Ausdruck.) Das kommt zum Teil daher, daß Männer der Kindheitsvorstellung, es sei unmännlich „Mädchenbücher" zu lesen, nicht ganz entwachsen. Die Autorität der schreibenden Frau wird angezweifelt, bewußt oder unbewußt. (Ein Autor maßt sich ja ipso facto seinen Lesern gegenüber Autorität an.) In Amerika wurde einmal durch ein Experiment festgestellt (was wir sowieso schon durch Lebenserfahrung wußten), daß Informationen, die von Männern ausgehen, mehr Glauben geschenkt wird als denselben Fakten, wenn Frauen sie vermitteln. Ich beobachte gern, mit was für Büchern man sich in der Öffentlichkeit sehen läßt und merke im Zug, im Flugzeug, am Strand: Frauen lesen die verschiedenste Lektüre, Bücher von Frauen oder von Männern. Männer lesen Science-fiction oder die Memoiren von Staatsmännern.

Es bleibt die Frage, inwiefern die Unterschiede in unseren Lesegewohnheiten auf die natürlichen Unterschiede zwischen den Geschlechtern zurückzuführen, also sozusagen unüberbrückbar oder nur teils überbrückbar, sind. Weit mehr als in der hohen Literatur klaffen in der Jugend- und Unterhaltungsliteratur die Interessen von weiblich und männlich auseinander. Und zwar so sehr, daß ich vermute, selbst bei völliger Gleichstellung und Gleichberechtigung würden Frauen und Männer noch immer anders und Anderes lesen. In beiden Fällen, Trivial- wie Jugendliteratur, werden die Unterschiede vom Buchhandel, Verlagswesen und der Kritik ganz unbefangen wahrgenommen, und der Markt konzentriert sich dementsprechend. Liebesgeschichten für pubertierende Mädchen, das ist klar, weniger klar ist die Vorliebe von präpubertären Mädchen für Pferdebücher, der Nachfrage wird auf jeden Fall abgeholfen, psycho-theoretische Überlegungen sind unnötig, der Markt ist pragmatisch. Bei der Trivialliteratur von Erwachsenen liegen die Marktverhältnisse ebenfalls deutlich zutage und sind ebenfalls, wie bei der rätselhaften Pferdelektüre der 12jährigen, in ihren Motiven nicht immer durchschaubar. Bücher über Krieg und Kontaktsport werden hauptsächlich für Männer geschrieben. Klar. Interessanter ist der Fall von Science-fiction, eine literarische Gattung, die nicht unbedingt trivial sein muß und die auch Frauen lesen und schreiben, aber dann meist als Utopien und Dystopien, also Bücher, die von gelungenem oder mißlichem menschlichem Zusammenleben handeln, in der von Männern bevorzugten Variante dieses Genres spielen Maschinen und Erfindungen eine Hauptrolle, und die meisten Leserinnen finden solche Bücher zum Weinen langweilig. Ob diese Vorliebe nur anerzogen ist? Oder stoßen wir hier auf einen echten Unterschied?

[...]

Aus: Ruth Klüger: Frauen lesen anders. München: Deutscher Taschenbuch Verlag 1996

Anmerkungen

[1] Dieser Essay erschien 1994 erstmals unter dem Titel „Lesen Frauen anders?" in der Reihe „Heidelberger Universitätsreden".

Aufgabe:

Analysieren Sie den Textauszug. Beurteilen Sie die Art und Weise der Argumentation.

Tipps und Hinweise

Der vorgegebene Text muss zuerst analysiert werden. Dabei wird untersucht, welche Inhalte bestimmend sind, welche Struktur er aufweist und wie die Autorin argumentiert. Da der Text ein Essay ist (vgl. Titel), müssen die stark subjektive Färbung, die Skizzenhaftigkeit der Abfassung und die unvollständige Argumentationsstruktur als durch die Textsorte gegeben verstanden werden.
Die mehrperspektivische, stilistisch anspruchsvolle und geistreiche Schreibweise, durch die sich ein Essay auszeichnet, sollte Ihnen als Textsortenmerkmal geläufig sein. Ferner sollten Sie wissen, dass es im Essay um die Auseinandersetzung mit einem Gegenstand beziehungsweise einer Frage des geistigen Lebens geht.
Was die Technik der Erörterung betrifft, so ist sowohl das dialektische (synchrone) als auch das diachrone (reihende) Verfahren trainiert worden. Die in der Textvorlage enthaltenen Argumente sind aufzugreifen, müssen aber darüber hinaus durch weitere Gesichtspunkte ergänzt werden.
Die Untersuchung der Art und Weise der Argumentation verlangt eine genaue Betrachtung des einzelnen Arguments, seines Inhalts, seiner sprachlichen Abfassung, seiner Konnotationen und so fort, aber auch die Erfassung der Argumentationsstruktur, also eine längsschnittartige Darstellung des Aufbaus des Textauszugs.

Lösungsvorschlag in Grundzügen

Mögliche Einleitung

„Frauen lesen anders." Punkt. Was ist gemeint? Lesen Frauen methodisch anders, also langsamer, tiefgründiger, reflektierter und so fort – oder lesen Frauen andere Literatur? Frauen lesen anders – als wer? Schon die Formulierung provoziert mit ihrer adverbialen Ergänzung, die doch unscharf bleibt, und vor allem auch in der Pauschalisierung des Subjekts „Frauen", das die Vergleichsebene Männer schon impliziert.
Ruth Klüger greift eine Facette der nach wie vor aktuellen Diskussion um das Lesen auf. Seit Jahren werden Lesegewohnheiten reflektiert, Bestsellerlisten geführt und veröffentlicht sowie Lesekanons verfasst. Gleichzeitig wird darüber gestritten, inwieweit Männer und Frauen in ihren Wahrnehmungen und Lebenshaltungen vergleichbar beziehungsweise gleichzusetzen sind. Sogar Wörterbücher wurden dazu herausgegeben.
In diesen Kontext stellt Klüger ihren Essay *Frauen lesen anders*, in dem beide Problemkreise verknüpft sind. Sie äußert sich zur Situation von Frauen beim Lesen und bei der Auswahl von Lektüre, sie vergleicht weibliche und männliche Leser und positioniert sich in einer Lesewelt, die ihrer Ansicht nach von Männern für Männer gemacht ist.

Erörterung des Textauszugs

Untersuchung der Art und Weise der Argumentation

Die Struktur der Argumentation im vorliegenden Textauszug aus *Frauen lesen anders* ist relativ kleinschrittig. In einer emotionalen Hinführung zum Thema äußert Klüger ihre persönliche Betroffenheit und präzisiert zugleich das Problem, das sie in ihrem Essay behandelt: Frauen müssen sich, wenn sie ihre Lektüre nicht stark begrenzen wollen, damit abfinden, mit frauenfeindlicher Literatur konfrontiert zu werden. Die enge Verbindung von **Analyse** einerseits und **Artikulation von Betroffenheit** andererseits ist charakteristisch für die Argumentationsweise des gesamten Textauszugs. Ihr entspricht die betonte **Ich-Perspektive**: Das Personalpronomen kommt allein in der Subjektstellung in den ersten sechs Zeilen des Textes siebenmal vor.

Kämpferisch versichert Klüger am Ende des ersten Absatzes, nicht mehr kritiklos hinnehmen zu wollen, was der Kritik bedürfe. Damit ist der Leser auf das, was folgt, vorbereitet.

Im folgenden Absatz verallgemeinert Klüger ihre Position, indem sie über „lesefreudige Frauen" (Z. 7) spricht, wobei sie durch das Attribut zugleich eine Eingrenzung vornimmt. Zudem vergleicht sie die Erfahrung lesender Frauen erneut (vgl. Z. 4–6) mit derjenigen ausgegrenzter Minderheiten (vgl. Z. 7). Als in der Literatur vorherrschende Norm bezeichnet sie die „Lebenserfahrung [...] des weißen, christlichen, männlichen Autors" (Z. 8 f.). Durch die asyndetische Setzung dieser drei Attribute umreißt sie das **Feindbild**: die dominante und ignorante Haltung, die die Lebenserfahrungen von Frauen missachtet und diese infolgedessen um ihre authentischen Leseerfahrungen bringt.

Aus dieser Dominanz der Sichtweisen christlicher weißer Männer in der Sphäre der Literatur ergibt sich für Frauen das Problem, dass sie nur schwer an Bücher herankommen, mit denen sie „direkter" und „ursprünglich" umgehen können (Z. 15), die sie ohne vorherige „Anpassung" (Z. 16) an eine ihnen eigentlich fremde Sichtweise lesen können. Mit dem Pluralis auctoris „wir" (vgl. Z. 11 ff.) erreicht Klüger einen **Schulterschluss**, der die geneigte Leserin einbezieht, während die möglicherweise kritische Leserin ungefragt vereinnahmt wird. Dem kritischen (männlichen) Leser wiederum zeigt sie sich damit als emanzipierte Frau und Autorin. Am Ende des Absatzes verweist sie auf die praktischen Auswirkungen der oben angesprochenen Benachteiligung von Frauen, welche sich den Anstrengungen des Einfühlens und der Anpassung an männliche Literatur stellen: Studentinnen, die sie als konkretes **Beispiel** anführt, agieren zaghaft, da sie gleichsam auf fremdem Terrain mitreden, oder sie sind zur Randständigkeit verurteilt, wenn sie darauf bestehen, sich mit Texten zu beschäftigen, die von Frauen für Frauen geschrieben worden sind. Frauen sind demnach, Ruth Klüger zufolge, weil sie anders lesen, ganz konkret im Nachteil: Sie haben geringere Chancen als Männer, sich zu profilieren.

Ab Zeile 22 problematisiert Klüger die **Frage des literarischen Kanons**, der von Männern gemacht wurde und wird. Als konkrete Beispiele für bedeutende Autorinnen, die von Männern ignoriert werden, nennt sie Annette von Droste-Hülshoff und Christa Wolf (Z. 28). Vorab stellt sie bereits fest, dass „[d]er Kampf um den Kanon [...] noch lange nicht ausgekämpft" sei (Z. 26 f.). Mit der verwendeten Figura etymologica verstärkt sie den Aspekt des Kämpfens, der machtvollen Austragung eines Konfliktes. Sie greift damit ihre eingangs vorgetragene Ankündigung auf, dass sie nicht mehr bereit sei, kritiklos hinzunehmen, was der Kritik bedürfe.

In Zeile 27 wendet sich die Verfasserin erstmals **direkt an ihr Publikum**. An dieser Stelle wird deutlich, dass es sich bei dem Text nicht um einen schriftlichen Essay, sondern um eine mündlich vorgetragene **Rede** in Form eines Essays handelt, welche – wie die Fußnote zur Überschrift verrät – im Rahmen der „Heidelberger Universitätsreden" gehalten worden ist. Der Zusammenhang, in dem die direkte Anrede eingeführt wird, legt den Schluss nahe, dass sich Klüger in erster Linie an ihre Zuhörerinnen wendet, auch wenn man davon ausgehen kann, dass auch Männer gekommen waren, um ihre „Heidelberger Universitätsrede" zu hören.

Nicht von ungefähr bringt sich die Rednerin an dieser Stelle wieder persönlich ins Spiel (ab Z. 30). Im Absatz zuvor hat sie gewissermaßen stellvertretend für alle weiblichen Leser gesprohen („wir"). Nun tritt sie mit ihrer weiblichen Zuhörerschaft in einen **imaginären Dialog**. Der **Gestus mündlicher Rede** ist in dieser Passage des Textauszugs besonders ausgeprägt. Das zeigen besonders die drei in Klammern gesetzten Anmerkungen, die gleichsam ‚beiseitegesprochen' sind (Z. 32 f., 35 f., 37); Ruth Klüger kommentiert hier ihre eigenen Ausführungen im Sinne weiblicher Selbstverständigung.

Dass Männer ihrer Erfahrung zufolge Literatur von Frauen ignorieren, führt Klüger darauf zurück, dass „Männer der Kindheitsvorstellung, es sei unmännlich ‚Mädchenbücher' zu lesen, nicht ganz entwachsen" seien (Z. 33 f.). Das ist eine bloße Behauptung, die dem durchsichtigen **Zweck** dient, **Männer pauschal als unreif hinzustellen**. Ob selbst ein männlicher Leser, der solche Vorbehalte teilt, auf die Idee käme, Christa Wolfs biografischen Roman *Kindheits-*

muster als „Mädchenbuch" anzusehen und deshalb von der Lektüre Abstand zu nehmen, ist durchaus fraglich.

Männer halten sich aber nach Ansicht von Klüger nicht nur aus kindischer Furcht, sich lächerlich zu machen, von literarischen Werken fern, die Frauen verfasst haben, sie zweifeln auch generell die „Autorität der schreibenden Frau" an (Z. 34f.). Diese prinzipielle Skepsis sei in Amerika auch bereits experimentell nachgewiesen worden. Was Klüger in diesem Zusammenhang nicht mitteilt, ist, ob an diesem Experiment nur Männer oder sowohl Männer als auch Frauen beteiligt waren. Im zweiten Fall ergäbe sich ein brisanter Nebenaspekt ihres Themas. Klüger ist aber an diesem Punkt offenbar nicht interessiert. Sie wertet vielmehr ihr eigenes **Autoritätsargument** sogleich ab, indem sie die Experten, die das Experiment durchgeführt haben, lächerlich macht: Was diese – gemeint sind offenbar männliche Experten, wie überhaupt das Experiment hier wohl der männlichen Sphäre zugeordnet wird – festgestellt haben, wussten wir – die Frauen – schon lang.

Der Abschnitt schließt mit der Mitteilung **persönlicher Beobachtungen**, die die Lektüre von Männern und Frauen betreffen. Danach ist die Lektüre von Frauen vielfältig, während Männer sich offenbar auf „Science-fiction" und „Memoiren von Staatsmännern" (Z. 41f.) beschränken. Auch bei dieser Feststellung, die recht unverbunden auf den zuvor erwähnten Aspekt – dem, was Manner schreiben, wird mehr Glauben geschenkt als dem, was Frauen schreiben – folgt, geht es der Verfasserin offenbar in erster Linie darum, männliche Leser zu diskreditieren: Männer sind schmalspurige Leser, sie interessieren sich, als „ewige Jungens", vor allem für Abenteuer und Technik, und darüber hinaus für die Sphäre öffentlicher Wichtigkeit und persönlicher Geltung. Die Beharrlichkeit, mit der die Verfasserin sich bemüht, die Männer von ihrem Sockel angemaßter Wichtigkeit zu stoßen und auf das Maß infantiler Ignoranz zu reduzieren, wirkt nicht immer souverän. Aber dass es lesenden Frauen schwerer gemacht wird als Männern, Selbstbewusstsein und Souveränität zu erlangen, ist ja auch ihr Thema.

Abschließend wirft Ruth Klüger die Frage auf, ob die von ihr beobachteten Unterschiede in den **Lesegewohnheiten von Frauen und Männern** „auf die natürlichen Unterschiede zwischen den Geschlechtern zurückzuführen" und damit tendenziell „unüberbrückbar" (Z. 43–45) oder ob sie doch „anerzogen" (Z. 63) sind. Ihre Argumentation ist in diesem Punkt nicht sehr stringent; insofern wundert es nicht, dass die Frage am Ende des Textauszugs unbeantwortet bleibt. Hinsichtlich der „Jugend- und Unterhaltungsliteratur" (Z. 46, vgl. auch Z. 49) registriert Klüger so markante Unterschiede zwischen männlichen und weiblichen Lesebedürfnissen, dass sie schlussfolgert, diese müssten wohl unabhängig von Erziehung und gesellschaftlichen Machtverhältnissen sein. Auf der anderen Seite sei dieser Unterschied bei der „hohen Literatur" (Z. 45) weit weniger ausgeprägt. Wie das zu erklären ist, lässt die Autorin offen. Ebenso wenig teilt sie mit, was sie denn im Bereich der „hohen Literatur" als typisch männlichen Lesebedürfnissen entsprechende Lektüre betrachtet und wie dort die typisch weiblichen Interessen aussehen. Konkret wird sie dagegen bei der Jugendliteratur. Hier scheint der Fall klar zu liegen: Mädchen bevorzugen zunächst „Pferdebücher" (Z. 52) und später „Liebesgeschichten" (Z. 51). Letzteres findet Klüger leicht nachvollziehbar, ersteres dagegen nicht recht begreiflich (vgl. Z. 52 und 55f.). Der „Markt" – Verlage und Buchhandel – jedenfalls verhalte sich „pragmatisch" (Z. 54) und bediene jede Nachfrage. Auch der Stellenwert dieses Hinweises innerhalb der Argumentation wird nicht ganz klar. Vermutlich will Klüger zum Ausdruck bringen, dass der Markt zwar vorhandene Bedürfnisse verstärke, aber eben nur auf solche reagiere und sie nicht selbst erschaffe. Eine solche Einschätzung würde die Vermutung stützen, dass die geschlechtsspezifischen Lesebedürfnisse angeboren sind.

Auch zur „Trivialliteratur von Erwachsenen" (Z. 54) macht Klüger konkrete Angaben, wobei neuerlich die Tendenz auffällt, männliche Leser ironisch abzuwerten (vgl. Z. 56f.). Dass „Science-fiction" sowohl von Männern wie von Frauen gelesen werde (Z. 57ff.), wie die Verfasserin in halbem Widerspruch zu ihren weiter oben mitgeteilten Beobachtungen anmerkt (vgl. Z. 39–42), erklärt sich für sie aus der Bandbreite dieses Genres, das „nicht unbedingt trivial sein muß“ (Z. 58 f.). Aus den weiteren Ausführungen wird dann deutlich, dass die männlichen Leser Klüger zufolge die trivialen Formen des Genres bevorzugen, welche „die meisten Leserinnen […] zum Weinen langweilig“ finden (Z. 62 f.). Männer interessieren sich demnach auch hier (nur) für Maschinen, Frauen hingegen für Menschen. Mit dieser **pauschalen Wertung** endet der Textauszug.

Ruth Klüger löst im Verlauf ihrer Argumentation das eingangs gegebene Versprechen, nicht mehr kritiklos hinzunehmen, was der Kritik bedürfe – nämlich die Dominanz christlicher weißer Männer im Bereich der Literatur – insofern ein, als sie an Kritik an den Männern nicht spart. Sie wirft in etwas **sprunghafter Weise** Fragen auf und gibt Denkanstöße, aber wenig Antworten, wie insbesondere der lange Schlussabschnitt zeigt. Als **durchgehender**, offenbar nicht genügend reflektierter **Widerspruch ihrer Argumentation** erscheint der Umstand, dass sie den Männern einerseits ein lediglich schmalspuriges und unreifes Interesse an Literatur überhaupt und speziell an der „hohen Literatur“ bescheinigt, für die den Männern offenbar die notwendige Sensibilität fehlt; dass sie aber andererseits beklagt, dass eben diese hohe Literatur derart von Männern und deren Sichtweisen dominiert werde, dass Frauen als Leserinnen sich wie eine ausgegrenzte und verfolgte Minderheit fühlen müssten.

Die angesprochene Sprunghaftigkeit der Argumentation kann als textsortenspezifische Lizenz betrachtet werden: Ein **Essay** dient dem Zweck, versuchsweise verschiedene Positionen auszuprobieren. Hier ist es erlaubt, gleichsam wild zu denken, um auf diese Weise jenseits der gängigen Argumentationsroutinen auf neue Einsichten zu stoßen. Ruth Klüger beschränkt sich in ihrem Essay jedoch darauf, ihre eigene Position zu untermauern. Ansätze von Gegenpositionen werden nicht ausformuliert. Eine offene Argumentation, die das Problem unvoreingenommen diskutiert, erfolgt nicht und lag offenkundig auch nicht in der Absicht der Verfasserin.

Klüger agiert aus wechselnden Erzählperspektiven heraus, durch die sie sich immer wieder selbst einbringt. Hauptsächlich sind es zwei Aspekte, unter denen Klüger das Lesen der Frauen betrachtet: das „anders lesen“ und das „Anderes lesen“. Sie beginnt mit dem *Wie,* wechselt ab Zeile 22 zum *Was,* kann sich aber von ihrem ersten Anliegen nur schwer lösen und vermischt in der weiteren Darstellung oft beide Aspekte. In ihrem sprachlich anspruchsvoll gestalteten Text provoziert Klüger wiederholt mit Vergleichen, die zum Teil gewagt erscheinen und polemisch wirken (vgl. etwa Z. 5 und 7). Ihre Sprache ist sehr dicht, die Sätze – überwiegend hypotaktisch gestaltet – sind mit Fachtermini und Fremdwörtern gespickt. Klüger belegt ihre Argumente mit Beispielen, die nachprüfbar sind, aber auch mit eigenen Erfahrungen, die nicht immer repräsentativ erscheinen.

Teil B

Aufgabe:

Beurteilen Sie im Text vertretene Positionen der Autorin und überprüfen Sie diese anhand Ihrer eigenen Leseerfahrung.

Tipps und Hinweise

Im Verlauf des Fachunterrichts, aber auch fächerübergreifend haben Sie sich wiederholt mit eigenen Leseerfahrungen auseinandergesetzt. Dass es einen unausgesprochenen Lektürekanon gibt, wurde spätestens bei der Auswahl der zu lesenden Werke deutlich. So kann davon ausgegangen werden, dass eine Leseerfahrung und ein Problembewusstsein existieren, auf welche sich die Erörterung aufbauen lässt.
Wesentlich erscheint noch, dass nicht zuletzt durch die pointierte Formulierung, die die Verfasserin als Überschrift gewählt hat, polarisiert und auch provoziert wird (und werden soll). Es ist von vornherein zu vermuten, dass sich grundsätzliche Unterschiede zwischen den Geschlechtern und deren Sicht auf den Text auftun.

Der fehlende bestimmte Artikel (zu „Positionen") in der Aufgabe B zeigt an, dass Sie sich mit mehreren, aber nicht mit allen Positionen der Autorin auseinandersetzen müssen und dass die Auswahl freigestellt ist.
Eine essayistische „Antwort" bei der Bewältigung der zweiten Teilaufgabe ist zu vermeiden. Die eigene Leseerfahrung muss sachlich wiedergegeben werden, sie muss den – in Auswahl – erfassten Positionen der Autorin gegenübergestellt werden. Dabei muss teilweise eine Versachlichung der Formulierungen der Autorin erfolgen.

Lösungsvorschlag in Grundzügen

Die von Ruth Klüger verfochtenen Positionen lassen sich nur zum Teil anhand eigener Leseerfahrungen überprüfen; dennoch ist natürlich eine Auseinandersetzung mit ihnen möglich.

Klüger behauptet, dass sie nicht „alle Literatur, die nach Frauenfeindlichkeit schmeckt" (Z. 2), ablehnt, weil sie sich das nicht leisten könne. Allerdings nehme sie „nicht mehr kritiklos hin, was der Kritik bedarf" (Z. 6). Diese Position kann ich unterstützen. Ich würde mich vieler Erfahrungen berauben, wenn ich Literatur, „die nach Frauenfeindlichkeit schmeckt", miede. Oft genug aber erschöpft sich meine Kritik darin, mich zu ärgern und eventuell angelesene Literatur aus diesem Grund wieder wegzulegen. Nur selten habe ich mich bisher zu Leserbriefen oder E-Mails durchringen können. Die Reaktionen darauf habe ich meist als sehr zurückhaltend erlebt.

Der zusätzliche „Energieaufwand" (Z. 9), den Frauen nach Klüger betreiben müssen, um Literatur, die von Männern verfasst wurde, zu rezipieren, ist für mich nicht spürbar; vielleicht auch, weil dieser Mehraufwand im gesamtgesellschaftlichen Kontext noch immer und überall zu leisten und dadurch selbstverständlich geworden ist.

Die Auffassung, dass wir Frauen nur zufällig an adäquate (Frauen-)Literatur herankommen (vgl. Z. 11 ff.), teile ich nicht. Sowohl der Buchhandel als auch die Presse und gute Freundinnen geben Empfehlungen für Literatur, in der man sich wiederfinden kann. Das soziale Netz innerhalb des eigenen Geschlechts funktioniert sehr gut. In Verlagen arbeiten mittlerweile vorwiegend Lektorinnen und Trendscouts sind nicht nur in der Modebranche ein Begriff.

Dass im universitären Bereich eindeutig die männlichen Zugänge zur Literatur dominieren, glaube ich gern, kann es aber aus eigener Erfahrung (noch) nicht bestätigen. Hier wie auch sonst im Berufsleben sind Frauen schon aufgrund ihrer biologischen Möglichkeit, Kinder zu gebären, sicher benachteiligt.

Der Lesekanon allerdings ist bereits femininer geworden. Im Schulunterricht werden auch Werke von Autorinnen besprochen und teilweise sehen neuere Lehrpläne ausdrücklich die Beschäftigung mit Phasen besonderer literarischer Aktivitäten von Frauen (etwa in der Romantik) vor. Allerdings sehe ich hier zwei Probleme: Die Kanonisierung von Literatur hat seit jeher dazu geführt, dass Schriften von Dichterinnen verloren gegangen sind beziehungsweise nachhaltig unterdrückt wurden. Damit ist bereits eine Vorauswahl getroffen, die sich nur schwer rückgängig machen lässt. Dabei interessiert auch die Frage, ob alle Texte von Frauen, die unter männlichen Pseudonymen und Namen männlicher Verwandter veröffentlicht worden sind, inzwischen als Texte von Autorinnen identifiziert wurden und ihren Urheberinnen zugeordnet werden konnten.

Das zweite Problem sehe ich darin, dass die Auswahl von Werken des Lesekanons von Menschen getroffen werden muss. In der deutschen Schulwirklichkeit sind das zwar zunehmend Frauen, aber diese sind mit überkommenen, traditionalistischen Lesemustern aufgewachsen und können sich nur schwer davon befreien. Zudem erlebe ich, wie Lehrerinnen, die bekannte männliche Autoren zur Seite schieben, als feministisch oder exzentrisch bezeichnet werden.

Die von Klüger beobachteten Lesegewohnheiten kann ich einerseits tendenziell bestätigen; andererseits urteilt Klüger in diesem Punkt sehr pauschal und bemüht sich nach meinem Eindruck mit allzu großem Eifer, männliche Leser abzuwerten. Hier zeigt sich, dass die Verfasserin einer Generation von Frauen angehört, die aus ihren persönlichen Erfahrungen heraus dazu neigt, Männer generell als Unterdrücker und Feinde zu betrachten. Meinem Lebensgefühl und dem meiner Freundinnen entspricht eine solche Haltung nicht.

Klügers fast resignative Aussage – als Vermutung formuliert –, dass „selbst bei völliger Gleichstellung und Gleichberechtigung […] Frauen und Männer noch immer anders und Anderes lesen“ würden (Z. 47–49), ist das Problem, mit dem sich der Essay insgesamt beschäftigt und das in den Fragen am Ende des Auszugs wiederkehrt. Wahrscheinlich gibt es tatsächlich „einen echten Unterschied“ (Z. 63 f.), der auch durch gesellschaftliche Regulierungen und eine Umstellung der Erziehung nicht zu beseitigen ist. Selbst wenn es über Eltern und Institutionen gelänge, dass alle das Gleiche lesen, so könnte, folgt man Klüger, noch immer nicht sichergestellt werden, dass alle gleich lesen: Das *Wie* würde als Problem bleiben.

Als Ruth Klüger ihren Essay 1994 erstmals veröffentlichte, formulierte sie den Titel als Frage: „Lesen Frauen anders?“ (siehe Anmerkung). Bei der späteren Wiederveröffentlichung ging sie einen Schritt weiter, indem sie den ursprünglichen Titel in eine These umwandelte und somit zumindest andeutete, dass sie sich entschieden hatte: Ja, Frauen lesen anders (und Anderes)! Die Analyse der Argumentation stützt diese Aussage und lässt den aktuellen Titel des Essays treffender erscheinen. Insgesamt korrespondiert die diskutierte Problematik gut mit der gewählten Textsorte Essay. Die offene, pointierte, subjektive und mehrperspektivische Darstellung spricht an und trägt dazu bei, eine immer wieder beiseitegeschobene Diskussion am Leben zu erhalten und das Thema nicht ausschließlich Feministinnen und Kanon-Strategen zu überlassen.

Fach Deutsch (Mecklenburg-Vorpommern)
Übungsaufgabe 6: Untersuchendes Erschließen literarischer Texte – Epik

Teil A

Gottfried Keller (1819–1890): **Romeo und Julia auf dem Dorfe** (1856)

„Romeo und Julia auf dem Dorfe" erschien 1856 im 1. Band von Kellers Novellensammlung „Die Leute von Seldwyla".

[...] So kam es, daß, als er eines Abends einen ziemlich tiefen und reißenden Bach entlang ging, in welchem die Forellen fleißig sprangen, da der Himmel voll Gewitterwolken hing, er unverhofft auf seinen Feind Manz traf, der an dem andern Ufer daherkam. Sobald er ihn sah, stieg ein schrecklicher Groll und Hohn in ihm auf; sie waren sich seit Jahren nicht so nahe gewesen, ausgenommen vor den Gerichtsschranken, wo sie nicht schelten durften, und Marti rief jetzt voll Grimm: „Was tust du hier, du Hund? Kannst du nicht in deinem Lotterneste bleiben, du Seldwyler Lumpenhund?"

„Wirst nächstens wohl auch ankommen, du Schelm!" rief Manz. „Fische fängst du ja auch schon und wirst deshalb nicht viel mehr zu versäumen haben!"

„Schweig, du Galgenhund!" schrie Marti, da hier die Wellen des Baches stärker rauschten, „du hast mich ins Unglück gebracht!" Und da jetzt auch die Weiden am Bache gewaltig zu rauschen anfingen im aufgehenden Wetterwind, so mußte Manz noch lauter schreien: „Wenn dem nur so wäre, so wollte ich mich freuen, du elender Tropf!" „O du Hund!" schrie Marti herüber und Manz hinüber: „O du Kalb, wie dumm tust du!" Und jener sprang wie ein Tiger den Bach entlang und suchte herüberzukommen. Der Grund, warum er der Wütendere war, lag in seiner Meinung, daß Manz als Wirt wenigstens genug zu essen und zu trinken hätte und gewissermaßen ein kurzweiliges Leben führe, während es ungerechterweise ihm so langweilig wäre auf seinem zertrümmerten Hofe. Manz schritt indessen auch grimmig genug an der andern Seite hin; hinter ihm sein Sohn, welcher, statt auf den bösen Streit zu hören, neugierig und verwundert zugleich nach Vrenchen hinübersah, welche hinter ihrem Vater ging, vor Scham in die Erde sehend, daß ihr die braunen krausen Haare ins Gesicht fielen. Sie trug einen hölzernen Fischeimer in der einen Hand, in der anderen hatte sie Schuh und Strümpfe getragen und ihr Kleid der Nässe wegen aufgeschürzt. Seit aber Sali auf der anderen Seite ging, hatte sie es schamhaft sinken lassen und war nun dreifach belästigt und gequält, da sie all das Zeug tragen, den Rock zusammenhalten und des Streites wegen sich grämen mußte. Hätte sie aufgesehen und nach Sali geblickt, so würde sie entdeckt haben, daß er weder vornehm noch sehr stolz mehr aussah und selbst bekümmert genug war. Während Vrenchen so ganz beschämt und verwirrt auf die Erde sah und Sali nur diese in allem Elend schlanke und anmutige Gestalt im Auge hatte, die so verlegen und demütig dahinschritt, beachteten sie dabei nicht, wie ihre Väter still geworden, aber mit verstärkter Wut einem hölzernen Stege zueilten, der in kleiner Entfernung über den Bach führte und eben sichtbar wurde. Es fing an zu blitzen und erleuchtete seltsam die dunkle melancholische Wassergegend; es donnerte auch in den grauschwarzen Wolken mit dumpfem Grolle und schwere Regentropfen fielen, als die verwilderten Männer gleichzeitig auf die schmale, unter ihren Tritten schwankende Brücke stürzten, sich gegenseitig packten und die Fäuste in die vor Zorn und ausbrechendem Kummer bleichen zitternden Gesichter schlugen. Es ist nichts Anmutiges und nichts weniger als artig, wenn sonst gesetzte Menschen noch in den Fall kommen, aus Übermut, Unbedacht oder Notwehr unter allerhand Volk, das sie nicht näher berührt, Schläge auszuteilen oder welche zu bekommen; allein dies ist eine harmlose Spielerei gegen das tiefe Elend, das zwei alte Menschen überwältigt, die sich wohl kennen und seit lange kennen, wenn diese aus innerster Feindschaft und aus dem Gange einer ganzen Lebensgeschichte heraus sich mit nackten Händen anfassen und mit Fäusten schlagen. So taten jetzt diese beiden ergrauten Männer; vor fünfzig Jahren vielleicht hatten sie sich als Buben zum letzten Mal gerauft, dann aber fünfzig Jahre mit keiner Hand mehr berührt, ausgenommen in ihrer guten Zeit, wo sie sich etwa zum Gruße die Hände geschüttelt, und auch dies nur selten bei ihrem trockenen und sichern Wesen. Nachdem sie ein oder zweimal geschlagen, hielten sie inne und rangen zitternd miteinander, nur zuweilen aufstöhnend und elendiglich knirschend, und einer suchte den andern über das knackende Geländer ins Wasser zu werfen. Jetzt waren aber auch ihre Kinder nachgekommen und sahen den erbärmlichen Auftritt. Sali sprang eines Satzes heran, um seinem Vater beizustehn und ihm zu helfen, dem gehaßten Feinde den Garaus zu machen, der ohnehin der schwächere schien und eben zu unterliegen drohte. Aber auch Vrenchen sprang, alles wegwerfend, mit einem langen Aufschrei herzu und umklammerte ihren Vater, um ihn zu schützen, während sie ihn dadurch nur hinderte und beschwerte. Tränen strömten aus ihren Augen und sie sah flehend den Sali an, der im Begriff war, ihren Vater ebenfalls zu fassen und vollends zu überwältigen. Unwillkürlich legte er aber seine Hand an seinen eigenen Vater und suchte denselben mit festem Arm von dem Gegner loszubringen und zu beruhigen, so daß der Kampf eine kleine Weile ruhte oder vielmehr die ganze Gruppe unruhig hin und her drängte, ohne auseinander zu kommen. Darüber waren die jungen Leute, sich mehr zwischen die Alten schiebend, in dichte Berührung gekommen, und in diesem Augenblicke erhellte ein Wolkenriß, der den grellen Abendschein durchließ, das nahe Gesicht des Mädchens, und Sali sah in dies ihm so wohlbekannte und doch so viel anders und schöner gewordene Gesicht. Vrenchen sah in diesem Augenblicke auch sein Erstaunen und es lächelte ganz kurz und geschwind mitten in seinem Schrecken und in seinen Tränen ihn an. Doch ermannte sich Sali, geweckt durch die Anstrengungen seines Vaters, ihn abzuschütteln, und brachte ihn mit eindringlich bittenden Worten und fester Haltung endlich ganz von seinem Feinde weg. Beide alte Gesellen atmeten hoch auf und begannen jetzt wieder zu schelten und zu schreien, sich voneinander abwendend; ihre Kinder aber atmeten kaum und waren still wie der Tod, gaben sich aber im Wegwenden und Trennen, ungesehen von den Alten, schnell die Hände, welche vom Wasser und von den Fischen feucht und kühl waren.

Aus: Keller, Gottfried: Romeo und Julia auf dem Dorfe. Frankfurt am Main: Insel Verlag 1984, S. 38–42.

Aufgabe:

Interpretieren Sie den Textauszug hinsichtlich der Konfliktsituation und ihrer poetischen Gestaltung.

Tipps und Hinweise

Gottfried Kellers Novelle zählt zu den verpflichtenden Abiturlektüren, sodass eine genaue Kenntnis des Textes vorausgesetzt wird. Sie sollten bei Ihrer Interpretation den gegebenen Auszug in den Kontext der Handlung einordnen, knapp die Voraussetzungen für den eskalierenden Streit der beiden Bauern nachzeichnen sowie einen Ausblick auf den weiteren Handlungsverlauf geben. Beziehen Sie bei Ihrer Deutung die stilistische Gestaltung mit ein und machen Sie dabei stets deutlich, mit welcher Wirkungsabsicht Keller rhetorische Mittel einsetzt bzw. wie er die Spannung steigert. Besondere Bedeutung kommt hierbei den Naturerscheinungen zu, die das Geschehen quasi spiegeln. Wichtig ist es hierbei, geeignete Textbelege anzuführen, die Ihre Argumentation stützen. Sinnvoll erscheint es, zuletzt den Epochenbezug der Novelle herauszuarbeiten, zumal Sie im Unterricht die Besonderheiten des bürgerlichen Realismus besprochen haben. Vermeiden Sie es, zu allgemein zu bleiben, sondern zeigen Sie ganz konkret am Text, was Kellers realistisches Erzählen auszeichnet.

Lösungsvorschlag in Grundzügen

Einleitung: Der poetische Realismus

Der Begriff „poetischer Realismus" wurde von Otto Ludwig (1813–1865) in der zweiten Hälfte des 19. Jahrhunderts geprägt und weist der Literatur die Aufgabe zu, die **Wirklichkeit**, also die Gegenwart, abzubilden. Gleichzeitig wird eine **dichterische Verklärung** des Dargestellten gefordert. Die Literatur des Realismus knüpft an die des Biedermeier an, indem sie gesellschaftliche bzw. politische Verhältnisse nur sehr gedämpft kritisiert, Abstoßendes bleibt ausgespart. Somit werden tatsächliche Probleme der Zeit ignoriert, im Mittelpunkt der Werke stehen bürgerliche Schicksale und Themen des Alltäglichen.

Gottfried Keller schuf mit der wohl berühmtesten Novelle seines Zyklus *Die Leute von Seldwyla* nicht nur eine Dorfgeschichte, die sich in Thematik und Motivik an William Shakespeares Tragödie *Romeo und Julia* anlehnt, sondern er schrieb zugleich seine Erzählung nach einer authentischen, in der Zeitung mitgeteilten Liebestragödie zweier junger Menschen, sodass in diesem Werk **Fiktionales und Reales** ineinander übergehen. Mit vollendeter Erzählkunst gestaltet der Autor das dramatische und sich in unausweichlicher Konsequenz vollziehende Geschehen und bettet die Handlung in den Rahmen kleinbürgerlicher Enge und landschaftlicher Idylle.

Interpretation des Textauszugs

Inhalt und Konfliktsituation

Die vorliegende Szene stellt den Höhe- und Wendepunkt der Novelle *Romeo und Julia auf dem Dorfe* dar. Die beiden Bauern Manz und Marti, eingangs als wohlhabend und selbstbewusst geschildert, laden mit dem von ihnen aus Habgier begangenen Frevel an einem herrenlosen Acker schwere Schuld auf sich, die einen unaufhaltsamen Prozess gegenseitiger sozialer Vernichtung zur Folge hat. Der materielle und moralische Ruin beider Familien bleibt nicht ohne Folgen für ihre Kinder Sali und Vrenchen. Verarmung, Entfremdung und erbitterte Feindschaft haben auch bei ihnen ihre Spuren hinterlassen.

Durch einen **auktorialen Erzähler** wird der Blick des Lesers auf die handelnden Personen sowie auf die sie umgebende Natur gelenkt. Dabei schildert der Erzähler das Geschehen, kommentiert und wertet es und verbindet so einzelne Handlungselemente.

Keller erzählt in dem vorliegenden Textausschnitt von der **zufälligen Begegnung** der beiden verfeindeten Parteien an einem „ziemlich tiefen und reißenden Bach" (Z. 1). Beide Bauern wollen fischen, um ihren Nahrungsbedarf zu sichern. Das Aufeinandertreffen am Fluss verdeutlicht ihren **sozialen Abstieg**, denn mit dem Fischen fristen all diejenigen ihr Dasein, die gescheitert sind. Die äußeren Zeichen eines heraufziehenden **Gewitters** und die springenden Forellen assoziiert man mit Spannung und deuten auf einen Konfliktausbruch hin. Marti, der verarmte Bauer, ist sogleich beim ersten Anblick seines Feindes Manz am anderen Ufer von „schreckliche[m] Groll und Hohn" (Z. 4) erfüllt und eröffnet mit bösen Schimpfvulgarismen („Hund", „Seldwyler Lumpenhund", Z. 6f.; später „Galgenhund", Z. 10) die verbale Auseinandersetzung. In einem Zwischensatz erinnert Keller den Leser an den Kampf beider vor Gericht und die völlige Entfremdung. Es folgt die Beschuldigung: „du hast mich ins Unglück gebracht" (Z. 11). Manz, inzwischen Besitzer einer Gastwirtschaft, reagiert ebenso mit verletzenden, beleidigenden Ausdrücken: „du elender Tropf", „o du Kalb" (Z. 13f.). Es entspricht der erzählerischen Intention des Autors, dass sich parallel zur Zuspitzung des Konfliktes zwischen den Menschen auch die **Naturgewalten** in einem Gewitter zu entladen beginnen.

Die **Aggressivität und Gewaltbereitschaft Martis**, die verglichen wird mit der eines Tigers, der zum Sprung auf seine Beute ansetzt (vgl. Z. 15), scheint die tätliche Auseinandersetzung unvermeidlich zu machen. Der auktoriale Erzähler teilt dem Leser den Grund dieses Verhaltens mit: das aus Neid entstandene Fehlurteil über die angeblich bessere Situation des jetzigen Gastwirtes Manz, ausgedrückt in Wortantithesen wie „kurzweiliges Leben", „langweilig [...] auf einem zertrümmerten Hofe" (Z. 17f.).

Dass Keller jetzt die Aufmerksamkeit des Lesers auf das **Verhalten der Kinder** lenkt, die hinter ihren Vätern gehen und dem Streit scheinbar kaum Beachtung schenken, stattdessen einander auf ganz andere Art begegnen und dadurch im Gegensatz zu ihren Eltern charakterisiert werden, zeigt seine Meisterschaft im **kontrastierenden Erzählen**. Sali blickt „neugierig und verwundert" (Z. 20) zu Vrenchen, jene sieht verwirrt und beschämt zum Boden (vgl. Z. 21). Er bewundert ihre „schlanke und anmutige Gestalt" (Z. 30), ihre Demut trotz allen Elends. Sie hätte die gleichen Eigenschaften bei ihm entdecken können, „hätte sie aufgesehen und nach Sali geblickt" (Z. 27) – ein Irrealis, der die charakterliche Gleichheit der beiden kennzeichnet.

Das Ende der Verbalattacken der Väter deutet kein Beilegen des Streits an, im Gegenteil, ein Aggressionssturm der Leidenschaften (Zorn, ausbrechender Kummer, bleiche zitternde Gesichter) entlädt sich im offenen **Faustkampf der beiden Alten** auf der Brücke. Parallel und synchron dazu kommt es zum **Ausbruch des Gewitters**, beide Phänomene sind in einem temporalem Gefüge mit inversivem „als" syntaktisch verknüpft: „Es fing an zu blitzen [...] als [...]" (Z. 33ff.).

Mitten in dieser Dramatik des Geschehens erfolgt das **Urteil des Erzählers:** „Es ist nichts Anmutiges" (Z. 37f.). Keller wertet und reflektiert die Ursachen der gewalttätigen Auseinandersetzung zweier alter Männer mit dem Verweis auf die Vorgeschichte und die Biografien beider, die die Hände einst nur freundschaftlich berührt haben, diese jetzt zu Fäusten geballt gegeneinander erheben, und betont zugleich die groteske Absurdität des Ganzen.

Das **Eingreifen der Kinder**, die „den erbärmlichen Auftritt" (Z. 51) sehen, ist zunächst auf eine Unterstützung ihrer Väter gerichtet: Während Sali seinem Vater durch Zuschlagen zum Sieg verhelfen will, versucht Vrenchen ihren Vater zu schützen. Ihre Blicke zu Sali bewirken jedoch einen **Sinneswandel**. Nun mühen sich beide gemeinsam, die Streitenden auseinanderzubringen, die feindselige Rauferei zu beenden. In ihrem Streben sind sie sich körperlich und geistig näher gekommen. Mit dem Erhellen der dunklen Szenerie durch das Aufleuchten eines **Blitzes** ist der Höhepunkt des Geschehens erreicht, denn im Augenblick des Lichtscheins sieht Sali das „schöner gewordene Gesicht" (Z. 64) des Mädchens, Vrenchen erkennt sein Erstaunen. Er kann seinen Vater „mit eindringlich bittenden Worten und fester Haltung" vom Gegner Marti trennen (Z. 67f.). Während der Wortkampf der Alten wieder aufflammt, tritt

Stille zwischen den Liebenden ein. Man beachte die kontrastierende Funktion des doppelt gebrauchten Verbs „atmen“ (Z. 69f.); der Vergleich „still wie der Tod“ (Z. 70f.) deutet das tragische Ende der Beziehung der Kinder an. Der **Gestus des Händegebens** „ungesehen von den Alten“ (Z. 71) symbolisiert in gleicher Weise den Grundkonflikt der ganzen Novelle: die heimliche Liebe zweier Menschen hinter dem Rücken ihrer verfeindeten Eltern. So zeigt sich im Verhalten der Kinder ein Kontrast zur ausgeprägten Feindschaft der Väter, der Hoffnung vermittelt.

Keller lässt die Szene mit der Schilderung des Naturgeschehens schließen, um den Leser symbolisch auf das tragische Ende der Erzählung einzustimmen. Die Kinder verlieben sich ineinander, doch die ruinierten finanziellen Verhältnisse der Väter erlauben ihnen kein auf Besitz und Erbe beruhendes Eheglück. Einen Tag lang spielen sich Sali und Vrenchen das **Traumbild einer dauerhaften Liebesehe** vor. Mit den bürgerlichen Normen vermögen sie jedoch nicht zu brechen, die einzige Möglichkeit einer realen Vereinigung sehen sie im gemeinsamen Tod im Fluss. Anders als bei Shakespeares tragischem Liebespaar resultiert der gemeinsame Tod nicht aus einer Verkettung unglücklicher Umstände, sondern stellt eine bewusste Entscheidung und die Antwort der Liebenden auf ihre ausweglose Situation dar.

Die poetische Gestaltung

Die Konfliktsituation wird verdeutlicht durch die Wahl des Handlungsortes, die **Natur** fungiert als **Kulisse und Spiegel**. Zu Beginn schildert der Erzähler die Umgebung mit einem „Himmel voll Gewitterwolken“ (Z. 2), was als Hinweis auf Kommendes zu verstehen ist. Im Laufe der Begegnung setzt ein **Gewittersturm** ein („Wetterwind“, Z. 12), gleichzeitig nehmen Intensität und Lautstärke der Beschimpfungen der Bauern zu. Als es zur tätlichen Auseinandersetzung beider kommt, donnert, blitzt und regnet es (vgl. Z. 33ff.), Naturereignisse untermalen die Streitigkeiten in ihrer Entwicklung. Das geschieht auch – hier wieder im Kontrast –, als die beiden Kinder die Kämpfenden trennen, denn „in diesem Augenblicke erhellte ein Wolkenriß, der den grellen Abendschein durchließ“ (Z. 62f.), die Szenerie. Indem die Natur als Handlungsrahmen in diesem Novellenauszug fungiert, unterstützt sie die Handlungsaussage.

Gleiches trifft auch auf die ausgeprägte **Metaphorik** zu. So spiegelt das Gewitter die innere Spannung der Figuren wider (s. o.) und unterstreicht die Stimmung, in der sie sich befinden. Der reißende und tiefe **Bach** (vgl. Z. 1) symbolisiert das Trennende zwischen den Bauern Marti und Manz, wobei die „schmale, unter ihren Tritten schwankende **Brücke**“ (Z. 35f.) eigentlich ein verbindendes Element darstellt. Aber hier ist sie der Ort, an dem die Auseinandersetzung eskaliert. Andererseits wirkt die Brücke als Symbol in ihrer eigentlichen Bedeutung, als Sali und Vrenchen ihre Sympathie füreinander erkennen.

Das **Abend-Motiv** („eines Abends“, Z. 1; „Abendschein“, Z. 63) verdeutlicht den Untergang der Streitenden sowie die Aussichtslosigkeit in der Beziehung der beiden Kinder.

Der soziale Abstieg, den beide Bauern durchlebt haben, dokumentiert sich in treffenden Bildern, wie z.B. „Fische fängst du ja auch schon […]“ (Z. 8f.), „seinem zertrümmerten Hofe“ (Z. 18), und in der Beschreibung der Kinder (vgl. Z. 22ff.). Die agierenden **Figuren** werden **typisiert** dargestellt. So sind Manz und Marti gleichermaßen als verbittert und verbohrt beschrieben – „die verwilderten Männer“ (Z. 35), „zwei alte Menschen“ (Z. 41), „diese beiden ergrauten Männer“ (Z. 44), „beide alte Gesellen“ (Z. 69) – und werden auch durch ihre Sprechweise ähnlich charakterisiert. Beide bedienen sich einer derben Sprache (vgl. Z. 6ff.).

Die **Kinder** werden in Bezug auf ihr Äußeres und ihre Gestik näher beschrieben. Vrenchen sieht „vor Scham in die Erde“ (Z. 21), Sali ist „weder vornehm noch sehr stolz […] und selbst bekümmert genug“ (Z. 27f.). Damit zeigt sich bei beiden Bescheidenheit, **Unschuld** und **Reinheit**, die in starkem Gegensatz zum Verhalten der Väter stehen.

Bezug zur Epoche

Der Textausschnitt ist ebenso wie die ganze Novelle ohne Zweifel ein Meisterwerk realistischer Erzählkunst, das heute noch erschüttert und nachdenklich stimmt, auch im Hinblick auf das Zerbrechen zwischenmenschlicher Beziehungen und deren Folgen für die Kinder. Allgemeine menschliche Verhaltensweisen, wie Liebe, Neid etc., werden vom Autor nachgezeichnet und eingebettet in ungewöhnliche Begebenheiten, deren Besonderheit durch parallele Naturschilderungen hervorgehoben wird.

Es sind meist die kleinen Leute, die es Keller angetan haben, die er in ihren Lebensumständen beschreibt. Damit unterscheidet er sich von anderen Vertretern des Poetischen Realismus, z. B. Theodor Fontane. Aber auch Keller wird dem Anspruch gerecht, Extremes auszusparen und demzufolge Kritik an Politik und Gesellschaft nicht oder nur unterschwellig zu äußern.

Fach Deutsch (Mecklenburg-Vorpommern)
Übungsaufgabe 7: Untersuchendes Erschließen literarischer Texte – Epik

Teil A

Theodor Fontane (1819–1898)
Stine. Roman (1890), Auszug aus dem 14. Kapitel

Die junge Näherin Stine (Ernestine) Rehbein lebt in einfachen Verhältnissen. Auf einer Abendgesellschaft bei ihrer Schwester Pauline lernt sie den jungen kränklichen Grafen Waldemar von Haldern kennen. Dieser verliebt sich in Stine und will der Beziehung durch eine Heirat Dauer verleihen. Weil er weiß, dass er damit gängige Konventionen verletzen würde, bittet er seinen Onkel, bei seinen Eltern Fürsprache einzulegen. Dieser verweigert jedoch die Unterstützung. Als auch Stine ihn abweist, nimmt er sich das Leben. Die Handlung des Gesellschaftsromans – für Fontane ein ergänzendes Gegenstück zu „Irrungen, Wirrungen" – spielt im Berlin der Gründerjahre.
Der vorliegende Auszug setzt ein, als Waldemar ein ihm vertrautes Gartenlokal verlässt, das er nach dem vergeblichen Gespräch mit seinem Onkel aufgesucht hat.

14. Kapitel

[…]
Er blieb wohl eine Stunde. Dann erst erhob er sich und ging auf den Ausgang zu. Von draußen her aber sah er noch einmal über den Staketzaun in den Garten zurück. Da war wieder die Musikestrade mit den wackeligen Notenpulten und gleich dahinter das primitive Büfett mit den eingeschnittenen Querhölzern, daran zahllose Weißbierdeckel wie kleine Schilde hingen. Und dicht daneben und halb überwachsen von einer Kugelakazie stand der eben von ihm verlassene Tisch, auf dessen grüner Platte jetzt die Lichter und Schatten tanzten. Er konnte sich nicht losreißen von dem allen und prägte sich's ein, als ob er ein bestimmtes Gefühl habe, daß er's nicht wiedersehen werde. „Glück, Glück. Wer will sagen, was du bist und wo du bist! In Sorrent, mit dem Blick auf Capri, war ich elend und unglücklich, und *hier* bin ich glücklich gewesen." Und nun ging er weiter flußabwärts bis an die Moabiterbrücke, weil er vorhatte, den Rückweg am anderen Ufer zu machen. Als er aber drüben war, nahm er langsam und unter gelegentlichem Verweilen seinen Weg auf den Humboldtshafen und zuletzt auf den Invalidenpark zu. Dort blieb er stehen und musterte das gegenübergelegene Haus. Stine stand oben am Fenster. Er grüßte mit der Hand und stieg dann in ihre Wohnung hinauf.

Stine empfing ihn schon an der Tür, glücklich, ihn zu sehen, aber doch mit einem Anfluge von Sorge, weil er sonst nie vor Dämmerstunde kam.
„Was ist?" sagte sie, „du siehst so verändert aus."
„Möglich. Aber es ist nichts. Ich bin vollkommen ruhig."
„Ach, sage nicht *das*. Wenn man sagt, man sei ruhig, ist man's nie."
„Woher weißt du das?"
„Ich glaube, das lernt jeder, dafür sorgt das Leben. Und dann weiß ich es von Pauline. Wenn die zu mir sagt: ‚Stine, nun bin ich wieder ruhig', dann ist es immer noch schlimm genug. Aber nun sage, was ist?"
„Was ist? Eine Kleinigkeit. Eigentlich nichts. Ich stand immer einsam unter den Meinigen, und nun soll ich noch etwas einsamer dastehn. Es wirkt einen Augenblick, aber nicht lange …"
„Du verschweigst mir etwas. Sprich!"
„Gewiß, deshalb bin ich hier. Und so höre denn. Ich war bei meinem Onkel, um ihm zu sagen … ja, was Stine? um ihm zu sagen, daß ich dich lieb hätte …"

Stine kam in ein Zittern.

„... Und daß ich dich heiraten wolle ... Ja, heiraten, nicht um eine Gräfin Haldern aus dir zu machen, sondern einfach eine Stine Haldern, eine mir liebe kleine Frau, und daß wir dann nach Amerika wollten. Und zu diesem Schritt erbät ich seine Zustimmung oder doch eine Fürsprache bei meinen Eltern."

„Und?"

„Und diese Fürsprache hat er mir verweigert."

„Ach, was hast du getan?"

„Sollt' ich nicht?"

„Was hast du getan?" wiederholte Stine, zugleich hinzusetzend: „Und ich Ärmste bin schuld daran. Bin schuld, weil ich's habe gehen lassen und mich nie recht gefragt habe: was wird? Und wenn mir die Frage kam, so hab ich sie zurückgedrängt und nicht aufkommen lassen und nur gedacht: freue dich, solange du dich freuen kannst. Und das war nicht recht. Daß es nicht ewig dauern würde, das wußt' ich, aber ich rechnete doch auf manchen Tag. Und nun ist alles falsch gewesen, und unser Glück ist hin, viel, viel schneller als nötig, bloß weil du wolltest, daß es dauern solle."

Waldemar wollte widersprechen; aber Stine litt es nicht und sagte, während ihre Stimme mit jedem Augenblick beschwörender und eindringlicher wurde: „Du willst nach Amerika, weil es hier nicht geht. Aber glaube mir, *es geht auch drüben nicht.* Eine Zeitlang könnt' es gehn, vielleicht ein Jahr oder zwei, aber dann wär' es auch drüben vorbei. Glaube nicht, daß ich den Unterschied nicht sähe. Sieh, es war mein Stolz, ein so gutes Herz wie das deine lieben zu dürfen, und daß es mich wieder liebte, das war meines Lebens höchstes Glück. Aber ich käme mir albern und kindisch vor, wenn ich die Gräfin Haldern spielen wollte. Ja, Waldemar, so ist es, und daß du so was gewollt hast, das macht nun ein rasches Ende. Vor Jahren, ich war noch ein Kind, hab' ich mal ein Feenstück gesehn, in dem zwei Menschen glücklich waren; aber ihr Glück, so hatte die Fee gesagt, würde für immer hin sein, wenn ein bestimmtes Wort gesprochen oder ein bestimmter Name genannt werde. Siehst du, so war es auch mit uns. Jetzt hast du das Wort gesprochen, und nun ist es vorbei, vorbei, weil die Menschen davon wissen. Vergiß mich; du wirst es. Und wenn auch nicht, ich mag keine Kette für dich sein, an der du dein Leben lang herumschleppst. Du mußt frei sein; gerade du."

[...]

Aus: Theodor Fontane: Stine. Roman. Mit einem Nachwort neu herausgegeben von Helmuth Nürnberger. München: Deutscher Taschenbuch Verlag 1995, S. 78–81

Worterläuterungen:

Zeile 3:	*Staketzaun:* Lattenzaun
Zeile 4:	*Musikestrade:* erhöhter Platz für die Musiker
Zeile 5:	*Büfett:* Schanktisch, Verkaufstisch
Zeile 6:	*Kugelakazie:* Zierbaum
Zeilen 10:	*Sorrent, Capri:* Orte am Golf von Neapel mit starkem Touristenverkehr
Zeilen 12–14:	*Moabiterbrücke, Humboldtshafen, Invalidenpark:* Örtlichkeiten in Berlin

Aufgabe:

Interpretieren Sie den Textauszug unter besonderer Berücksichtigung der erzählerischen Gestaltung und des sprachlichen Ausdrucks.

Tipps und Hinweise

Die Werke Theodor Fontanes spiegeln soziale und weltanschauliche Umbrüche des ausgehenden 19. Jahrhunderts. In den Romanen „Irrungen, Wirrungen" und „Stine", die sich nach Aussage Fontanes gegenseitig ergänzen, wird gezeigt, wie persönliches Glücksverlangen an den Schranken gesellschaftlicher Konvention zerbricht.
Der Arbeitsauftrag verlangt im Anschluss an eine Analyse der erzählerischen Gestaltung eine Textdeutung.
Verfassen Sie zunächst eine Einleitung, in der Sie die gemeinsame Thematik beider Werke benennen. Bei der Untersuchung der erzählerischen Gestaltung empfiehlt es sich, besonders auf Erzählperspektive, Erzählverhalten, Darbietungsweise, das Verhältnis von Erzählzeit zu erzählter Zeit und die Erzählerposition einzugehen.
Die Interpretation kann der Chronologie der Ereignisse folgen. Der erste Textabschnitt wird den Blick auf die Stimmungslage Waldemars und die angedeutete Abschiedsmotivik lenken, im zweiten konzentrieren Sie sich auf die Dramatik des Dialogs und auf Stines Verhalten.

Lösungsvorschlag in Grundzügen

In seinen Berliner Gesellschaftsromanen *Irrungen, Wirrungen* und *Stine* behandelt Theodor Fontane (1819–1898) zeitlich begrenzte Liebesverhältnisse. Eine Heirat zwischen den unterschiedlichen sozialen Schichten angehörenden Partnern ist unter den damaligen Verhältnissen nahezu undenkbar. Im Gegensatz zu Botho von Rienäcker, der in *Irrungen, Wirrungen* seine Beziehung mit der Büglerin Lene Nimptsch löst und standesgemäß heiratet, will der junge Graf Haldern in *Stine* die Standesschranken durchbrechen und die Näherin Stine Rehbein zur Frau nehmen. Im vorliegenden Text begibt sich der Graf zu seiner Geliebten, die sein Handeln und seine Absichten kritisiert.

Die **Perspektive des Erzählers** innerhalb des Textauszugs verändert sich mit seinen Standorten und unterschiedlichen Blickwinkeln. Er begleitet Waldemar aus dem Gartenlokal die Spree entlang über die Moabiter Brücke zur Invalidenstraße und begibt sich mit ihm in Stines Wohnung. Nach der Wanderung verengt sich sein Blickfeld und fokussiert sich auf die beiden Figuren. Es liegt ihm daran, nicht nur die äußere Welt wahrzunehmen, sondern auch Gedanken und Gefühle der Figuren zu erfassen.

Auch das Erzählerverhalten verändert sich. Während im ersten Abschnitt **personales Erzählen** dominiert, zeigt der Dialogteil **neutrales Erzählverhalten**. Es gibt **kaum auktoriale Stellen**. Bereits nach wenigen Sätzen übernimmt der Erzähler die emotional geprägte Sichtweise der Figur (vgl. Z. 4). Erst am Ende des ersten Abschnitts meldet sich erneut der auktoriale Erzähler zu Wort (vgl. Z. 12–16). Das personale Erzählen wird kurz durch den **inneren Monolog** unterbrochen, der neutral den Gedankengang Waldemars festhält (vgl. Z. 9–11). Im Dialogteil kommen nur spärlich personale und auktoriale Einschübe vor (zum Beispiel personal in Z. 17 f.; auktorial in Z. 32).
Die Darbietungsweise wird von **Erzählerbericht** und **Figurenrede** bestimmt. Im ersten Abschnitt findet sich ein innerer Monolog (vgl. Z. 9–11). An einer Stelle gleitet der Dialog durch Stines Selbstanrede ins Monologhafte (vgl. Z. 41–47).
Die langsame Wanderung und das wiederholte Verweilen Waldemars bewirken, dass im ersten Teil die **erzählte Zeit** länger als die **Erzählzeit** ist, während sich beim Dialog Erzählzeit und erzählte Zeit nahezu decken.
Zusammenfassend lässt sich festhalten: Die Zurückhaltung des Erzählers mit eigenen Kommentierungen und die Dominanz der neutral wiedergegebenen Figurenrede entsprechen nicht dem traditionellen, selbstbewusst auftretenden Erzähler, der seinen Figuren nur beschränkten Äußerungsraum gewährt. So lässt dieses Verhalten eine **geschwächte Erzählerposition** ver-

muten, wie sie für die moderne Literatur typisch ist. Andererseits gewinnen die Figuren auf diese Weise an Intensität und Glaubwürdigkeit. Das **realistische Erzählen** Fontanes zeichnet sich gerade dadurch aus, dass der Erzähler hinter die Figuren zurücktritt und nur selten selbst die Stimme erhebt.

Der Text besteht **inhaltlich** aus **zwei Teilen**. Im ersten berichtet der Erzähler über Waldemars Weg vom Gartenlokal zu Stine. Der zweite enthält das Gespräch zwischen beiden Figuren.
Im ersten Teil beginnt der Erzähler mit ruhigen, sachlich gehaltenen **Parataxen** (vgl. Z. 2f.) und endet ebenso (vgl. Z. 11–16). Mit der Perspektive aber wechseln Syntax und Stil.
Nachdem Waldemar das Gartenlokal verlassen hat, wendet er sich noch einmal um. Sein Blick kann sich „nicht losreißen" (Z. 8) von dieser Welt einfacher, ihm vertrauter Dinge. Er fängt sich an vielerlei Gegenständen, denen **Adjektive** zugewiesen werden („wackeligen", Z. 4; „primitive", „eingeschnittenen", „zahllose", Z. 4f.; „verlassene", „grüner", Z. 7), die in erster Linie nicht der Präzisierung dienen, sondern den Versuch darstellen, die Gegenstände visuell festzuhalten, um sich ihrem Wesen noch einmal liebevoll anzunähern. Diese Funktion kommt auch dem **Vergleich** „wie kleine Schilde" (Z. 5f.) und besonders der **Personifikation**, **Antithese** und leisen **Anspielung** „die Lichter und Schatten tanzten" (Z. 7) zu. Waldemar möchte das Geschaute im Bewusstsein bewahren, weil ihn das Gefühl beschleicht, „daß er's nicht wiedersehen werde" (Z. 9). Dem Leser wird eine wehmütige **Abschiedsstimmung** vermittelt. Dies geschieht auch durch die Verwendung des im **Konjunktiv** stehenden Vergleichssatzes „als ob er ein bestimmtes Gefühl habe" (Z. 8f.), der die Realität der Situation verfremdet und ins Unwirkliche hebt. Verstärkt wird dies durch den folgenden Gebrauch des **Futurs** „daß er's nicht wiedersehen werde" (Z. 9). Das Stehenbleiben und sich Umschauen in den eben verlassenen Garten und vertrauten Raum erhält durch das Futur eine zeitliche Dimension: das Zurückblicken in die Vergangenheit.

Die Intensität des inneren Monologs wird durch mehrere rhetorische Figuren verstärkt. „Glück, Glück. Wer will sagen, was du bist und wo du bist!" (Z. 9f.) **Geminatio, Ausruf, Alliteration, Epipher** und **Personifikation** gewähren Einblick in die Stimmungslage und innere Bewegtheit der Figur, deren Anspannung in der durch Kursivdruck hervorgehobenen **Antithese** „In Sorrent [...] unglücklich, und *hier* bin ich glücklich gewesen" (Z. 10f.) zum Ausdruck kommt. Obwohl Waldemar sich mit Stine noch nicht ausgesprochen hat, erscheint ihm dieses Glück zu Ende: „*hier* bin ich glücklich gewesen" (Z. 11).
Wiederholt unterbricht er seinen Weg, als fiele ihm dieser besonders schwer. Er wendet sich „flußabwärts" (Z. 12) und überschreitet die Spree über die „Moabiterbrücke" (Z. 12), um ans andere Ufer zu gelangen. In der Literatur stellen **Fluss** und **Brücke** wichtige **Motive** dar. Der Fluss fungiert oft als Grenze zwischen unterschiedlichen Welten und seine Überquerung bedeutet eine endgültige Entscheidung. Im *Nibelungenlied* ist die Überquerung der Donau ein Hinweis auf eine Fahrt ohne Rückkehr. In der antiken Mythologie bedeutet der Fluss die Grenze zwischen der lebendigen Welt und dem Toten- oder Schattenreich. Von daher erklärt sich auch Waldemars Faszination aufgrund der tanzenden „Lichter[n] und Schatten" (Z. 7f.) auf der Tischplatte im Gartenlokal. Sie stellen eine **Allusion** auf sein Leben dar. Er befindet sich in einer Brückensituation, in der Leben und Tod in gleicher Weise möglich erscheinen, – noch fehlt ja Stines Entscheidung.

Der Dialogteil beginnt mit einem spannungstragenden **Gegensatz:** „[g]lücklich" steht gegen „Sorge" (Z. 17f.). Stines beharrendes Fragen, nur kurz von einer Erklärung und einem **Zitat** unterbrochen (vgl. Z. 23–25), und Waldemars ausweichende, abschwächende Antworten bestimmen den Abschnitt. Der Wortlaut von Stines wiederholender **Frage** „Aber nun sage, was ist?" wird von Waldemar aufgegriffen: „Was ist?" (Z. 25f.). Es ist, als fehlten ihm die Worte, er antwortet in **Ellipsen**, die sich **euphemistisch steigern:** „Eine Kleinigkeit. Eigentlich nichts." (Z. 26) Dann folgen unverbindliche Aussagen, die Stine, die sich nicht mehr länger hinhalten lassen will, unterbricht. Sie erkennt den Sachverhalt und fordert Waldemar zum Reden auf (vgl. Z. 29). Damit endet die erste Gesprächsphase. Von Beginn an ist die Situation belastet. Beide Partner stehen unter **Spannung**, beide sind von dunklen Ahnungen erfüllt.

Waldemar will sich äußern, findet nicht die rechten Worte, um sein und des Onkels Verhalten Stine schonend zu unterbreiten, und diese vermutet, dass sein verfrühtes Erscheinen einen schlimmen Anlass haben könnte.
Waldemar fasst sich ein Herz und beginnt zu sprechen. Doch bereits nach wenigen Sätzen kommt er ins Stocken, setzt neu an und teilt Stine mit, dass er dem Onkel seine Liebe zu ihr und seine Heiratsabsicht gestanden habe. Dann aber, nach einem Moment des Aufatmens, als hätte ihn die Aussage Überwindung gekostet, wiederholt er sich nach einem sich selbst bestärkenden „Ja“ (Z. 33), und seine Wünsche und Bitten an den Onkel brechen gleichsam in einem Atemzug aus ihm heraus.
Jetzt folgen in schnellem **Wechsel Rede und Gegenrede**. In Stines fragendem „Und?“ (Z. 37) gipfelt die angesammelte Spannung. Es stellt einen **dramatischen Höhe- und Wendepunkt** dar, dem sogleich, indem Waldemar das Wort aufnimmt und von des Onkels Ablehnung berichtet, alle Spannung entzogen wird. Was bleibt, ist Stines klagender Ausruf über das verlorene Glück (vgl. Z. 39). Waldemars deplatzierter Einwurf (vgl. Z. 40) wird überhört und die Klage wiederholt.
Mit dieser **Wiederholung** beginnt Stine eine längere Replik, in der sie sich mit der neuen Situation auseinandersetzt. Zunächst wirft sie sich in einer **Selbstanrede** ihre Schuld vor: „Und ich Ärmste bin schuld daran.“ (vgl. Z. 41 f.) Nun stürzen wie ein Sündenbekenntnis Erklärungen aus ihr heraus, wobei die zahlreichen satzeinleitenden **Konjunktionen** („Und“) nicht nur Pausen reduzieren und Aussagen beschleunigen, sondern auch durch ihre **Anaphorik** den Rhythmus einer **Selbstgeißelung**, etwa eines sich permanent auf die Brust schlagenden „mea culpa“ anzunehmen scheinen. Stine wirft sich unter Verwendung eines **Selbstzitats** (vgl. Z. 44) vor, dass sie über dem Glück des Augenblicks die Realitäten und damit das Wissen über die zeitliche Begrenztheit ihrer Freude aus ihrem Bewusstsein verdrängt habe. Ihr Schmerz treibt sie schließlich auch in einen Vorwurf gegen Waldemar: „und unser Glück ist hin, [...] bloß weil du wolltest, daß es dauern solle“ (Z. 46 f.).
Innerlich zunehmend aufgewühlter lässt sie Waldemar, der etwas entgegnen möchte, nicht zu Wort kommen. Sie verwirft seinen Amerikaplan als Illusion, als Flucht, die sie nicht akzeptieren kann, weil sie das eigentliche Problem nicht löst, sondern nur eine „Zeitlang“ (Z. 50) kaschiert. Sie steigert die Eindringlichkeit ihrer Rede durch **Wiederholungen** einfacher Wörter (Formen von „gehen“, vgl. Z. 50 f.; auffällig auch das Verneinungswort „nicht“: viermal in zwei Zeilen, vgl. Z. 50, 52) und **Beschwörungsformeln:** „Aber glaube mir“ (Z. 50), „Glaube nicht“ (Z. 52), „Sieh“ (Z. 52), „Ja, Waldemar, so ist es“ (Z. 55). Vielfach leitet sie ihre Erklärungen mit der einschränkenden **Konjunktion** „aber“ ein (Z. 50, 51, 54, 58).

Stine kann Waldemars Heiratsabsicht nicht unterstützen. Zu groß ist der soziale „Unterschied“ (Z. 52). Eine Eheschließung würde sie beide zu stark belasten und verändern. Als „Gräfin Haldern“ käme sie sich „albern und kindisch“ (Z. 54 f.) vor. Als Nichtadelige müsste sie eine Rolle „spielen“ (Z. 55) und würde sich selbst damit untreu werden. Für Waldemar wäre sie nur eine Last. Deshalb gebe es nur einen **Ausweg: die Trennung**. Sie wiederholt die Tatsache, auch um diese sich selbst noch einmal ermutigend vor Augen zu halten: „vorbei, vorbei“ (Z. 60). Mit einer **Metapher** lehnt sie Waldemars Absicht, sie auch gegen den Widerstand seiner Familie zur Frau zu nehmen, ab (vgl. Z. 61 f.). Sie fordert ihn auf, sie zu vergessen, um „frei“ (Z. 62) zu sein. Und im angefügten „gerade du“ (Z. 62) artikuliert sich noch einmal ihre verzweifelte Liebe.

Die **gesellschaftskritische Stoßrichtung** der Romane Fontanes ist zwar subtil, doch darum nicht weniger nachdrücklich. An der scheiternden Liebesbeziehung zwischen Stine und Waldemar führt er die Unbarmherzigkeit und Scheinmoral der überkommenen gesellschaftlichen Ordnung vor. Äußere Rollenzwänge und Konventionen verhindern das individuelle Glück, wie auch in *Irrungen, Wirrungen*. Waldemars Aufbegehren bleibt erfolglos und es ist anzunehmen, dass auch seine Verzweiflungstat, seine Selbsttötung, die Einstellung seiner Familie diesbezüglich nicht verändern bewirken wird.

Teil B

Aufgabe:

Vergleichen Sie das Glücksmotiv mit dem in Theodor Fontanes Roman *Irrungen, Wirrungen*.

Tipps und Hinweise

Im zweiten Teilauftrag soll das zentrale Glücksmotiv mit dem in „Irrungen, Wirrungen" verglichen werden. Beginnen Sie den Motivvergleich mit Erläuterungen zur unterschiedlichen Bestimmung von Glück und zu den in den Texten zum Ausdruck kommenden zerstörerischen Kräften. Zeigen Sie dann in weiteren Arbeitsschritten die Reaktionen der Figuren und die Folgen ihres Verhaltens auf. Bleiben Sie bei Ihrem Vergleich nicht zu vage, sondern greifen Sie auf Ihre Lektürekenntnisse zurück und führen Sie konkrete Einzelheiten der Handlung an.

Lösungsvorschlag in Grundzügen

„Glück, Glück. Wer will sagen, was du bist und wo du bist!" (Z. 9f.) Waldemars Fragen zeigen die Schwierigkeiten bei der Bestimmung von Glück. So hat er sich vor Capri – für viele Menschen geradezu ein Topos für erträumte Sehnsüchte und Glücksvorstellungen – „elend und unglücklich" (Z. 11) gefühlt, während er bei Stine und ihrer einfachen Welt tiefes Glück erleben konnte. An Waldemars Erfahrungen kann man erkennen, dass **Glücksempfindungen individueller Natur** sind. Sie hängen von den jeweiligen Bedürfnissen und Wünschen der Menschen ab. So gibt es **keine verbindliche Definition von Glück**. Allgemein lässt sich lediglich sagen, dass Glück mit subjektiven Empfindungen wie Zufriedenheit, Freude und Wohlbefinden zu tun hat.

Zu Problemen kommt es, wenn sich dem Einzelnen bei der Suche nach Zufriedenheit und einem sinnvollen Leben behindernde Kräfte in den Weg stellen. Diese können aus unterschiedlichen Bereichen stammen: aus der Politik, der Gesellschaft, der Wirtschaft, der Religion, selbst aus der Natur und dem eigenen Charakter. In Fontanes *Stine* und *Irrungen, Wirrungen* prägen soziale **Klassenunterschiede** die hierarchisch strukturierte Gesellschaft des Kaiserreichs. Enges Klassendenken begrenzt individuelle Möglichkeiten und führt dort, wo der Mensch sein Glück gegen die gesellschaftlichen Normen durchsetzen möchte, zu Leid und tragischen Konflikten.

In beiden Romanen verbindet die Liebe Menschen aus der Welt des Adels und der des vierten Standes miteinander. In *Stine* sind es Graf Waldemar von Haldern und die Näherin Stine Rehbein, in *Irrungen, Wirrungen* Baron Botho von Rienäcker und die Büglerin Lene Nimptsch. Alle Figuren wissen von der Problematik ihrer Beziehungen. Sie gehen aber unterschiedlich mit den Verhältnissen um.

Waldemar will sein Glück nicht auf wenige Abendstunden bei Stine beschränkt sehen. Offenbar widerspricht die Abhängigkeit des Glücks von einer befristeten Zeit seinen Vorstellungen. Wie er sich vom Vertrauten „nicht losreißen" (Z. 8) kann, scheint er es nicht zu ertragen, dass auch das Schöne der Vergänglichkeit unterliegt. Glück bedeutet für ihn ein **dauerhaftes** positives Gefühl, wie es sich im langen Zusammenleben mit einem geliebten Menschen einstellt. Deshalb will er Stine heiraten. Den voraussehbaren Schwierigkeiten mit seiner adeligen Familie und der Gesellschaft möchte er durch die Auswanderung nach Amerika entgehen.

Alle anderen Figuren sind sich der **Endlichkeit ihres Glücks** zwar bewusst, reagieren aber unterschiedlich.
Stine weiß, dass ihr Glück „nicht ewig dauern“ (Z. 45) kann, sie begreift es als **befristetes Geschenk**, als zeitlich begrenztes Zusammensein mit einem geliebten Menschen. Deshalb ist ihr Grundsatz: „freue dich, solange du dich freuen kannst“ (Z. 44). Sie fragt nicht nach dem, was kommen mag (vgl. Z. 43), denn die glücklichen Stunden mit Waldemar sind ihr Erfüllung genug. Indem sie sich diese nicht durch Zukunftssorgen belasten lässt, sondern in ihnen vollkommen aufgeht, fühlt sie, dass dieses Sich-Begnügen ihr allen Reichtum schenkt und dass sie **im glücklichen Augenblick Zeitloses** erfährt: „Sieh, es war mein Stolz, ein so gutes Herz wie das deine lieben zu dürfen, und daß es mich wieder liebte, das war meines Lebens höchstes Glück.“ (Z. 52–54)

Ähnlich äußert sich **Lene** zu ihrer Nachbarin, Frau Dörr: „Wenn ich einen liebe, dann liebe ich ihn. Und das ist mir genug. Und will weiter gar nichts von ihm, nichts, gar nichts [...]“ (3. Kapitel). Und im Dörr'schen Garten sagt Lene zu Botho: „Glaube mir, dass ich dich habe, diese Stunde habe, das ist mein Glück. Was daraus wird, das kümmert mich nicht.“ (5. Kapitel)

Im Gegensatz zu Waldemar, der sich ein dauerhaftes Glück erträumt, ist **Stine Realistin**. Sie begreift, dass gerade im Akzeptieren des Flüchtigen sich das Bleibende verwirklichen kann, dass sich Glück nicht erzwingen und festhalten lässt. Und so wirft sie dem Geliebten vor: „[U]nser Glück ist hin, viel, viel schneller als nötig, bloß weil du wolltest, daß es dauern solle.“ (Z. 46 f.) Ebenso ist Amerika für sie kein Land der Verheißung; sie glaubt in Waldemars Absichten realitätsferne Träumerei zu erkennen: „Aber glaube mir, *es geht auch drüben nicht*.“ (Z. 50) Bereits nach kurzer Zeit würden sie von den Verhältnissen eingeholt und vom Glück verlassen werden.

Botho liebt Lene. Wie sie weiß auch er um die zeitliche Begrenztheit ihrer Beziehung, über der stets die dunkle Frage steht, „wie lange das Glück noch dauern werde“ (11. Kapitel). Lene hat seine Abhängigkeit und Schwäche schon früh erkannt: „Du liebst mich und bist schwach. Daran ist nichts zu ändern. Alle schönen Männer sind schwach, und der Stärkere beherrscht sie ... Und der Stärkere ... ja, wer ist der Stärkere? Nun entweder ist's deine Mutter oder das Gerede der Menschen, oder die Verhältnisse.“ (5. Kapitel) Botho besitzt weder Kraft noch Mut, gegen die Normen der Gesellschaft zu leben. Diese sind bei Eheschließungen besonders bestimmend. Wichtigste Voraussetzung ist eine standesgemäße Braut. Deren finanzielle Mitgift stellt einen ebenfalls wesentlichen Aspekt dar. In jedem Fall bedarf die Wahl der Ehefrau der elterlichen Zustimmung. Eigenschaften und Aussehen spielen dagegen eine nachgeordnete Rolle. Bothos Onkel und seine Mutter drängen ihn zu einer **standesgemäßen Heirat**. Die vorgesehene adelige Braut verfügt über genügend finanzielle Mittel, um Bothos Situation zu sanieren. So fragt er sich, was ihn daran hindere, diesen Schritt zu tun, den man von ihm erwartet. „Will ich Lene heiraten? Nein. Hab ich's ihr versprochen? Nein. Erwartet sie's? Nein. [...] Und nun frag ich mich, war mein Leben in der ‚Ordnung‘? Nein. Ordnung ist Ehe.“ (14. Kapitel) Einen „Mittelkurs“, also „Ehe ohne Ehe“ (23. Kapitel), wie ihn ein Bekannter, Bogislav von Rexin, praktizieren möchte, lehnt Botho ab. Er scheut mögliche Konflikte und glaubt, dass die Kraft des Herzens der Macht der Gesellschaft nicht gewachsen sei.

Die **Entscheidungen und Folgen** sind unterschiedlich. Botho kehrt in seine Ordnung zurück. Auch wenn die Erinnerung an Lene zuweilen schmerzt, geht das Leben doch weiter. Er heiratet seine reiche, schöne, aber oberflächliche und „dalbrige“ Kusine Käthe, die ihn von allen Geldsorgen befreit. Obwohl ihn ihre übertriebene gute Laune, ihre Vorliebe für Vergnügungen und schöne Kleider befremden, versucht er sich zu arrangieren. Doch sein großes Glück hat er verloren und mit ihm eine Welt von „Einfachheit, Wahrheit, Natürlichkeit“ (14. Kapitel), um das zu empfangen, was ihn einst angewidert hat, das „Unwahre, Geschraubte, Zurechtgemachte“ (14. Kapitel). **Resignierend** bleibt ihm die Erinnerung.

Auch **Waldemar** scheint schwach, doch ist er sich dieser Schwäche bewusst. Die Absicht, nach Amerika zu fahren (wo es nach Meinung von Gideon Franke in *Irrungen, Wirrungen* „viele Glückswege" gibt), muss deshalb nicht eine verstiegene Träumerei sein, sondern kann auch als der Versuch betrachtet werden, dem Glück eine Chance zu geben. Erst nachdem ihm Stine eine Absage erteilt hat, ändert er seinen Weg, nicht aber seine Haltung, deren Konsequenz der **Selbstmord** ist.

Stine begründet ihre Weigerung, Waldemar zu heiraten, mit dem sozialen „Unterschied" (Z. 52), der sie beide trennt. Als „Gräfin Haldern" käme sie sich „albern und kindisch" (Z. 54 f.) vor, denn sie müsste eine Rolle „spielen" (Z. 55), in der sie sich selbst fremd werden würde.

Stine und Lene durchleben das Scheitern ihrer Beziehungen intensiver und leidvoller als Waldemar und Botho. Ihre ganze Kraft ist gefordert. Im ersten Augenblick beklagt Stine, dass „alles falsch" (Z. 46) gewesen und sie „schuld" (Z. 42) sei, weil sie es „habe gehen lassen" (Z. 42). Erst nach ihrem Affektausbruch findet sie zur inneren Größe, die **Entsagung** bedeutet: „Vergiß mich; […] ich mag keine Kette für dich sein […]" (Z. 60 f.). Der Erzähler deutet wiederholt die unterschiedlichen Positionen Waldemars und Stines an, so wenn er Stine zu Waldemar hinunterschauen und ihn zu ihr hinaufsteigen lässt. In der *menschlichen Hierarchie* kommt *ihr* der Adel des Herzens zu.

Als Botho sich von **Lene** verabschiedet und es ihn quält, dass er ihr Unrecht getan habe, spricht sie ihn frei. Sie betont, dass es ihr Entschluss gewesen sei, ihr Schicksal; und wenn man von Schuld sprechen könne, so sei es ihre **Schuld**, über die, so fügt sie hinzu, sie sich freue, weil sie ihr Glück war. Und sie tröstet ihn, dass sich später alles schon wieder zurecht rücke, auch wenn man ohne Glück leben müsse. Die hier zum Ausdruck kommende Stärke besitzt sie nicht immer. Als sie nach der Trennung zufällig Botho mit Käthe scherzend auf der Straße sieht, erleidet sie einen Schwächeanfall. Sie zieht mit Frau Nimptsch in eine andere Gegend, weil sie ein neues Zusammentreffen mit Botho nicht ertragen könnte. Jahre später heiratet sie einen redlichen Bürger.

Fontanes Helden ist nur selten ein großes Liebesglück beschieden: In seinen Romanen zeigt er, wie die Figuren sich den Konventionen fügen, wie das individuelle Verhalten von äußeren Erwartungen determiniert wird. Anders als in der Trivialliteratur, die meistens alles auf ein Happy End hinauslaufen lässt, gelingt es Fontane, ein realistisches Bild der Gesellschaft zu zeichnen.

Fach und Hauptfach Deutsch (Mecklenburg-Vorpommern)
Übungsaufgabe 8: Erörterndes Erschließen literarischer Texte – Epik

Teil A

Theodor Fontane (1819–1898): Irrungen, Wirrungen (15. Kapitel)

Botho wollte sofort zu Lene hinaus, und als er fühlte, daß er dazu keine Kraft habe, wollt' er wenigstens schreiben. Aber auch das ging nicht. „Ich kann es nicht, heute nicht." Und so ließ er den Tag vergehen und wartete bis zum andern Morgen. Da schrieb er denn in aller Kürze.

„Liebe Lene. Nun kommt es doch so, wie Du mir vorgestern gesagt: Abschied. Und Abschied auf immer. Ich hatte Briefe von Haus, die mich zwingen; es muß sein, und weil es sein muß, so sei es schnell … Ach, ich wollte, diese Tage lägen hinter uns. Ich sage Dir weiter nichts, auch nicht wie mir ums Herz ist … Es war eine kurze schöne Zeit und ich werde nichts davon vergessen. Gegen neun bin ich bei Dir, nicht früher, denn es darf nicht lange dauern. Auf Wiedersehen, nur noch einmal auf Wiedersehen. Dein B. v. R."

Und nun kam er. Lene stand am Gitter und empfing ihn wie sonst; nicht der kleinste Zug von Vorwurf oder auch nur von schmerzlicher Entsagung lag in ihrem Gesicht. Sie nahm seinen Arm, und so gingen sie den Vorgartensteig hinauf.

„Es ist recht, daß du kommst … Ich freue mich, daß du da bist. Und du mußt dich auch freuen."

Unter diesen Worten hatten sie das Haus erreicht und Botho machte Miene, wie gewöhnlich vom Flur her in das große Vorderzimmer einzutreten. Aber Lene zog ihn weiter fort und sagte: „Nein, Frau Dörr ist drin …"

„Und ist uns noch bös?"

„Das nicht. Ich habe sie beruhigt. Aber was sollen wir heut mit ihr? Komm, es ist ein so schöner Abend, und wir wollen allein sein."

Er war einverstanden, und so gingen sie denn den Flur hinunter und über den Hof auf den Garten zu. Sultan regte sich nicht und blinzelte nur beiden nach, als sie den großen Mittelsteig hinauf und dann auf die zwischen den Himbeerbüschen stehende Bank zuschritten.

Als sie hier ankamen, setzten sie sich. Es war still, nur vom Felde her hörte man ein Gezirp und der Mond stand über ihnen.

Sie lehnte sich an ihn und sagte ruhig und herzlich: „Und das ist nun also das letzte Mal, daß ich deine Hand in meiner halte?"

„Ja, Lene. Kannst du mir verzeihn?"

„Wie du nur immer frägst. Was soll ich dir verzeihn?"

„Daß ich deinem Herzen wehe tue."

„Ja, weh tut es. Das ist wahr."

Und nun schwieg sie wieder und sah hinauf auf die blaß am Himmel heraufziehenden Sterne.

„Woran denkst du, Lene?"

„Wie schön es wäre, dort oben zu sein."

„Sprich nicht so. Du darfst dir das Leben nicht wegwünschen; von solchem Wunsch ist nur noch ein Schritt …"

Sie lächelte. „Nein, das nicht. Ich bin nicht wie das Mädchen, das an den Ziehbrunnen lief und sich hineinstürzte, weil ihr Liebhaber mit einer andern tanzte. Weißt du noch, wie du mir davon erzähltest?"

„Aber was soll es dann? Du bist doch nicht so, daß du so was sagst, bloß um etwas zu sagen."

„Nein, ich hab es auch ernsthaft gemeint. Und wirklich (und sie wies hinauf), ich wäre gerne da. Da hätt' ich Ruh'. Aber ich kann es abwarten … Und nun komm und laß uns ins Feld gehn. Ich habe kein Tuch mit herausgenommen und find es kalt hier im Stillsitzen."

Und so gingen sie denn denselben Feldweg hinauf, der sie damals bis an die vorderste Häuserreihe von Wilmersdorf geführt hatte. Der Turm war deutlich sichtbar unter dem sternenklaren Himmel, und nur über den Wiesengrund zog ein dünner Nebelschleier.

„Weißt du noch", sagte Botho, „wie wir mit Frau Dörr hier gingen?"

Sie nickte. „Deshalb hab ich dir's vorgeschlagen, mich fror gar nicht oder doch kaum. Ach, es war ein so schöner Tag damals und so heiter und glücklich bin ich nie gewesen, nicht vorher und nicht nachher. Noch in diesem Augenblicke lacht mir das Herz, wenn ich daran zurückdenke wie wir gingen und sangen: ‚Denkst du daran.' Ja, Erinnerung ist viel, ist alles. Und die hab ich nun und bleibt mir und kann mir nicht mehr genommen werden. Und ich fühle ordentlich, wie mir dabei leicht zumute wird."

Er umarmte sie. „Du bist so gut."

Lene aber fuhr in ihrem ruhigen Tone fort: „Und daß mir so leicht ums Herz ist, das will ich nicht vorübergehen lassen und will dir alles sagen. Eigentlich ist es das Alte, was ich dir immer schon gesagt habe, noch vorgestern, als wir draußen auf der halb gescheiterten Partie waren und dann nachher, als wir uns trennten. Ich hab es so kommen sehen, von Anfang an, und es geschieht nur, was muß. Wenn man schön geträumt hat, so muß man Gott dafür danken und darf nicht klagen, daß der Traum aufhört und die Wirklichkeit wieder anfängt. Jetzt ist es schwer, aber es vergißt sich alles oder gewinnt wieder ein freundliches Gesicht. Und eines Tages bist du wieder glücklich und vielleicht ich auch."

„Glaubst du's? Und wenn nicht? Was dann?"

„Dann lebt man ohne Glück."

„Ach, Lene, du sagst das so hin, als ob Glück nichts wäre. Aber es ist was und das quält mich eben und ist mir doch, als ob ich dir ein Unrecht getan hätte."

„Davon sprech ich dich frei. Du hast mir kein Unrecht getan, hast mich nicht auf Irrwege geführt und hast mir nichts versprochen. Alles war mein freier Entschluß. Ich habe dich von Herzen liebgehabt, das war mein Schicksal, und wenn es eine Schuld war, so war es *meine* Schuld. Und noch dazu eine Schuld, deren ich mich, ich muß es dir immer wieder sagen, von ganzer Seele freue, denn sie war mein Glück. Wenn ich nun dafür zahlen muß, so zahle ich gern. Du hast nicht gekränkt, nicht verletzt, nicht beleidigt, oder doch höchstens das, was die Menschen Anstand nennen und gute Sitte. Soll ich mich darum grämen? Nein. Es rückt sich alles wieder zurecht, auch das. Und nun komm und laß uns umkehren. Sieh nur wie die Nebel steigen; ich denke, Frau Dörr ist nun fort und wir treffen die gute Alte allein. Sie weiß von allem und hat den ganzen Tag über immer nur ein und dasselbe gesagt."

„Und was?"

„Daß es so gut sei."

Aus: Theodor Fontane: Irrungen, Wirrungen. Roman. Stuttgart: Reclam 1994, S. 103–106

Aufgabe:

Interpretieren Sie den vorliegenden Textauszug aus Theodor Fontanes Roman *Irrungen, Wirrungen.*

Tipps und Hinweise

Bei der konkret vorliegenden Aufgabenstellung sollten Sie zuerst den Roman „Irrungen, Wirrungen" in Theodor Fontanes literarisches Gesamtwerk einordnen und anschließend den Auszug in den Roman, bevor Sie Fragen der Erzählperspektive, des Verhältnisses von Erzählzeit und erzählter Zeit, der Figurendarstellung sowie der sprachlichen Gestaltung angehen. Arbeiten Sie das kommunikative Verhalten der Figuren und ihre Beziehung heraus. Dabei sollten Sie auch Ihre Lektürekenntnisse einfließen lassen und auf Parallelen zum Romanganzen sowie zur Epoche des poetischen Realismus eingehen. Ihre Deutung muss auch die sprachliche Gestaltung des Textes einbeziehen. Textbelege sind unabdingbar, um Ihre Beobachtungen zu stützen.

Lösungsvorschlag in Grundzügen

Der 1819 im brandenburgischen Neuruppin geborene Theodor Fontane gilt innerhalb der deutschsprachigen Literatur wohl als bedeutendster Romancier des Realismus. Biografisch bemerkenswert ist allerdings, dass er nach jahrelanger Tätigkeit als Journalist, zum Beispiel als Auslandskorrespondent, Kriegsberichterstatter und Theaterkritiker – einer Zeit, während der er etwa in Gestalt von Balladen auch literarische Texte verfasste – sein Romanschaffen erst in fortgeschrittenem Alter, nämlich 1878 mit 59 Jahren begann. Der Roman *Irrungen, Wirrungen* erschien 1887 zunächst als Fortsetzungsroman in der angesehenen *Vossischen Zeitung*, bevor 1888 die Buchausgabe folgte. Die meisten von Fontanes Romanen schildern die preußische Gesellschaft zur Zeit des Kaiserreichs und holen somit als **Gesellschaftsromane** für die deutsche Literatur etwas nach, was Stendhal, Balzac und Flaubert für die französische, Dickens und Thackeray für die englische Literatur geleistet hatten, nämlich anhand des Schicksals einzelner Personen ein in der Regel kritisches Porträt der zeitgenössischen Gesellschaft zu zeichnen.

Dass ein Teil der damaligen Leserschaft gerade auf *Irrungen, Wirrungen* mit moralisch motivierter Empörung reagierte, lag daran, dass dieser Roman nicht innerhalb einer einzigen Gesellschaftsschicht angesiedelt ist, beispielsweise innerhalb des politisch noch dominierenden Adels oder innerhalb der ökonomisch erstarkten Großbourgeoisie. Stattdessen werden hier **Vertreter der Aristokratie** mit solchen aus dem Volk, dem **Kleinbürgertum**, **kontrastiert** und geben dabei in ihrer Schwäche und Oberflächlichkeit ein schlechtes Bild ab, während die lebensklügste und sympathischste Figur des Romans die kleinbürgerliche Lene Nimptsch ist. Kurz zusammengefasst geht es in dem Roman um den Offizier Botho von Rienäcker, der sich in die bürgerliche Lene verliebt, von seiner verarmten Familie und adligen Freunden aber dazu gedrängt wird, die adlige und vermögende Käthe von Sellenthin zu heiraten, und dies schließlich auch tut. Der Roman besteht aus 26 Kapiteln, von denen die ersten 15 die Romanze zwischen Botho und Lene beinhalten, während die Kapitel 16 bis 26 Bothos erste Ehejahre mit Käthe zum Thema haben. Das Geschehen wird nicht streng chronologisch, sondern bisweilen in Rückblenden erzählt. Bothos Zeit mit Lene ist auf den Frühling und Sommer 1875 zu datieren, umfasst etwa fünf Monate, beansprucht auf der Ebene der Erzählzeit jedoch 60 % des Romans, während die übrigen 40 % fast vier Jahre erzählter Zeit umgreifen. Der **Schwerpunkt** des Romans liegt folglich eindeutig auf der **kurzen Zeit der Liebe zwischen Lene und Botho**.

Der vorliegende Auszug umfasst die ersten zwei Drittel des fünfzehnten Kapitels, steht also am Ende des Lene-Botho-Teils. Wie für Theodor Fontanes Romane typisch, ist auch dieser Auszug **von einem Dialog geprägt**. Ansonsten finden wir einen kurzen Brief Bothos an Lene und den bei Fontane üblichen **auktorialen Er-/Sie-Erzähler**. An anderen Stellen des Romans auftretende, kurze personale Erzählperspektiven sind im vorliegenden Auszug nicht enthalten. Dieser zeigt uns einen Botho, der noch unter dem Einfluss des Briefes seiner Mutter steht, in dem diese ihm die aus ihrer Sicht prekäre finanzielle Situation der Familie darlegt und eine rasche Entscheidung Bothos für oder gegen eine Ehe mit der wohlhabenden Käthe anmahnt. **Botho** zeigt sich im 15. Kapitel dem Druck durch seine Mutter, seinen Onkel Osten, seine adligen Kameraden und deren Freundinnen nicht mehr gewachsen; er hat sich zur **Trennung** von der ohnehin unstandesgemäßen Lene und zur Heirat mit Käthe entschlossen. Formulierungen wie „das ging nicht“ und „Ich kann es nicht“ (Z. 2) belegen, dass Botho zu schwach ist, Lene seinen Entschluss von Angesicht zu Angesicht mitzuteilen. Stattdessen benötigt er einen Tag, bis er einen **kurzen Brief an Lene** verfasst, in dem er seinen endgültigen Abschied mit Briefen von zu Hause erklärt und Lene versichert, dass er die Zeit mit ihr unvergesslich schön gefunden habe. Die konkrete Standesproblematik und der finanzielle Aspekt seiner Entscheidung werden nicht angesprochen. Die Auslassungszeichen zwischen den Sätzen sowie die emphatische Wiederholung „Auf Wiedersehen, nur noch einmal auf Wiedersehen“ (Z. 10) verraten die Emotionalität des Briefeschreibers. Die Informationen – Ankündigung des endgültigen Abschieds, Bekräftigung des Bedauerns, Mitteilung des Treffpunkts – sind auf engstem Raum zusammengedrängt: Botho will offenbar mehr schreiben, vermag es aber nicht.

Im folgenden **Gespräch mit Lene** manifestiert sich Bothos **schlechtes Gewissen** in seiner Frage, ob sie ihm verzeihen könne (vgl. Z. 30), und in seinem deutlich geringeren Sprechanteil, was vor allem ab Zeile 40 auffällt. Während Botho infolge seiner Schuldgefühle sich also **kleinlaut** gibt, weiß Lene auch in dieser Situation ihre Worte zu setzen. Sie bekennt zwar, dass die Trennung ihr wehtue, versucht aber, Botho die Gewissensbisse zu nehmen, indem sie ihm keine Vorwürfe macht und stattdessen an die schöne gemeinsame Vergangenheit erinnert, die Erinnerung sogar als wichtiger als das unmittelbare Erleben hinstellt: „Ja, Erinnerung ist viel, ist alles. Und die hab ich nun und bleibt mir und kann mir nicht mehr genommen werden“ (Z. 56 ff.). Hier wie auch am Schluss ihres Gesprächs, als sie sagt: „Du hast nicht gekränkt, nicht verletzt, nicht beleidigt, oder doch höchstens das, was die Menschen Anstand nennen und gute Sitte“ (Z. 77 f.), zeigt sich Lene, die junge Frau aus dem Volk, rhetorisch durch den Gebrauch einer Correctio und einer Klimax wesentlich gewandter als Botho. Zugleich zeigt sie sich auch **hellsichtig hinsichtlich der gesellschaftlichen Zwänge**, denen ihre Beziehung unterliegt, wenn sie auch die vom Adel errichteten Standesschranken beschönigend als „Anstand“ und „Sitte“ bezeichnet. Doch **Fatalismus und Entsagung** sprechen ebenfalls aus Lenes Worten, wenn sie formuliert: „Ich hab es so kommen sehen, von Anfang an, und es geschieht nur, was muß“ (Z. 63 f.), „Dann lebt man ohne Glück“ (Z. 69) und „Es rückt sich alles wieder zurecht, auch das“ (Z. 79). Ihre Aussage, dass man auch ohne Glück leben könne, stellt im Übrigen innerhalb des Romans eine Vorausdeutung vor allem auf Bothos spätere Ehe mit Käthe dar. Lenes Versicherung, sie sei „nicht wie das Mädchen, das an den Ziehbrunnen lief und sich hineinstürzte, weil ihr Liebhaber mit einer andern tanzte“ (Z. 40 f.), dokumentiert, da sie eine Anspielung auf Friedrich Hebbels bürgerliches Trauerspiel *Maria Magdalena* ist, von dem Botho ihr einst erzählt hat, Lenes Fähigkeit, einen substanziellen Bezug zwischen der Literatur und sich selbst herzustellen. Botho hingegen, dem die Rechtschreibfehler in Lenes Briefen auffielen, steht eher für eine formale, aber doch äußerlich bleibende Bildung. Auch wenn sie sich nach der Ruhe sehnt, die der Tod bringt, ist sie doch viel zu pragmatisch und lebenstüchtig, um sich selbst aus Liebeskummer zu töten (vgl. Z. 37 ff.). Lene erweist sich als die psychisch Stärkere, die die Fassung bewahrt und entschlossen ist, auch diesen letzten Moment des gemeinsamen Glücks zu genießen (vgl. Z. 14 f.). Sie ist es auch, die die Ortswechsel während dieses Beisammenseins bestimmt, die Botho erst in den Garten, dann aufs Feld und schließlich zurück ins Haus zu Frau Nimptsch führt. Überhaupt erweist sich Lene auch in diesem Auszug als aufrichtige und für die damalige Zeit sehr selbstbestimmte Frau, wenn sie Botho von aller Schuld freispricht: „Alles war mein freier Entschluß.“ (Z. 73)

In den **Nichtdialogpassagen**, wo also der auktoriale Erzähler das Wort hat, zeigt sich der Text erstaunlich **sentimental**, fast mit romantischen Anklängen in der Wortwahl. Als Belege seien beispielsweise folgende Wörter und Formulierungen genannt: „Gezirp“ (Z. 26f.), „der Mond stand über ihnen“ (Z. 27), „dem sternenklaren Himmel“ (Z. 50f.), „Wiesengrund“ (Z. 51) sowie „dünner Nebelschleier“ (Z. 51). Ein Grund für diese **Gefühlsbetontheit** könnte in den Bedingungen zur Publikation in einer Tageszeitung zu finden sein; vermutlich traf dieser Stil den damaligen Publikumsgeschmack.

Zudem erscheint in dem Textauszug wie auch im ganzen Roman die **Natur** als Rückzugs- und **Zufluchtsraum** für das unstandesgemäße Liebespaar. Botho und Lene wagen es nicht, sich innerhalb der Gesellschaft zu treffen, sondern suchen für ihre Liebe Zufluchtsorte außerhalb der Stadt: in der Gärtnerei der Frau Dörr, auf Wegen durchs freie Feld oder in Hankels Anlage, dem Ausflugslokal im Grünen. Auch ihr letztes intimes Gespräch findet in der als romantisch und idyllisch geschilderten Natur statt. „Und nun komm und laß uns umkehren“ (Z. 79f.), fordert Lene Botho auf. Die Rückkehr zu Mutter Nimptsch bedeutet gleichsam eine Rückkehr in die Zivilisation und in die allgemein anerkannte Ordnung mit ihren gesellschaftlichen Schranken. Beide wussten stets um die Unmöglichkeit und Endlichkeit ihrer Liebesbeziehung, nun fügen sie sich klaglos den Konventionen. Und auch die „gute Alte“ (Z. 81) befindet, dass die Ordnung wiederhergestellt, „[d]aß es so gut sei.“ (Z. 84)

Lene wie auch Botho heiraten innerhalb ihres Standes, richtig glücklich werden sie allerdings nicht mehr. Fontane kam es vermutlich entsprechend seinem künstlerischen Anspruch, wonach ein Roman der Spiegel seiner Zeit sein müsse, darauf an, die **gesellschaftliche Regel zu zeigen**. Hätte er Botho sich unkonventionell verhalten und Lene heiraten lassen, hätte er einen Roman mit Happy End, aus heutiger Sicht jedenfalls, geschaffen. Doch er hätte damit auch die Standesschranken als leicht überwindbar dargestellt und dem Roman seinen objektiven gesellschaftskritischen Impetus genommen. Bei konservativen Lesern zu Fontanes Zeit hätte eine Entscheidung Bothos zugunsten der ohnehin provozierend positiv dargestellten Kleinbürgerin Lene Nimptsch wahrscheinlich einen noch größeren Skandal verursacht, als dies tatsächlich schon der Fall war. Die von Fontane gewählte Lösung hingegen lässt, zumindest beim nicht völlig unkritischen Leser, **Raum für** einen gewissen **Zorn** über die Borniertheit der vom Adel geprägten Gesellschaftsordnung, einen Zorn, der, gerade weil diese Borniertheit innerhalb des Romans noch siegreich ist, dann ja in der Wirklichkeit vielleicht sogar in politisches Handeln hätte münden können. Ob dieses jedoch subjektiv von Theodor Fontane gewünscht war, bleibt offen, die objektive Aussage des Romans indes zeigt Fontane als großen realistischen Autor des späten 19. Jahrhunderts, welcher der Gesellschaft des deutschen Kaiserreichs in diesem Roman wie auch in anderen seiner Werke kritisch den Spiegel vorhält.

Teil B

Die Soziologin Eva Illouz äußerte in einem Interview (2004) folgende These:

Ich glaube, in unserer Kultur existieren zwei konkurrierende Liebesmodelle. Das romantische besteht in einer Erfahrung: spontan, plötzlich und überwältigend. Man ist fasziniert von einer Person, in die man verliebt ist. Das andere Modell ist das realistische. Es macht uns sehr misstrauisch gegen diese Romantik, sagt uns, dass es nicht von Dauer ist [...]. Es kreist im Gegenzug darum, den Arbeitsalltag mit all seinen Schwierigkeiten zusammen zu meistern und dem andern die Hand zu halten, wenn er krank ist. Beide Modelle existieren gleichzeitig.

Aus: Interview von Susanne Lang mit Eva Illouz, in: die tageszeitung, 26. April 2004, S. 13

Aufgabe:

Geben Sie die These der Soziologin Eva Illouz in eigenen Worten wieder und diskutieren Sie, inwieweit sie auf das Verhältnis von Botho und Lene bzw. Botho und Käthe zutrifft.

Tipps und Hinweise

Auf den ersten Blick scheint die Zuordnung romantische Liebe für Botho – Lene und realistische Liebe für Botho – Käthe zuzutreffen. Doch sollten Sie in Ihrer Erörterung auch aufzeigen, wo und inwieweit die Definition von Eva Illouz nicht für die beiden Beziehungen gilt. Die Aufgabe verlangt von Ihnen, Ihr Lektürewissen einzubringen und entscheidende Elemente der Handlung in Ihre Argumentation einzubeziehen. Hüten Sie sich allerdings davor, in eine reine Nacherzählung zu verfallen!

Lösungsvorschlag in Grundzügen

Die Soziologin **Eva Illouz** unterschied in einem Interview von 2004 zwei alternative Formen der Mann-Frau-Beziehung so scharf, dass ihre Unterscheidung sich fast wie eine gesicherte Definition anhört. Ihr zufolge gibt es zwei „konkurrierende", also sich miteinander messende „Liebesmodelle" (Z. 1). Das eine nennt sie das „romantische", das andere das „realistische" Liebesmodell. Kennzeichen des romantischen Liebesmodells ist für Eva Illouz die Dominanz des spontan aufwallenden, überwältigenden Gefühls der Verliebtheit, das sich wieder legt, während das realistische Liebesmodell auf dauerhafte gemeinsame Bewältigung des Alltags und auf Solidarität angelegt sei.

Auf den ersten Blick scheint das **romantische Liebesmodell** auf das Verhältnis von Lene und Botho zuzutreffen, denn ihre Liebe ergibt sich spontan und wird von beiden als überwältigendes Glücksgefühl erlebt. Und ihre Beziehung ist nicht von Dauer, allerdings nicht weil die Gefühle der Liebenden erkalten, sondern weil die sozialen Umstände ihre Verbindung nicht zulassen. Mit der Liebesgeschichte von Botho von Rienäcker und Lene Nimptsch zieht Fontane eine imaginäre Verbindungslinie vom Adel bis hinunter zum Kleinbürgertum. Botho, Offizier und Spross aus bestem Hause, ist seinem Stand ebenso verpflichtet wie seine spätere Frau Käthe von Sellenthin. Aber auch die einfache Plätterin Lene ist moralisch und ökonomisch fest in ihrem sozialen Umfeld verankert. Die **Liebe zwischen Botho und Lene** bleibt eine **Episode**. Botho tut, was er seiner Familie schuldig ist. Auf ihm lastet die Verantwortung dafür, dass das verschuldete Rienäcker'sche Gut nicht aufgegeben werden muss, und so trennt er sich nach schwerer innerer Entscheidung von Lene und geht die **Vernunftehe** mit der vermögenden **Käthe** ein, die ihm seit Langem so gut wie verlobt ist.

Fontane spielt in seiner Welt der fest gefügten Standesschranken die **romantische Liebe** gleichsam **als Experiment** durch. Er überprüft ihre Substanz und Überlebenschance. Eine Zeit lang gelingt es Botho und Lene, ihrem Gefühl zu folgen und sich von gesellschaftlichen Rücksichten und Banden (fast) völlig frei und unabhängig zu machen. Botho tendiert zum Bürgertum und seinen Werten. Er verabscheut das höfische Parkett und alle Ziererei und inhaltsleere Konversation. Es zieht ihn zu Lenes Einfachheit und Natürlichkeit hin und zu ihrem frischen, aufrichtigen, offenen und herzlichen Wesen. Er sitzt gern in ihrem bescheidenen Zuhause, nimmt Anteil und geht verständnisvoll auf das Geplauder der alten Dörr und die Sorgen der alten Frau Nimptsch ein, für die Lene die Verantwortung trägt.

Botho ist glücklich mit Lene. Einen Augenblick lang neigt er dazu, dem eigenen (romantischen) Gefühl die Herrschaft über sein Handeln einzuräumen und sich ein **Recht auf Glück** zuzusprechen. Er argumentiert: „Das Gefühl ist souverän, und die Tatsache, dass man liebt, ist auch das Recht dazu.“ Aber weder er noch Lene sind so kühn und revolutionär. Sie haben die Standesschranken nicht zerbrochen, sondern nur übersprungen.

Botho und Lene wissen von Anfang an, dass ihre Liebe nicht von Dauer sein kann. Sie sind zu ungleich, was **Herkommen** und soziale Prägung angeht. Sie könnten keine partnerschaftliche, sinnlich-geistige und alltagstaugliche Gemeinschaft bilden. Ausschlaggebend werden **ökonomische Gesichtspunkte** und **Familienrücksichten**. Botho fügt sich also den Erwartungen an ihn, heiratet standesgemäß, saniert dadurch den Besitz, setzt am Ende das Prinzip der **Ordnung** über das des individuellen Glücks und zieht – wenn auch trauernd und schweren Herzens – **soziale Integration** der Liebe vor. Er heiratet die entzückende Nervensäge Käthe und resümiert: Wer dem Herkommen gehorcht, der kann zugrunde gehen, „aber er geht besser zugrunde als der, der ihm widerspricht“. Fontane und sein Held kennen die Macht der Gesellschaft und das vom Scheitern bedrohte romantische Liebes- und Lebensmodell. Botho und Lene setzen nun jeder für sich ein Leben ohne Glück fort. Lene verbindet sich dem ehrlichen und eigentlich langweiligen Konvertikler Gideon Franke. Botho und Käthe sind ein Paar *comme il faut;* sie können sich sehen lassen und besitzen genügend gute Kinderstube, Takt, Stil und Loyalität, um ihre innerlich unerfüllte Ehe der Form nach aufrechterhalten zu können.

Das von Eva Illouz angeführte **realistische Modell** scheint dem nahe zu kommen, was man **Vernunftehe** nennt und was – wie Onkel Osten und Mutter Rienäcker in Fontanes Roman – Eltern durch die Generationen hindurch für ihre Kinder arrangiert haben. Aber die Soziologin plädiert nicht dafür, wie im Falle der Rienäckers Herkommen, Stand, Bildung und Vermögen zu Grundpfeilern einer Ehe zu machen. Sie plädiert überhaupt nicht, sondern zieht das Fazit aus ihren Beobachtungen. Ohne dass der Begriff fiele, läuft ihr zweites Modell doch auf das hinaus, was man heute eine **Partnerschaft** zwischen Mann und Frau nennt. Voraussetzung ist in der Regel, dass Mann und Frau berufstätig sind, also – anders als Botho und Käthe – einen *Arbeitsalltag* haben und es gemeinsam schaffen, ihn zu strukturieren und zu bewältigen und Rücksicht aufeinander zu nehmen. Mehr als die flüchtigen Momente des berühmten „ozeanischen Gefühls“ scheinen realistische Menschen es zu schätzen, dass sie sich aufeinander verlassen können und einander beistehen.

Fach und Hauptfach Deutsch (Mecklenburg-Vorpommern)
Übungsaufgabe 9: Untersuchendes Erschließen literarischer Texte – Drama

Teil A
Max Frisch (1911–1991): **Andorra**. Stück in zwölf Bildern (1961)

Vordergrund

Der Soldat, jetzt in Zivil, tritt an die Zeugenschranke.

SOLDAT: Ich gebe zu: Ich habe ihn nicht leiden können. Ich habe ja nicht gewußt, daß er keiner ist, immer hat's geheißen, er sei einer. Übrigens glaub ich noch heut, daß er einer gewesen ist. Ich habe ihn nicht leiden können von Anfang an. Aber ich habe ihn nicht getötet. Ich habe nur meinen Dienst getan. Order ist Order. Wo kämen wir hin, wenn Befehle nicht ausgeführt werden! Ich war Soldat.

7. Bild

Sakristei, der Pater und Andri.

PATER: Andri, wir wollen sprechen miteinander. Deine Pflegemutter wünscht es. Sie macht sich große Sorge um dich … Nimm Platz! – *Andri schweigt.* – Nimm Platz, Andri! – *Andri schweigt.* – Du willst dich nicht setzen? – *Andri schweigt.* – Ich verstehe, du bist zum erstenmal hier. Sozusagen. Ich erinnere mich: Einmal als euer Fußball hereingeflogen ist, sie haben dich geschickt, um ihn hinter dem Altar zu holen. – *Der Pater lacht.* –

ANDRI: Wovon, Hochwürden, sollen wir sprechen?

PATER: Nimm Platz! – *Andri schweigt.* – Also du willst dich nicht setzen. – *Andri schweigt.* – Nun gut.

ANDRI: Stimmt das, Hochwürden, daß ich anders bin als alle?

Pause.

PATER: Andri, ich will dir etwas sagen.

ANDRI: – ich bin vorlaut, ich weiß.

PATER: Ich verstehe deine Not. Aber du sollst wissen, daß wir dich gern haben, Andri, so wie du bist. Hat dein Pflegevater nicht alles getan für dich? Ich höre, er hat Land verkauft, damit du Tischler wirst.

ANDRI: Ich werde aber nicht Tischler.

PATER: Wieso nicht?

ANDRI: Meinesgleichen denkt alleweil nur ans Geld, heißt es, und drum gehöre ich nicht in die Werkstatt, sagt der Tischler, sondern in den Verkauf. Ich werde Verkäufer, Hochwürden.

PATER: Nun gut.

ANDRI: Ich wollte aber Tischler werden.

PATER: Warum setzest du dich nicht?

ANDRI: Hochwürden irren sich, glaube ich. Niemand mag mich. Der Wirt sagt, ich bin vorlaut, und der Tischler findet das auch, glaub ich. Und der Doktor sagt, ich bin ehrgeizig, und meinesgleichen hat kein Gemüt.

PATER: Setz Dich!

ANDRI: Stimmt das, Hochwürden, daß ich kein Gemüt habe?

PATER: Mag sein, du hast etwas Gehetztes.

ANDRI: Und Peider sagt, ich bin feig.

PATER: Wieso feig?

ANDRI: Weil ich Jud bin.

PATER: Was kümmerst du dich um Peider! – *Andri schweigt.*– Andri, ich will dir etwas sagen.

ANDRI: Man soll nicht immer an sich selbst denken, ich weiß. Aber ich kann nicht anders, Hochwürden, es ist so. Immer muß ich denken, ob's wahr ist, was die andern von mir sagen: daß ich nicht bin wie sie, nicht fröhlich, nicht gemütlich, nicht einfach so. Und Hochwürden finden ja auch, ich hab etwas Gehetztes. Ich versteh schon, daß niemand mich mag. Ich mag mich selbst nicht, wenn ich an mich selbst denke. – *Der Pater erhebt sich.* – Kann ich jetzt gehen?

PATER: Jetzt hör mich einmal an!

ANDRI: Was, Hochwürden, will man von mir?

PATER: Warum so mißtrauisch?

ANDRI: Alle legen ihre Hände auf meine Schulter.

PATER: Weißt du, Andri, was du bist? – *Der Pater lacht.* – Du weißt es nicht, drum sag ich es dir. – *Andri starrt ihn an.* – Ein Prachtskerl! In deiner Art. Ein Prachtskerl! Ich habe dich beobachtet, Andri, seit Jahr und Tag –

ANDRI: Beobachtet?

PATER: Freilich.

ANDRI: Warum beobachtet ihr mich alle?

PATER: Du gefällst mir, Andri, mehr als alle andern, ja, grad weil du anders bist als alle. Was schüttelst du den Kopf? Du bist gescheiter als sie. Jawohl! Das gefällt mir an dir, Andri, und ich hin froh, daß du gekommen bist und daß ich es dir einmal sagen kann.

ANDRI: Das ist nicht wahr.

PATER: Was ist nicht wahr?

ANDRI: Ich bin nicht anders. Ich will nicht anders sein. Und wenn er dreimal so kräftig ist wie ich, dieser Peider, ich hau ihn zusammen vor allen Leuten auf dem Platz, das hab ich mir geschworen –

PATER: Meinetwegen.

ANDRI: Das hab ich mir geschworen –

PATER: Ich mag ihn auch nicht.

ANDRI: Ich will mich nicht beliebt machen. Ich werde mich wehren. Ich bin nicht feig – und nicht gescheiter als die andern, Hochwürden, ich will nicht, daß Hochwürden das sagen.

PATER: Hörst du mich jetzt an?

ANDRI: Nein. – *Andri entzieht sich.* – Ich mag nicht immer eure Hände auf meinen Schultern …

Pause.

PATER: – Du machst es einem wirklich nicht leicht. – *Pause.* – Kurz und gut, deine Pflegemutter war hier. Mehr als vier Stunden. Die gute Frau ist ganz unglücklich. Du kommst nicht mehr zu Tisch, sagt sie, und bist verstockt. Sie sagt, du glaubst nicht, daß man dein Bestes will.

ANDRI: Alle wollen mein Bestes!

PATER: Warum lachst du?

ANDRI: Wenn er mein Bestes will, warum, Hochwürden, warum will er mir alles geben, aber nicht seine eigene Tochter?

PATER: Es ist sein väterliches Recht –

ANDRI: Warum aber? Warum? Weil ich Jud bin.

PATER: Schrei nicht! – *Andri schweigt.* – Kannst du nichts andres mehr denken in deinem Kopf? Ich habe dir gesagt, Andri, als Christ, daß ich dich liebe – aber eine Unart, das muß ich leider schon sagen, habt ihr alle: Was immer euch widerfährt in diesem Leben, alles und jedes bezieht ihr nur darauf, daß ihr Jud seid. Ihr macht es einem wirklich nicht leicht mit eurer Überempfindlichkeit. – *Andri schweigt und wendet sich ab.* – Du weinst ja. – *Andri schluchzt, Zusammenbruch.* – Was ist geschehen? Antworte mir. Was ist denn los? Ich frage dich, was geschehen ist. Andri! So rede doch. Andri? Du schlotterst ja. Was ist mit Barblin? Du hast ja den Verstand verloren. Wie soll ich helfen, wenn du nicht redest? So nimm dich doch zusammen. Andri! Hörst du? Andri, du bist doch ein Mann. Du! Also ich weiß nicht.

ANDRI: – meine Barblin. – *Andri läßt die Hände von seinem Gesicht fallen und starrt vor sich hin.* – Sie kann mich nicht lieben, niemand kann's, ich selbst kann mich nicht lieben … – *Eintritt ein Kirchendiener mit einem Meßgewand.* – Kann ich jetzt gehn? *Der Kirchendiener knöpft den Pater auf.*

PATER: – Du kannst trotzdem bleiben. – *Der Kirchendiener kleidet den Pater zur Messe.* – Du sagst es selbst. Wie sollen die andern uns lieben können, wenn wir uns selbst nicht lieben? Unser Herr sagt: Liebe deinen Nächsten wie dich selbst. Er sagt: Wie dich selbst. Wir müssen uns selbst annehmen, und das ist es, Andri, was du nicht tust. Warum willst du sein wie die andern? Du bist gescheiter als sie, glaub mir, du bist wacher. Wieso willst du's nicht wahrhaben? 's ist ein Funke in dir. Warum spielst du Fußball wie diese Blödiane alle und brüllst auf der Wiese herum, bloß um ein Andorraner zu sein? Sie mögen dich alle nicht, ich weiß. Ich weiß auch warum. 's ist ein Funke in dir. Du denkst. Warum soll's nicht auch Geschöpfe geben, die mehr Verstand haben als Gefühl? Ich sage: Gerade dafür bewundere ich euch. Was siehst du mich so an? 's ist ein Funke in euch. Denk an Einstein! Und wie sie alle heißen. Spinoza!

ANDRI: Kann ich jetzt gehn?

PATER: Kein Mensch, Andri, kann aus seiner Haut heraus, kein Jud und kein Christ. Niemand. Gott will, daß wir sind, wie er uns geschaffen hat. Verstehst du mich? Und wenn sie sagen, der Jud ist feig, dann wisse: Du bist nicht feig, Andri, wenn du es annimmst, ein Jud zu sein. Im Gegenteil. Du bist nun einmal anders als wir. Hörst du mich? Ich sage: Du bist nicht feig. Bloß wenn du sein willst wie die Andorraner alle, dann bist du feig … *Eine Orgel setzt ein.*

ANDRI: Kann ich jetzt gehn?

PATER: Denk darüber nach, Andri, was du selbst gesagt hast: Wie sollen die andern dich annehmen, wenn du dich selbst nicht annimmst?

ANDRI: Kann ich jetzt gehn …

PATER: Andri, hast du mich verstanden?

Vordergrund

Der Pater kniet.

PATER: Du sollst dir kein Bildnis machen von Gott, deinem Herrn, und nicht von den Menschen, die seine Geschöpfe sind. Auch ich bin schuldig geworden damals. Ich wollte ihm mit Liebe begegnen, als ich gesprochen habe mit ihm. Auch ich habe mir ein Bildnis gemacht von ihm, auch ich habe ihn gefesselt, auch ich habe ihn an den Pfahl gebracht.

Aus: Max Frisch: Andorra. Stück in zwölf Bildern.
Frankfurt am Main: Suhrkamp Verlag, 61. Auflage 2004 (st 277)

Aufgabe:

Interpretieren Sie den Textauszug.

Tipps und Hinweise

Bevor Sie den Szenenauszug interpretieren, sollten Sie knapp die Handlung des Dramas skizzieren, aber darauf achten, dass Sie keine reine Nacherzählung verfassen. Neben einer Einordnung der Szene in den Kontext müssen Sie Inhalt und Aufbau des Auszugs wiedergeben. Zeichnen Sie den Gesprächsverlauf nach und vermeiden Sie es, das Gesagte lediglich zu paraphrasieren. Bemühen Sie sich vielmehr, die Positionen, die Andri und der Pater einnehmen, zu deuten. Wie gehen die beiden Gesprächspartner miteinander um? Welche Absichten verfolgen sie? Funktioniert die Kommunikation oder kommt es zu Missverständnissen? Bei Ihrer Deutung sollten Sie nicht zuletzt auf das Schuldeingeständnis des Paters eingehen und nach der Ursache für sein Scheitern als Seelsorger fragen.

Lösungsvorschlag in Grundzügen

Der Autor und sein Drama „Andorra"

Max Frisch (1911–1991) gehört zu den Klassikern der modernen Literatur des 20. Jahrhunderts und gilt zusammen mit Dürrenmatt als wichtigster Vertreter der deutschsprachigen Literatur in der Schweiz nach dem Zweiten Weltkrieg. Hauptthema seiner Prosatexte wie auch seiner Theaterstücke ist meist das **Problem der Identitätsfindung**. Frisch, ein politischer Autor, aber jenseits irgendeiner Ideologie, war ein Moralist und ein Aufklärer.

Max Frischs 1961 uraufgeführtes Drama *Andorra* kann als ein **Lehrstück der Nachkriegszeit** aufgefasst werden. Die Problematik des vorurteilsbelasteten Denkens und der Feigheit angesichts der Not von Mitmenschen ist allgegenwärtig.

In einem imaginären Kleinstaat Andorra leben die Einwohner durch Vorurteile voneinander getrennt als „Schwarze" und als „Weiße". Der junge Andri wächst nun im „weißen Andorra" auf. Aufgrund des Gerüchts, sein Pflegevater habe ihn als Judenkind vor dem Zugriff der „Schwarzen" gerettet und aufgezogen, wird ihm das **Stigma des Andersartigen** aufgeprägt. Die „Weißen" haben einerseits die Angriffe auf die Juden durch die „Schwarzen" geächtet und Andri liebevoll behandelt, als er klein war. Andererseits demaskieren sie ihre heuchlerische Mildtätigkeit nun, da sie Andri in ein für Juden bestimmtes Klischee hineindrängen wollen. Sie wollen in ihm gar nicht einen Menschen erkennen, sondern sehen in ihm nur einen Juden, der er gar nicht ist. Der Tischlermeister beispielsweise meint, Andri sei als Tischler untragbar, da ja jeder wisse, dass Juden nur für das Geschäftliche, nicht aber für ein Handwerk taugen (vgl. Z. 28/29).

Andri erweist sich zwar als sehr geschickt, doch der Tischler testet den fertigen Stuhl des Gesellen – dieser zerbricht. Geselle und Tischler behaupten darauf, der Stuhl sei von Andri. Der Soldat misshandelt ihn. Der Arzt beleidigt ihn aus bornierter Eitelkeit. Der Pater vermag ihm nicht zu helfen, da auch er sich an ein falsches Bild hält. Von einer **Mauer des Vorurteils** umgeben, klammert sich Andri an seine **Liebe zu Barblin**, der ehelichen Tochter seines Pflegevaters. Er will mit ihr fliehen. Als ihm die Hand des Mädchens verweigert wird – da sie ja in Wirklichkeit seine Halbschwester ist –, bildet Andri eben jene Eigenschaften aus, die seine Umgebung ihm unablässig einzureden versucht. Das Verhängnis nimmt seinen Lauf, als Andris Mutter, eine „Schwarze", in das Dorf kommt. Da Gerüchte umgehen, es werde Krieg zwischen den „Schwarzen" und den „Weißen" geben, behauptet der Soldat, die Frau sei eine Spionin.

Als Andris Mutter ihn zu seinem Vater führt, erkennt sie seinen Vater, und verlangt von ihm Rechenschaft, warum er seinen Sohn als Juden ausgegeben hat. Nun kommt die Feigheit des Vaters zum Vorschein. Die Mutter versucht, Andri verzweifelt zu erklären, dass Barblin seine Halbschwester ist. Auf dem Rückweg wird sie mit einem Stein erschlagen. Die Suche nach dem Mörder beginnt.

Der Vater versucht nun verzweifelt den Menschen klarzumachen, dass Andri sein leiblicher Sohn ist. Doch es ist bereits zu spät – selbst wenn sie ihm glauben –, sie benötigen einen Schuldigen und wollen lieber den unbeliebten Andri als den tatsächlichen Mörder preisgeben. Die „Schwarzen" veranstalten eine „Judenschau": Ein eigener „Judenschauer" soll den Schuldigen erkennen. Andri, der letztlich die Rolle, in die er hineingedrängt wurde, angenommen hat, wird „erkannt" und erschossen. Sein Vater, sich seiner Schuld bewusst, erhängt sich. Seine Schwester kann den psychischen Druck nicht verarbeiten und wird geisteskrank.

Interpretation des Textauszuges

Die Szene ist eingebettet in **zwei Zeugenaussagen**, die retrospektiv den Gang der Entwicklung aus jeweils subjektiver Sicht beurteilen.

Zunächst tritt ein **Soldat** auf, der aus seinem Verhalten Andri gegenüber keine eigene Schuld ableitet: Er verweist auf die unbedingte Befehlserfüllung als Legitimation für alles Handeln und kann sich auch im Nachhinein zu keiner veränderten Denkweise entscheiden („Übrigens glaub ich noch heut, daß er einer gewesen ist." Z. 4 f.).

Die dem 7. Bild folgende Zeugenaussage verdeutlicht die andere Grundhaltung eines Beteiligten. Der **Pater** bekennt sich zu einer Mitschuld („[…] auch ich habe ihn an den Pfahl gebracht." Z. 133 f.). Selbst wenn er seinen Schuldanteil am Tod des vermeintlichen Juden Andri relativiert („Ich wollte ihm mit Liebe begegnen […]." Z. 131 f.), so verweist er doch auf den von ihm begangenen Verstoß gegen ein christliches Gebot („Du sollst dir kein Bildnis machen […]." Z. 130):

Die erste Replik des Paters lässt Rückschlüsse auf einen gewissen Handlungszusammenhang zu. Andri ist nicht von sich aus zum Pater gegangen, sondern seine (Pflege-)Mutter hat ihn sorgenvoll zum Geistlichen geschickt. Der folgende Dialog wird also einen Konflikt beinhalten, zu dessen Lösung der Pater, sicher aufgrund seiner besonderen Stellung, beitragen soll. Hinsichtlich der Beziehung der beiden Gesprächsfiguren ist der ersten Replik zu entnehmen, dass Andri dem Pater fast unbekannt ist („Ich verstehe, du bist zum erstenmal hier." Z. 12 f.).

Auch der **Handlungsraum** ist es wert, Berücksichtigung zu finden. Die **Sakristei** ist ein heiliger Ort der Kirche, der zur Aufbewahrung der liturgischen Utensilien und als Raum zur Vorbereitung des Gottesdienstes dient – hier sollten die christlichen Ideale im besonderen Maße gelten, von hier aus wird die christliche Lehre hinausgetragen.

Der Gesprächsbeginn verdeutlicht die anfänglich **ablehnende Haltung Andris** gegenüber dem Geistlichen. Er setzt sich nicht – trotz Aufforderung – und schweigt (vgl. Z. 10 f.). Doch schon mit der ersten Frage bringt er das Problem auf den Punkt, indem er nach der Gültigkeit seines vorgeblichen Andersseins fragt. Der Pater reagiert ausweichend und gibt vor, dass alle Andri gern hätten (vgl. Z. 23 f.). Dem widerspricht Andri, indem er darauf hinweist, dass die Bevölkerung von Andorra, weil sie ihn für einen Juden hält, bestimmte stereotype Eigenschaften auf ihn projiziert: vorlautes Auftreten, Profitdenken, Ehrgeiz, Feigheit und ein fehlendes Gemüt (vgl. Z. 34 ff.).

Die Reaktion des Geistlichen verdeutlicht, dass **beide Figuren** in diesem Dialog **aneinander vorbeireden**. Der Pater wiederholt seine erste Aussage („Du gefällst mir […]." Z. 61) und begründet das ausgerechnet mit dem vermeintlichen Anderssein Andris. Er will in der Andri zugeschriebenen Rolle sogar eine Auszeichnung sehen. Das wirkt paradox angesichts der vorher genannten Eigenschaften. Diese Eigenschaften will Andri eigentlich auch nicht als die seinen anerkennen. Seine vorgetragene Ablehnung zeugt von **Aufruhr, innerer Verzweiflung und Wut**. Er kündigt seinen Widerstand an („Ich werde mich wehren." Z. 73 f.). Doch der Pater missbilligt diese Haltung und hält einen selbstgefälligen Monolog. In **vorgeblicher „Liebe"** versucht er, Andri davon zu überzeugen, dass dieser die ihm von der Umwelt diktierte Rolle des Juden zu akzeptieren habe und dass er nicht aus typisch jüdischer „Überempfindlichkeit" (Z. 94) die Dinge unnötig erschweren soll.

Diese Reaktion führt zum **Zusammenbruch** des bis dahin trotzig bzw. rebellisch agierenden Andri. Er offenbart seine tiefe innere seelische Not: Kein Mensch kann ihn lieben – noch nicht einmal er selbst (vgl. Z. 101). Darauf reagiert der Pater kaltherzig und widersprüchlich. Andri solle sich wie ein Mann benehmen und seine Andersartigkeit hinnehmen, selbst wenn die Mitmenschen ihn missachten („Sie mögen dich alle nicht, ich weiß." Z. 111 f.). Andri solle als „Andersartiger" ein neues Selbstbewusstsein erlangen („Du bist gescheiter als sie […]." Z. 108). Schließlich beruft sich der Pater sogar auf Gott, um **Andri aufzufordern, die Identität des Juden für sich zu akzeptieren** (vgl. Z. 118). Durch zahlreiche Fragen (vgl. Z. 106–114) versucht er, suggestiv und pädagogisch zu wirken und Andri zu überzeugen, der allerdings resigniert hat („Kann ich jetzt gehn?" Z. 116). Der Pater führt mehrere prominente jüdische Persönlichkeiten als Beispiel an, um seinem Gegenüber zu demonstrieren, dass die angebliche jüdische Rationalität durchaus eine Gabe sein kann. Zwar ist seine Rede sicher gut gemeint, doch stellt auch sie eine Diskriminierung dar.

Zu keinem Zeitpunkt des Gespräches geht der Pater auf die inneren Nöte von Andri ein (wie z. B. die aus der Ablehnung der Liebe Andris zu Barblin durch deren Vater resultierende Hoffnungslosigkeit des Jungen). Obwohl er Andri nicht kennt, glaubt er, alles über ihn zu wissen – er hat eben ein **statisches Bildnis von ihm**, das nicht auf bisherigen oder neu gewonnenen Erfahrungen beruht, sondern letztlich aus Vorurteilen. Der Pater ist nicht bereit, sein Verdikt über Andri zu überdenken oder gar zu modifizieren: „Du bist nun einmal anders als wir." (Z. 120)

Zusammenfassend kann man den Gesprächsverlauf so charakterisieren: Der Pater will in einer fast gönnerhaften bzw. herablassenden Weise Andri dazu bewegen, die Sonderstellung eines Juden endlich zu akzeptieren. Andri hofft auf Orientierung bzw. Hilfe bei der eigenen Identitätsfindung, also nach Bestätigung oder Widerspruch durch die geistliche Autorität des Paters („Stimmt das, Hochwürden, daß ich anders bin als alle?" Z. 19). Der **Pater** bestätigt in dem Gespräch die seiner Auffassung nach gegebene Sonderstellung Andris, von der er meint, dass sie ein neues Selbstbewusstsein und eine innere Einsicht des Andersseins erfordert. Mit diesem Verhalten **scheitert er** an seiner eigenen christlichen Lehre, dem Bildnis- und dem Nächstenliebe-Gebot.

Für den weiteren Handlungsverlauf ist die Szene deshalb bedeutsam, weil Andris Selbstbewusstsein durch dieses Gespräch keine Stärkung erfährt. Im Gegenteil, als Objekt einer von seiner Umwelt provozierten Projektion jüdischer Wesenseigenschaften wird er diese **Vorurteile internalisieren**, d. h. so werden, wie die Andorraner ihn wider besseren Wissens beurteilen, weil sie ihn für einen „Juden" halten. Seine ursprüngliche Identität droht aufgrund des bornierten Verhaltens seiner Umwelt verloren zu gehen.

Teil B

Aufgabe:

„Du sollst dir kein Bildnis machen …“
Erörtern Sie, welche Probleme entstehen können, wenn gegen diese biblische Weisheit verstoßen wird.

Tipps und Hinweise

Die Aufgabenstellung verlangt eine Transferleistung: Sie sollen, ausgehend von der Dramenhandlung, die Gültigkeit des biblischen Gebots erörtern. Deshalb reicht es nicht aus, nur auf der Basis von Frischs Drama zu argumentieren. Vielmehr müssen Sie einerseits die Aussage generell erläutern und andererseits geeignete Beispiele aus der Geschichte und der Gegenwart anführen, die soziale Ausgrenzung und Intoleranz veranschaulichen.

Lösungsvorschlag in Grundzügen

Vorurteile sind unzulässige Verallgemeinerungen von Einzelerfahrungen, die zur Benachteiligung von vermeintlichen oder tatsächlichen Angehörigen bestimmter Gruppen führen. Sie beruhen oft auf sprachlichen, kulturellen, religiösen, geschlechtlichen oder anderen Verschiedenartigkeiten. Man schafft und pflegt Vorurteile, indem man sich ein Bild von jemandem macht, unter Umständen, ohne ihn genau zu kennen. Diese Vorurteile können ganz unterschiedlich wirken, haben aber allesamt die Potenz, Identitäten zu manipulieren oder gar zu zerstören.

Wie oft bekommt ein Mensch zu hören, dass er ein Versager sei und zu nichts tauge – ohne dass dieser Vorwurf wohlbedacht und fundiert begründbar ist. Dass diejenigen, die sich zu solchen Aussagen hinreißen lassen, primär Schuld am späteren tatsächlichen Versagen der so Beeinflussten haben, bleibt meist unbeachtet. Der Mensch ist in seiner Persönlichkeit komplex und wandelbar. Ständig neue Sozialisationserfahrungen prägen ihn. Manchmal ist er nicht wiederzuerkennen, wenn neue Erlebnisse oder auch Leiden zu bewältigen waren.
Wenn man von der „biblischen Weisheit“ des Bildnisgebotes und gleichzeitig von der Gottesebenbildlichkeit des Menschen ausgeht, dann gilt dieses Gebot „Du sollst dir kein Bildnis machen“ ganz konkret auch für den Menschen.

Man kann mit dem Mitmenschen im Idealfall auch ohne vorgefertigte Meinung bzw. ohne Bildnis leben: Wer seinen Mitmenschen liebt, der wird nicht seine eigenen **Schwächen auf ihn projizieren**, weil dies ein Zeichen von Feindseligkeit wäre. Wenn dem bescheidenen, freigebigen, aufrechten und gefühlvollen Andri Ehrgeiz, Geldgier und Gefühllosigkeit durch die Andorraner als Charakteristika zugeschrieben werden, dann legen sie eben diese Eigenschaften selbst an den Tag – und finden einen **Sündenbock für ihre eigenen Unvollkommenheiten**. Leider ist dieser Mechanismus allgegenwärtig und wahrscheinlich können gerade junge Menschen dies durch eigene Erfahrungen belegen – wenn sie der Prägung durch das Bildnis der älteren Generation unterworfen sind.

Gerade unter der nationalsozialistischen Herrschaft wurden Menschen ausgegrenzt, wurden Juden durch antisemitische Klischees in Rollen gezwungen. Diese Schuldzuweisung hatte eine solche suggestive Kraft, dass die Betroffenen teilweise selbst die stereotypen Vorwürfe akzeptierten und nicht gegen das Unrecht aufbegehrten. Die schrittweise Diffamierung und

Diskriminierung der Juden führte schließlich zum Holocaust. Totalitäre Systeme bemühen sich, die Bürger schon von Kindheit an mit ideologischem Gedankengut zu infiltrieren und bestimmte Personen oder Gruppen zu Feindbildern zu stilisieren, gegenüber denen man sich abgrenzen kann.

Letztlich ist aber das Problem des „fertigen Bildnisses" nicht nur eines der Vergangenheitsbewältigung. Es weist auch auf mögliche gegenwärtige und zukünftige Entgleisungsgefahren in Sachen Menschlichkeit hin. Darauf wollte Frisch sicherlich im Besonderen mit seinem Drama verweisen: Feindbilder und die Suche nach Sündenböcken werden wohl immer ein Teil des gesellschaftlichen Lebens sein. Es wird darauf ankommen, sich dies bewusst und sich im entscheidenden Moment nicht mitschuldig zu machen – wie der Soldat oder der Pater im Stück. Insofern beinhaltet das Drama den Appell, die eigenen Denkschablonen immer wieder kritisch zu hinterfragen und gegebenenfalls Änderungen vorzunehmen.

Der bedingungslose Gehorsam, das Abtauchen in der Masse mangels eigenen Bürgermuts (also Zivilcourage) oder herablassendes, abgrenzendes Verhalten werden durch Frisch auch deshalb an den Pranger gestellt, um vor künftigen Katastrophen zu warnen. Diese Warnung hat auch zu Beginn des 21. Jahrhunderts nichts von ihrer Brisanz verloren, wie unzählige gegenwärtige Entwicklungen belegen. Als aktuelle Beispiele dienen die Existenz von sogenannten Schurkenstaaten, der Umgang mit Immigranten und Asylanten und das durch religiösen Fundamentalismus erschwerte Zusammenleben der Religionen.

Frischs Drama ist auch ein Plädoyer dafür, jeden Einzelnen in seiner Individualität zu tolerieren und zu akzeptieren. Es ist der Aufruf, geistig offen zu sein und ein Schubladendenken zu vermeiden.

Johann Wolfgang Goethe (1749–1832): Gesang der Geister über den Wassern

Des Menschen Seele
Gleicht dem Wasser:
Vom Himmel kommt es,
Zum Himmel steigt es,
Und wieder nieder
Zur Erde muß es,
Ewig wechselnd.

Strömt von der hohen,
Steilen Felswand
Der reine Strahl,
Dann stäubt er lieblich
In Wolkenwellen
Zum glatten Fels,
Und leicht empfangen
Wallt er verschleiernd,
Leisrauschend
Zur Tiefe nieder.

Ragen Klippen
Dem Sturz entgegen,
Schäumt er unmutig
Stufenweise
Zum Abgrund.

Im flachen Bette
Schleicht er das Wiesental hin,
Und in dem glatten See
Weiden ihr Antlitz
Alle Gestirne.

Wind ist der Welle
Lieblicher Buhler;
Wind mischt vom Grund aus
Schäumende Wogen.

Seele des Menschen,
Wie gleichst du dem Wasser!
Schicksal des Menschen,
Wie gleichst du dem Wind!   (entstanden 1779; Erstdruck 1789)

Aus: M. Bertram (Hrsg.): Digitale Bibliothek der deutschen Literatur. Direct Media Publishing GmbH, Berlin 2000

Aufgabe:

Analysieren und interpretieren Sie das Gedicht!

Tipps und Hinweise

Der Arbeitsauftrag fordert eine umfassende Analyse des Textes. Zunächst sollten Sie knapp das Thema von Goethes Gedicht bestimmen, bevor Sie seinen gedanklichen Aufbau nachzeichnen. Bei der Untersuchung der Form müssen Sie bereits Bezüge zum Inhalt herstellen und zeigen, dass Goethe das Fließen des Wassers auch zu einem wesentlichen formalen Gestaltungsmerkmal macht. Bei der eingehenden inhaltlichen Deutung sollten Sie Ihr literaturhistorisches Wissen nutzen – dabei können Sie vom Entstehungsdatum ausgehen. Wenn Sie über Kenntnisse zu Goethes entsprechendem Lebensabschnitt verfügen, können Sie diese in die Deutung einbeziehen, allerdings keine rein biografische Interpretation vorlegen. Nicht vergessen werden darf die sprachlich-stilistische Gestaltung, die Sie unter dem Aspekt ihrer Wirkung abhandeln sollten.

Lösungsvorschlag in Grundzügen

1. Thema und gedanklicher Aufbau

a) Thema

Die Ode „Gesang der Geister über den Wassern" vergleicht die Seele des Menschen mit dem Kreislauf des Wassers und das Schicksal des Menschen mit dem Wind. Das lyrische Subjekt begreift den Menschen als Teil des ewigen, göttlichen Kreislaufes in der Natur. Deutlich hervorgehoben wird hier das pantheistische Weltbild Goethes.

b) gedanklicher Aufbau

1. Strophe:
Des Menschen Seele wird mit dem Kreislauf des Wassers verglichen. Dabei wird der stetige Wechsel von Zuständen hervorgehoben und verdeutlicht, dass das Wasser vom Himmel auf die Erde gelangt, aufsteigt und erneut niederfällt.

2. Strophe:
Diese Strophe entwirft das Bild eines Wasserfalls. Es wird beschrieben, wie ein Wasserstrahl herniedergeht, auf einen glatten Fels trifft und hinab in die Tiefe rauscht.

3. Strophe:
In dieser Strophe wird gezeigt, dass das Wasser auf seinem weiteren Weg ins Tal auch Hindernisse in Form von Klippen zu überwinden hat.

4. Strophe:
Nach der Ankunft im Tal wird der Wasserstrahl Teil eines Flusses, der in einen See mündet. Zudem wird der Bezug auf die Gestirne verdeutlicht.

5. Strophe:
In dieser Strophe werden die durch Wind hervorgerufenen Wellen beschrieben.

6. Strophe:
Erneut wird unterstrichen, dass die Seele des Menschen dem Wasser ähnlich sei. Zudem wird eine Beziehung hergestellt zwischen dem Wind und dem Schicksal des Menschen.

2. Form

Die **Ode** „Gesang der Geister über den Wassern" besteht aus sechs Strophen, die eine unterschiedliche Länge aufweisen. Auffällig ist die Abnahme der Versanzahl im Verlauf des Gedichtes, sodass die Aussagen der sechsten Strophe als Kulmination aufzufassen sind. Dabei richtet sich das Augenmerk besonders auf die letzten beiden Verse (V. 34/35), die sich außerhalb des Rahmens befinden, der durch die Wiederaufnahme der ersten beiden Verse in der letzten Strophe (V. 32/33) gebildet wird. Der abschließende Bezug zum

„Schicksal des Menschen“ (V. 34) und die gesamte **Rahmenstruktur** versinnbildlichen den **ewigen Kreislauf der Natur** und des menschlichen Lebens. Denn der Rahmen schließt die Strophen 2–5 ein, die das Fließen des Wassers beschreiben. Durch die Sinnsprüche in den Strophen 1 und 6, die sich auf die Seele und das Schicksal des Menschen beziehen, wird die Deutung der Naturvorgänge als Sinnbild des menschlichen Lebens herausgestellt. Das Gedicht weist keinen Reim und keine gleichmäßige metrische Gestaltung auf. Zudem verfügt es über freie Rhythmen, sodass die Bewegung in der Natur und im menschlichen Leben hervorgehoben wird. Diese Funktion erfüllen auch die Enjambements, die besonders in den Strophen 2–5 vorkommen und die Bewegung des Wassers unterstreichen.

3. Analyse und Deutung

a) inhaltliche Analyse und Deutungsansatz

Die in der Überschrift „Gesang der Geister über den Wassern“ deutlich werdende **naturmagische Vorstellung von einer belebten Natur** verweist bereits auf die pantheistische Einstellung Goethes. Das Gedicht beschreibt den Kreislauf der Natur als „ewig wechselnd“ (V. 7), sieht die Natur also in ihrer stetigen Entwicklung, in der sich das Göttliche manifestiert. Bereits im ersten Vers wird Bezug auf die Seele des Menschen genommen. Durch den Vergleich dieser mit der Bewegung des Wassers vom Himmel zur Erde und zum Himmel zurück, wird die Begrenztheit des irdischen Lebens aufgezeigt. Der erneute Bezug auf die Bewegung Richtung Erde („Und wieder nieder / Zur Erde muß es“, V. 5 f.) verdeutlicht, dass nicht der einzelne Mensch im Mittelpunkt der Ode steht, sondern der menschliche Evolutionsprozess insgesamt gemeint ist. Der Mensch ist Teil des Werdens und Vergehens in der göttlichen Natur.

In den nächsten Strophen wird das Naturschauspiel eines herabtosenden Wasserfalls beschrieben („Strömt von der hohen, steilen Felswand“, V. 8 f.). Der Wasserstrahl wird zunächst als „rein“ (V. 10) und „lieblich“ (V. 11) bezeichnet, die Umgebung erscheint eben und gleichmäßig („zum glatten Fels“, V. 13). Durch den in der ersten Strophe angesprochenen **Vergleich der menschlichen Seele mit dem Kreislauf des Wassers** lässt sich dieses Naturschauspiel auf das menschliche Leben beziehen. Es verweist auf die Unschuld der Jugend, die noch alle Möglichkeiten einer ungehinderten Entwicklung vor sich hat. Der Bezug auf die weitere Bewegung des Wassers („wallt er verschleiernd, / Leisrauschend / Zur Tiefe nieder“, V. 15–17) versinnbildlicht den Prozess des Älter-Werdens. In der dritten Strophe werden „Klippen“ erwähnt, die sich dem „Sturz entgegen“ (V. 18 f.) stellen. Sie veranschaulichen Hindernisse des Lebens, denen der Mensch ausgesetzt ist und die er zu meistern hat („schäumt er unmutig / Stufenweise / Zum Abgrund“, V. 20–22). Der Endpunkt des Wasserfalls wird in der vierten Strophe beschrieben: Durch einen flachen Bach fließt das Wasser in einen See. Die Bewegung wird verlangsamt („schleicht er das Wiesental hin“, V. 24), Ruhe und Harmonie („in dem glatten See“, V. 25) kennzeichnen diesen Zustand. Der Bezug auf die Gestirne verweist auf die **Existenz des Göttlichen in der Natur**, von der der Mensch ein Teil ist. In der fünften Strophe wird die Beziehung zwischen dem Element Wasser und dem Element Luft, dem Wind, verdeutlicht, wodurch auf die Aussagen der letzten Strophe hingedeutet wird. Der „Wind“ (V. 28) verursacht eine Bewegung des Wassers, die sowohl als positiv („Lieblicher Buhler“, V. 29), aber auch als gefährlich angesehen wird („Schäumende Wogen“, V. 31). Das Wasser wird in der sechsten Strophe erneut mit der Seele des Menschen verglichen, der Wind auf das Schicksal des Menschen bezogen. Das Schicksal beeinflusst also das irdische Dasein, die verursachten Wellen symbolisieren das Auf und Ab des menschlichen Lebens.

Die Ode entstand bereits 1779 und zählt somit zur vorklassischen Periode. Goethe verfasste das Gedicht auf seiner zweiter Schweizreise. Die Wanderungen in den Schweizer Alpen waren geprägt durch ein Gefühl der Bewunderung für die Reinheit und Klarheit der Natur, die in ihrer Größe Goethe zu philosophisch-religiösen Reflexionen veranlasste. Das tiefe Erleben der Natur führte zu einer Sichtweise auf Raum und Zeit, die

ihn die Bewegung der Natur als ewigen, göttlichen Kreislauf begreifen ließ. Zudem sind die inhaltlichen Aussagen der Ode ein Hinweis auf die Sinnkrise, die sich in Goethes Leben anbahnte. Das Anschauen des Wasserfalls lässt die Gewaltigkeit der Natur und die Begrenztheit des Individuums erahnen – eine Erfahrung, die Goethe prägte.
Die Ode steht in engem Zusammenhang mit seinen klassischen Gedichten „Grenzen der Menschheit" und „Das Göttliche", in denen u. a. das Motiv des Stromes und der Welle bzw. des Windes erneut verarbeitet und die Beziehung zwischen der Natur, dem Menschlichen und dem Göttlichen erläutert wird. Das 1789 erstmals veröffentlichte Gedicht „Gesang der Geister über den Wassern" weist bereits **Merkmale der Klassik** auf. Es wird das pantheistische Weltbild Goethes herausgestellt, auf die Ausgewogenheit zwischen Rationalität und Gefühl verwiesen und die Beziehung zwischen Konkretem, dem Wasser, und Abstraktem, der Seele, erläutert. Der im Gedicht thematisierte Bezug auf das Wasserelement verweist auf den Heraklit zugeschriebenen Grundsatz „panta rhei", demzufolge sich alles in ständiger Bewegung befindet. Die Natur und das menschliche Leben als Teil von ihr befinden sich in einem „ewig wechselnden" Kreislauf.

b) **sprachlich-stilistische Gestaltung**
Die **Überschrift** verweist auf die im Gedicht beschriebene sinnliche Wahrnehmung eines Naturschauspiels, die Ausgangspunkt einer Reflexion über das menschliche Leben ist. Das **lyrische Subjekt** erscheint als ein distanzierter Betrachter der Natur. Die Vorstellung eines tosenden Wasserfalls wird beim Rezipienten durch Mittel der Lautmalerei bzw. durch die Verwendung von Verben der Bewegung erweckt (z. B. „strömt", V. 8/ „stäubt", V. 11/„schleicht", V. 24). Der Gebrauch von Attributionen (z. B. „hohen, steilen Felswand", Z. 8 f./„glatten Fels", Z. 13) und Alliterationen (z. B. Wind, Welle, Wogen, V. 28, 31) trägt ebenfalls dazu bei, das Herniedergehen des Wassers als beeindruckendes Schauspiel nachzuempfinden. Auffällig ist die Nutzung von Assonanzen, die z. B. ein Gefühl von Ruhe und Harmonie vermitteln (z. B. rein, leicht, leisrauschend, schleicht, weiden), aber auch die beschriebene Zielrichtung des Wassers prägen (z. B. nieder, Tiefe, Wiesental). Der in der dritten Strophe gehäuft auftretende dunkle u-Laut verweist auf die hier verbalisierte niedergeschlagene Stimmung, die durch die „Klippen" des Lebens verursacht wird. Die Atmosphäre des Gedichtes wird auch veranschaulicht durch den Gebrauch von **Modaladverbien** (z. B. „lieblich", V. 11/„verschleiernd", V. 15). In der ersten Strophe wird durch die parallele Struktur und die Wiederholung des Wortes „Himmel" (V. 3 f.) bereits auf die pantheistische Einstellung Goethes verwiesen, die Natur als göttlich zu begreifen. Die Verwendung des **Stabreims** („wieder nieder", V. 5) und die Nutzung der **Epipher** „es" (V. 3, 4, 6) verdeutlichen den Bezug auf die Bewegung des Wassers, die in der Partizipialgruppe am Ende der ersten Strophe zusammenfassend beschrieben wird („ewig wechselnd", V. 7). Diese stellt gleichzeitig den Übergang vom Sinnspruch der ersten Strophe zur Beschreibung des Wasserfalls in der zweiten Strophe dar. Die am Beginn der zweiten Strophe auftretende **Inversion** („strömt", V. 8) veranschaulicht die Bewegung des Wassers als stetiges Fließen. Der Begriff des ewigen Wechsels dient als Schlüsselbegriff des Gedichtes, in dem sich Goethes Anschauung von einem ewigen Kreislauf in der Natur manifestiert. Diese Sichtweise wird auch in der sechsten Strophe verdeutlicht, die durch Parallelismen gekennzeichnet ist. Die Verwendung von **Alliterationen** (wie Wasser, Wind), Anaphern („wie", Z. 33/35) und der Einsatz von Ausrufen (Z. 33/35) unterstreichen die Bedeutung dieser Verse, die die Anschauungen Goethes zusammenfassen. Zudem wird hier in Form eines **Chiasmus** Bezug auf die erste Strophe genommen („des Menschen Seele", V. 1/„Seele des Menschen", V. 32) und so der Rahmen des Gedichtes geschlossen. Die verwendeten **Vergleiche**, die durch den Gebrauch des Personalpronomens „du" auf die **Personifizierung** der Seele und des Schicksals verweisen („Wie gleichst du", V. 33/35), betonen noch einmal die von Goethe hergestellte Verbindung zwischen der Beschreibung der Natur und des menschlichen Lebens.

Fach und Hauptfach Deutsch (Mecklenburg-Vorpommern)
Übungsaufgabe 11: Untersuchendes Erschließen literarischer Texte – Lyrik

Matthias Claudius (1740–1815): Kriegslied

's ist Krieg! 's ist Krieg! O Gottes Engel wehre,
Und rede Du darein!
's ist leider Krieg – und ich begehre
Nicht schuld daran zu sein!

Was sollt' ich machen, wenn im Schlaf mit Grämen
Und blutig, bleich und blass,
Die Geister der Erschlagnen zu mir kämen,
Und vor mir weinten, was?

Wenn wackre Männer, die sich Ehre suchten,
Verstümmelt und halb tot
Im Staub sich vor mir wälzten und mir fluchten
In ihrer Todesnot?

Wenn tausend tausend Väter, Mütter, Bräute,
So glücklich vor dem Krieg,
Nun alle elend, alle arme Leute,
Wehklagten über mich?

Wenn Hunger, böse Seuch' und ihre Nöten
Freund, Freund und Feind ins Grab
Versammelten, und mir zu Ehren krähten
Von einer Leich' herab?

Was hülf' mir Kron' und Land und Gold und Ehre?
Die könnten mich nicht freun!
's ist leider Krieg – und ich begehre
Nicht schuld daran zu sein!

(Erstdruck 1779)

Aus: St. Hermlin (Hrsg.): Deutsches Lesebuch. Von Luther bis Liebknecht. Verlag Philipp Reclam jun., Leipzig 1978.

Aufgabe:
Interpretieren Sie das „Kriegslied" von Claudius.

Tipps und Hinweise

Zu Beginn Ihrer Ausführungen sollten Sie das Thema, das bereits der Titel des Gedichts vorgibt, prägnant formulieren. Danach empfiehlt sich ein Überblick über den gedanklichen Aufbau, wonach Sie die Form untersuchen. Die Gedichtanalyse muss sowohl die inhaltlichen Aussagen als auch die sprachliche Gestaltung berücksichtigen und beide miteinander verschränken. Sie sollten in Ihrem Aufsatz auch die überzeitliche Aktualität des Themas Krieg herausarbeiten und aufzeigen, wie Claudius mit seinem Gedicht vor einer kriegerischen Auseinandersetzung warnen will. Sein „Kriegslied" wurde erstmalig im Jahre 1779 gedruckt. Anlass des Verfassens dieses Gedichtes war der bevorstehende Ausbruch des Bayrischen Erbfolgekriegs von 1778/79, den Claudius verhindern wollte. Er bat in einem Brief an den Herzog Friedrich August von Braunschweig darum, bei Friedrich II. von Preußen gegen den heraufziehenden Krieg zu intervenieren.

Lösungsvorschlag in Grundzügen

Matthias Claudius: Kriegslied

Thema und gedanklicher Aufbau

a) Thema

In dem Gedicht „Kriegslied" von Matthias Claudius setzt sich das lyrische Ich in hypothetischer Art und Weise mit der eigenen Schuld auseinander, für die Folgen eines Krieges verantwortlich zu sein. Durch die Beschreibung der Schrecken des Krieges hat das Gedicht eine eindeutig warnende Funktion, sich der Verantwortung für die Bewahrung einer friedlichen Welt bewusst zu sein.

b) gedanklicher Aufbau

1. Strophe:
In dieser Strophe wird der Ausbruch eines Krieges beschrieben und gleichzeitig die Hoffnung des lyrischen Ichs auf himmlischen Beistand versinnbildlicht. Zudem wünscht das lyrische Ich eindringlich, nicht schuld an dieser Situation zu sein.

2.–5. Strophe:
In diesen Strophen reflektiert das lyrische Ich in hypothetischer Form über die eigene Schuldfrage und beschreibt das mögliche Weltgericht.
In der 2. Strophe werden die „Geister der Erschlagnen" (V. 7) benannt, die das lyrische Ich im Traum heimsuchen könnten.
Die 3. Strophe verweist auf die mögliche Anklage der schwer verwundeten Soldaten, die aus fragwürdigem Ehrgefühl in den Krieg gezogen waren.
Als denkbare Folgen des Krieges werden in der 4. Strophe die Trauer der Hinterbliebenen und die Verelendung der Bevölkerung thematisiert. Auch sie wenden sich „wehklagend" an das lyrische Ich.
Die 5. Strophe veranschaulicht den allumfassenden Schrecken eines Krieges, der sowohl Freund als auch Feind betrifft, indem die Klage der Toten aufgezeigt wird.

6. Strophe:
Die Unschuld des lyrischen Ichs an einer kriegerischen Auseinandersetzung wird erneut betont und es wird herausgestellt, dass eine ausgeglichene seelische Verfassung wichtiger sei als materielle Dinge. Das lyrische Ich verdeutlicht, dass Macht, Besitz, Reichtum und eine zweifelhafte Ehre es nicht wert sind, deswegen Kriege zu führen.

Form

Das Gedicht besteht aus sechs Strophen zu jeweils vier Versen. Der fünf- bzw. dreihebige Jambus und der gleichmäßige Wechsel zwischen weiblicher und männlicher Kadenz erzeugen ein harmonisches Gefüge, das zudem durch den fast durchgängig reinen Kreuzreim unterstützt wird (außer V. 14/16, 17/19, 22/24). Diese formale Harmonie steht jedoch im Kontrast zu inhaltlichen Aussagen des Textes, die das Bild einer durch Krieg aus den Fugen geratenen Welt skizzieren.
Auffällig ist die **Rahmenstruktur** des Gedichtes. Während die erste und letzte Strophe einen Ausruf darstellen, der durch die Wiederholung der Verse drei und vier gekennzeichnet ist, bilden die Strophen zwei bis fünf eine als Frage formulierte semantisch-syntaktische Einheit. Der erste Teil der Frage „Was sollt' ich machen?" wird jeweils durch die folgenden Konditionalgefüge vervollständigt. Die Strophen zwei bis fünf stehen somit den beiden Rahmenstrophen eins und sechs in formal-syntaktischer Hinsicht gegenüber, was mit den inhaltlichen Aussagen korrespondiert. Denn die in den Strophen eins und sechs erhoffte Unschuld des lyrischen Ichs wird der Beschreibung einer möglichen Schuld in den Strophen zwei bis fünf gegenübergestellt.
Die insgesamt **gleichmäßige rhythmische Gestaltung** des Gedichtes, das vornehmlich im Zeilenstil verfasst ist, entspricht der in der Überschrift angedeuteten Liedstruktur: Das „Kriegslied" ist ein **Klagelied**. Alle Strophen verweisen auf ein zutiefst erschüttertes lyrisches Ich, das seine innere Ruhe verloren hat angesichts der Vorstellung, für die Schrecken des Krieges verantwortlich zu sein.

Analyse und Deutung

a) **inhaltliche Analyse und Deutungsansatz**
Die Wiederholung des Ausrufs „'s ist Krieg!" (V. 1) verweist bereits am Beginn des Gedichtes auf die Dramatik der Situation. Das lyrische Ich ist verzweifelt und hofft auf den Beistand von „Gottes Engel", der der kriegerischen Auseinandersetzung Einhalt gebieten soll („wehre, / Und rede Du darein", V. 1 f.). Das lyrische Ich fleht inständig, nicht schuld am Krieg zu sein. Jedoch setzt es sich in den folgenden Strophen hypothetisch mit einer möglichen Schuld auseinander („Was sollt' ich machen?", V. 5). Das könnte darauf hinweisen, dass hier ein Kriegsherr zu Wort kommt, der sich mit der **eigenen Schuldfrage** beschäftigen muss. Nicht nur die Klagen der „Geister der Erschlagnen" (V. 7), sondern auch die Beschuldigungen der Verwundeten und Toten und der durch die Folgen des Krieges in höchstem Maße leidenden Bevölkerung beschwören die Vision eines Weltgerichtes herauf, dem sich das lyrische Ich zu stellen hätte. Die Auseinandersetzung mit dem eigenen Gewissen stürzt es in eine tiefe Verzweiflung. Bereits in der zweiten Strophe beschreibt es die beängstigende Vision, dass „Geister der Erschlagnen" nachträglich Rechenschaft für das erfahrene Leid fordern könnten. Die direkte **Konfrontation mit dem Leiden der Menschen** wird in den Strophen drei und vier beschrieben. So erheben die aus dem Krieg zurückgekehrten, schwer verwundeten Soldaten ihre Anklage gegen das lyrische Ich („Im Staub sich vor mir wälzten und mir fluchten", V. 11). Dieses müsste sich rechtfertigen für die „Todesnot" der Männer (V. 12), die mit sehr fragwürdigen Ehrvorstellungen in den Krieg geschickt worden sind. Es müsste sich den Klagen der gesamten Bevölkerung stellen („Wenn tausend tausend Väter, Mütter, Bräute", V. 13), die der Krieg in äußerste seelische und materielle Not treibt („Nun alle elend, alle arme Leute", V. 15). In der fünften Strophe werden weitere **Folgen des Krieges** aufgeführt („wenn Hunger, böse Seuch' und ihre Nöten", V. 17), die jeden ereilen. Angesichts der Vorstellung, sich für das beschriebene Leid eines Krieges verantworten zu müssen, gelangt das lyrische Ich in der abschließenden Strophe zu dem Fazit, dass innere Harmonie und ein reines Gewissen mehr wiegen als „Kron' und Land und Gold und Ehre" (V. 21), die gemeinhin als Rechtfertigung für Kriege fungieren. Die letzten beiden Verse wirken als Bekräftigung dieses Fazits, in-

dem das lyrische Ich seine Mitschuld erneut bestreitet („ich begehre / Nicht schuld daran zu sein!“, V. 23 f.).

Die eindringliche Anschaulichkeit der Klagen dieses „Kriegsliedes“ rückt die Schuldfrage eindeutig ins Zentrum des Gedichtes. Es geht um die Konfrontation des Menschen mit der eigenen Schuld, die er im Krieg auf sich lädt. Es werden die schrecklichen Folgen eines Krieges ebenso aufgezeigt wie typische Mechanismen, die zum Ausbruch von Kriegen führen. Somit bezieht sich die **Aussage** des Gedichtes nicht nur auf die Zeit am Ende des 18. Jahrhunderts, sondern sie ist **allgemeingültig** und epochenunabhängig. Der Leser muss sich mit der dargestellten Problematik auseinandersetzen und sich der eigenen Verantwortung für ein friedliches Miteinander bewusst werden.

Das im Gedicht gezeichnete apokalyptische Bild einer durch Krieg völlig zerstörten Welt ist zugleich Warnung und Mahnung, sich der eigenen Verantwortung für die friedliche Gestaltung der Welt bewusst zu werden.

b) sprachlich-stilistische Gestaltung

Die Überschrift des Gedichtes „Kriegslied“ verweist bereits auf das Thema des Textes, die persönliche Auseinandersetzung mit den schrecklichen Folgen eines Krieges. Das lyrische Ich befindet sich in einer tiefen Verzweiflung, was durch die Wiederholung des Ausrufes am Beginn des Gedichtes („'s ist Krieg! 's ist Krieg!“, V. 1) und die Verwendung des Adverbs „leider“ (V. 3) deutlich wird. Diese mit einer **Aphärese** eingeleiteten Ausrufe wirken wie der Aufschrei eines Menschen, den diese Situation vollkommen erschüttert. In tiefer Not fleht das lyrische Ich um himmlischen Beistand. Der Gebrauch von **Interjektion** („O“, V. 1) und Imperativen („wehre“, „rede“, V. 1 f.), aber auch die direkte Anrede des Engels durch die Verwendung des Personalpronomens „Du“ (V. 2) verdeutlichen die Hoffnung des lyrischen Ichs auf Beendigung der kriegerischen Auseinandersetzung. Eine Hoffnung, die sich im Gebet manifestiert, da ihre Erfüllung durch die Menschen in dieser Situation unwahrscheinlich ist. Die Rolle des Menschen im Krieg wird in den letzten beiden Versen der ersten Strophe angesprochen. Deutlich hebt das lyrische Ich in einem Ausruf die eigene Hoffnung hervor, nicht schuld am Krieg zu sein (vgl. V. 3 f.).

Die zweite Strophe beginnt mit einem Frageteil, in dem die Verwendung des Konjunktivs II auf ein vorgestelltes Geschehen verweist („Was sollt' ich machen“, V. 5). Das lyrische Ich überdenkt Möglichkeiten des eigenen Handelns unter bestimmten Bedingungen. Diese werden in den Strophen zwei bis fünf durch Konditionalgefüge verdeutlicht, die die furchtbaren Auswirkungen eines Krieges aufzeigen. Die hypothetische Vorstellung des lyrischen Ichs, dafür verantwortlich zu sein, wird in diesen vier Strophen durch die Verwendung von **Konjunktivformen** (z. B. „kämen“, V. 7) ausgedrückt. Die Verben der Anklage bzw. Gefühlsäußerung verweisen auf die Klagen der Menschen und stellen die Auseinandersetzung des lyrischen Ichs mit der möglichen Schuld heraus („weinten“, V. 8/„fluchten“, V. 11/„wehklagten“, V. 16/ „krähten“, V. 19). **Anaphorische Strukturen** („wenn“, V. 5, 9, 13, 17) unterstreichen die Einheit dieser Strophen, die sich alle auf die hypothetische Eingangsfrage in V. 5 beziehen.

Zunächst beschreibt das lyrische Ich das mögliche Szenario, sich vor den „Geistern der Erschlagnen“ (V. 7) rechtfertigen zu müssen. Der Gebrauch der **Alliteration** („blutig, bleich und blaß“, V. 6) erzeugt ein Bild des Grauens, die rahmenbildende Verwendung des Fragepronomens „was“ (V. 5, 8) unterstreicht die tiefe Ratlosigkeit des lyrischen Ichs angesichts dieser Vision. Diese Hilflosigkeit wird auch in den folgenden Strophen deutlich, da das lyrische Ich in seiner Vorstellung die Schrecken des Krieges aufleben lässt. In der dritten Strophe entwirft das lyrische Ich das Bild der verwundeten Soldaten, die mit ihren fragwürdigen Ehrbegriffen und in ihren Qualen durch den Gebrauch von Relativsatz (V. 9) und Tautologie („verstümmelt und halb tot“, V. 10) beschrieben werden. Die **Wiederholung des Numerales** „tausend“ (V. 13), die Verwendung des Indefinitpronomens „alle“ (V. 15) und die Kontrastierung („Freund und Feind“, V. 18)

verdeutlichen, dass der Krieg die gesamte Menschheit betrifft. Die **asyndetische Reihung** „Väter, Mütter, Bräute“ (V. 13) verweist auf die Klagen der Hinterbliebenen um die verlorenen Söhne und Verlobten. Kontrastive temporale Angaben verdeutlichen hierbei den Unterschied zwischen der harmonischen Zeit vor und der grauenvollen Zeit während des Krieges („So glücklich vor dem Krieg, / Nun alle elend, alle arme Leute“, V. 14 f.). Das sarkastische Bild der krähenden Totenvögel steht erneut für die Anklage der Toten („mir zu Ehren krähten“, V. 19) und veranschaulicht die Verzweiflung des lyrischen Ichs angesichts der beschriebenen Schreckensbilder.
Der ebenfalls als hypothetische Frage formulierte Beginn der sechsten Strophe („Was hülf' mir“, V. 21) verweist auf die Erkenntnis des lyrischen Ichs, die durch die **polysyndetische Reihung** („Kron' und Land und Gold und Ehre“, V. 21) besonders herausgehoben wird: Es wird betont, dass das lyrische Ich die eigene innere Ruhe und sein Seelenheil für wesentlicher hält als Reichtum, Besitz und Macht. Mit dem **Wechsel zum Indikativ**, der bereits in der ersten Strophe verwendet worden ist, und der Wiederholung der Verse drei und vier bekräftigt das lyrische Ich am Ende des Gedichtes die Hoffnung, nicht für all die Gräuel des Krieges verantwortlich zu sein.
Diesem Begehren muss sich der Leser stellen, indem er über die Verantwortung der Menschen für eine friedliche Welt reflektiert. Die schlichte Sprache des Gedichtes und die eindringliche Beschreibung der Grauen des Krieges lassen es nicht zu, sich als Leser zurückzulehnen, sondern befördern den Prozess des Innehaltens und Nachdenkens.

Teil B

Georg Trakl (1887–1914): Menschheit

Menschheit vor Feuerschlünden aufgestellt,
Ein Trommelwirbel, dunkler Krieger Stirnen,
Schritte durch Blutnebel; schwarzes Eisen schellt,
Verzweiflung, Nacht in traurigen Gehirnen:
Hier Evas Schatten[1], Jagd und rotes Geld.
Gewölk, das Licht durchbricht, das Abendmahl[2].
Es wohnt in Brot und Wein[3] ein sanftes Schweigen
Und jene sind versammelt zwölf an Zahl[4].
Nachts schrein im Schlaf sie unter Ölbaumzweigen[5];
Sankt Thomas[6] taucht die Hand ins Wundenmal.

(Erstdruck 1912)

Aus: M. Bertram (Hrsg.): Digitale Bibliothek der deutschen Literatur. Direct Media Publishing GmbH, Berlin 2000.

Anmerkungen

1 Evas Schuld an der Vertreibung aus dem Paradies
2 Sakrament, das die Vereinigung Jesu Christi mit den Gläubigen symbolisiert
3 Symbole für den Leib und das Blut Christi
4 die zwölf Jünger Jesu
5 Symbol des Friedens und der Versöhnung
6 Sankt Thomas, der ungläubige Jünger, der erst die Wunden von Jesu Kreuzigung berühren wollte, ehe er an dessen Auferstehung glaubte

Aufgabe:
Erschließen Sie die Gestaltung des Kriegsmotivs bei Georg Trakl im Vergleich zu dem Gedicht von Matthias Claudius.

Tipps und Hinweise

Um einen aussagekräftigen Motivvergleich anstellen zu können, müssen Sie auch bei dem Trakl-Gedicht das Thema und zentrale Aussagen herausarbeiten. Eine Untersuchung der formalen Gestaltung tritt dagegen in den Hintergrund. Sie arbeiten also aspektorientiert, indem Sie die Darstellung des Kriegsmotivs untersuchen und sie zu Claudius' Version abgrenzen. Sie sollten bei Ihrem Vergleich auch auf epochentypische Merkmale eingehen.

Lösungsvorschlag in Grundzügen

Georg Trakl: Menschheit

Thema und gedanklicher Aufbau

Trakl entwirft das Schreckensbild eines Krieges, das die unheilvolle Bedrohung der Menschheit und somit den Verfall jeglicher Werte symbolisiert und den Leser in völliger Verzweiflung zurücklässt.

Verse 1–4:
Es wird gezeigt, dass die Menschheit angesichts eines drohenden Krieges an ihrem Abgrund steht.

Verse 5–10:
Der Bezug auf religiöse Motive versinnbildlicht die Schuldfrage, aber auch die Hoffnung. Diese erstarrt jedoch, am Ende bleibt tiefe Resignation.

Analyse und Deutung

a) inhaltliche Analyse und Deutungsansatz

Die Überschrift des Gedichtes „Menschheit" wird gleich zu Beginn des ersten Verses wiederholt. Es wird deutlich, dass sich die Menschheit in einer Gefahr bringenden Situation befindet („vor Feuerschlünden aufgestellt", V. 1). Die Aufzählung von Kriegsbeschreibungen (Trommelwirbel, Krieger, Blutnebel, schwarzes Eisen, V. 2) intensiviert das Bild einer **unausweichlichen Bedrohung der gesamten Menschheit**. Sie befindet sich in völliger Verzweiflung und Ausweglosigkeit („Verzweiflung, Nacht in traurigen Gehirnen", V. 4). Der Bezug auf „Evas Schatten" (V. 5) und somit auf den Sündenfall stellt die **Schuld der Menschen am Ausbruch des Krieges** dar, denn sie sind von erbarmungsloser Profitgier zerfressen („Jagd und rotes Geld", V. 5).
Der nächste Vers verweist auf das Abendmahl als Fest der Versöhnung, in dem Schuld vergeben wird. Das Abendmahl symbolisiert die Gemeinschaft der Gläubigen und die unmittelbare Nähe zu Jesus Christus. Es ist das Fest der Hoffnung und der Freude mitten in aller Trauer und versinnbildlicht den Opfertod Jesu Christi und die Hoffnung auf Erlösung, was durch das „Licht" (V. 6) und das „sanfte[s] Schweigen" (V. 7) bekräftigt wird. Diese Hoffnung wird jedoch völlig zerstört durch das Schreien der Jünger „im Schlaf" (V. 9) und das „Wundenmal" (V. 10), in das der Jünger Thomas seine Hand taucht. Die Ölbaumzweige als Symbol des Friedens und der Versöhnung können keine Zuversicht vermitteln. Was bleibt, ist der Verlust des Glaubens und jeglicher Hoffnung, Krieg und Verderben sind nicht mehr abwendbar. So hinterlässt das Gedicht eine zutiefst resignative Stimmung, der sich der Leser stellen muss.
Trakls Gedicht weist typische **Merkmale des Expressionismus** auf. Angesichts eines totalen Werteverlustes bleibt das Individuum in Isolation gefangen. Fluchträume sind verwehrt, der Einzelne ertrinkt in der Masse. Die Menschen sind in Resignation und Hilflosigkeit erstarrt. Bereits vor Ausbruch des Ersten Weltkriegs wird das drohende Unheil erahnt, das die gesamte Menschheit erfassen wird. Somit zeichnet Trakl in seinem Gedicht durch das Bild des Krieges die **apokalyptische Vision der Zerstörung** der gesamten Menschheit. Das Gedicht ist ein Aufschrei der Verzweiflung, dem der Leser nicht entrinnen kann.

b) sprachlich-stilistische Gestaltung

Die Überschrift „Menschheit" deutet darauf hin, dass die Gesamtheit der Menschen von der im Gedicht beschriebenen ausweglosen Situation betroffen ist. Ein lyrisches Ich ist nicht fassbar, vielmehr scheint ein **anonymer Sprecher** das unheilvolle Geschehen aus der Distanz zu beobachten. Die Gefahr für die Menschheit wird durch eine typisch expressionistische, expressive Sprache verdeutlicht. Auffällig ist die Verwendung des **Motivs der Nacht** (V. 4, 9) und der **Kriegsmetaphorik** (z. B. Trommelwirbel, Krieger), der Gebrauch von Neologismen („Blutnebel“, V. 3) und die Nutzung einer eindringlichen Farbsymbolik. Das „schwarze Eisen“ (V. 3) verweist auf die Unheil bringende Kriegsmaschinerie, „rotes Geld“ (V. 5) verdeutlicht die Gier nach Reichtum, die das Blutvergießen verursacht. Elliptische, stakkatohaft aneinandergereihte Satzfetzen am Beginn des Gedichtes lassen, unterstützt durch das Mittel der **Synästhesie** (z. B. „schwarzes Eisen schellt“, V. 3), ein unheilvolles Szenario vor den Augen und Ohren des Lesers entstehen, das Verfall und Tod symbolisiert. Diesen Eindruck unterstützen auch die negativ konnotierten Attributionen („dunkler Krieger“, V. 2/„in traurigen Gehirnen“, V. 4). Durch die biblischen Bezüge im zweiten Teil des Gedichtes keimt zunächst Hoffnung auf, die am Ende jedoch völlig zerstört wird. **Kontrastierungen** heben dieses **Schwanken zwischen Hoffnung und Resignation** hervor. Auf der einen Seite finden sich positiv besetzte Symbole, wie z. B. Eva als Urmutter des Lebens (V. 5), das Licht als Zeichen der Hoffnung und des Glaubens (V. 6), das Abendmahl als Fest der Versöhnung und der Zuversicht (V. 6), aber auch ein adjektivisches Epitheton, das die Hoffnung unterstreicht („ein sanftes Schweigen“, V. 7). Auf der anderen Seite werden negativ besetzte Begriffe verwendet, die sich am Ende des Gedichtes häufen und somit die nihilistische Untergangsstimmung verdeutlichen (Schatten, Jagd, Gewölk, schrein, Wundenmal). Es wird das Bild einer Welt entworfen, in der alle Werte verloren gegangen sind und in der auch der Glaube keine Hoffnung mehr in sich birgt.

3 Vergleich beider Gedichte

Gemeinsamkeiten

Inhalt:

Beide Autoren verarbeiten in ihren Gedichten das Motiv „Krieg“ und warnen vor den Auswirkungen des Krieges auf die Menschheit. In beiden Gedichten wird die Verzweiflung und Ohnmacht angesichts des drohenden Grauens deutlich. Zudem wird auf die Verantwortung der Menschheit für ein friedliches Miteinander verwiesen. In beiden spiegelt sich die Hoffnung des Glaubens wider.

Form:

In beiden Gedichten erscheint die äußere Form als ein harmonisches Gefüge. Es wird der Kreuzreim verwendet.

Unterschiede

	„Kriesgslied“	**„Menschheit“**
Inhalt	Es ist eine Warnung vor den schrecklichen Folgen eines Krieges.	Mit der Gestaltung des Schreckensbildes vom Krieg wird der Untergang der gesamten Menschheit symbolisiert.
	Der Glaube an göttlichen Beistand ist von Hoffnung getragen.	Der Glaube an Gott bringt keine Zuversicht mehr.
Form/ Gestaltung	traditionelle lyrische Form	typisch expressionistisches Gedicht
	Ein lyrisches Ich setzt sich hypothetisch mit der eigenen Schuldfrage auseinander.	Ein anonymer Beobachter beschreibt das Unheil bringende Geschehen.
zeitliche Einordnung	Ende 18. Jahrhundert: Aufklärung	Anfang des 20. Jahrhunderts: Expressionismus

Georg Heym (1887–1912): Der Nebelstädte winzige Wintersonne (1911/12)

Der Nebelstädte
winzige Wintersonne
Leuchtet mir mitten ins gläserne Herz.
Das ist voll vertrockneter Blumen
Gleich einem gestorbenen Garten.

Alles, was ehe war,
Ist hinter den Mauern des Schlafes
Schon zur Ruhe gebracht.
Viele Winde der sausenden Straßen
Haben inzwischen auf frierenden Köpfen
Ein Wind-Spiel gemacht.

Wohl war in Dämmerung noch
Blutiger Wolken Kampf
Und der sterbenden Städte
Schultern zuckten im Krampf.
Wir aber gingen von dannen
Zerrissen uns mit einem Mal,
Dumpf scholl ein Zungen-Gestreite
In Finsternis – Unrat – siebenfarbiger Qual.

Doch niemand rühret das starre
Gestern noch mit der Hand
Da der rostige Mond
Kollerte unter den Rand
Zu wolkiger Wolken Geknarre.

Aus: Umbra vitae
http://www.fh-augsburg.de/~harsch/germanica/Chronologie/20Jh/Heym/hey_umb3.

Aufgabe:

Interpretieren Sie Georg Heyms Gedicht „Die Nebelstädte“.

Tipps und Hinweise

Bei dieser Aufgabe werden Kenntnisse zur Interpretation von Lyrik sowie Wissen über Merkmale expressionistischer Literatur vorausgesetzt. Als Einleitung bietet sich eine literaturhistorische Einordnung von Georg Heym an. Das vorliegende Gedicht ist aufgrund seiner komplexen sprachlichen Bilder nicht unbedingt leicht zu verstehen. Sie können diese Komplexität und Offenheit durchaus thematisieren, dann aber trotzdem versuchen, ein plausibles Deutungsangebot zu machen, das Sie mit passenden Zitaten abstützen. Das ambivalente Verhältnis der Expressionisten zum Phänomen Großstadt sollte Ihnen aus dem Unterricht bekannt sein, was Ihnen das Textverständnis erleichtert.

Lösungsvorschlag in Grundzügen

Literaturhistorische Einordnung

Georg Heyms Gedicht „Die Nebelstädte" entstand 1911/12 und ist in die Epoche des **Expressionismus** (1900–1920) einzuordnen. Autoren dieser literarischen Strömung reagieren auf gesellschaftliche Veränderungen, die von ihnen zunehmend als bedrohlich empfunden werden. Vor allem in Gedichten werden Ängste benannt und Gesellschaftskritik geübt, indem die Dichter sich einer starken bildhaften Ausdrucksweise bedienen. Sie artikulieren die Sinnlosigkeit des Daseins und verbalisieren die Kriegsschrecken, zudem nehmen sich die Expressionisten des Themas Großstadt an und zeigen die Auswirkung der Entfremdung auf den Menschen. Dies geschieht auch im vorliegenden Gedicht.

Interpretation

Das lyrische Ich nimmt im Gedicht „Die Nebelstädte" eine negative Stimmung in winterlichen Städten wahr und stellt fest, dass diese das in ihnen lebende Individuum bedroht. Denn die Städte vermitteln Trostlosigkeit, was die Verwendung des Wortes „Nebelstädte" unterstreicht. Nichts mehr ist klar greifbar, Werte verschwimmen im Nebel, werden diffus.
In der ersten Strophe, die aus zwei einfachen Sätzen besteht, wird zwischen „Der Nebelstädte / winziger Wintersonne" (V. 1 f.) und dem lyrischen Subjekt eine Beziehung hergestellt. Die Gefühlswelt des Sprechers scheint tot, denn das „gläserne Herz" (V. 3) „ist voll vertrockneter Blumen" (V. 4) und wird mit „einem gestorbenen Garten" verglichen (V. 5). Die Wintersonne hat keine Leben spendende Kraft, sie beleuchtet nur die **abgestorbene Natur**. So wie im Winter Blüten und Laub absterben, so verkümmert auch das Herz, der Sitz der Gefühle, und erscheint gläsern, also zerbrechlich und sehr gefährdet. Die Gemütsverfassung des Sprechers entspricht somit dem äußeren trostlosen Zustand der Nebelstädte.
Dass ehemals Vertrautes verloren ging, zeigt sich in der zweiten Strophe. Die Metapher von „den Mauern des Schlafes" (V. 7) verdeutlicht dies und weckt Assoziationen zu dem Märchen von Dornröschen, doch scheint es hier **keine Hoffnung auf ein Erwachen** mehr zu geben. Die Vergangenheit („Alles, was ehe war", V. 6) ist „zur Ruhe gebracht" (V. 8) und damit verstummt oder tot. Übrig blieben Menschen, die nicht mehr selbstbestimmt agieren, sondern vom „Winde der sausenden Straßen" (V. 9) zum „Wind-Spiel" (V. 11) degradiert wurden, der lebensfeindlichen Realität ausgesetzt sind. Auch die zweite Strophe evoziert somit ein **lebensfeindliches Klima**, indem sie die Getriebenheit der Menschen in den Städten beschreibt. Nicht die Sonne, sondern Winde bestimmen dort das Leben im Winter und lassen die Menschen frieren.
Der gedankliche Aufbau des Gedichtes weist eine deutliche **Steigerung** auf: Während die erste Strophe noch vom herbstlichen Vertrocknen spricht, führt in der zweiten der Schlaf für einen paralysierten Zustand. In der dritten Strophe dominieren schließlich **Bilder des Untergangs und des Todes**. Geschildert wird eine Art Apokalypse. Negativ besetzte Adjektive in Verbindung mit Substantiven aus dem Wortfeld Krieg vermitteln ein grausames Bild, zum

Beispiel „blutiger Wolken Kampf", „sterbende Städte" (V. 13 f.). Die Menschen wehrten sich nicht dagegen, sie „gingen von dannen" (V. 16) und werden als zerrissen beschrieben. Aus Dämmerung wird Finsternis, aus dem Kampf resultiert „siebenfarbige Qual" (V. 19). Mit der in der Bibel bedeutsamen Zahl Sieben wird eine Vollständigkeit des Untergangs angedeutet. In die Städte ziehen Nacht, Unrat und Qual ein. Die drastischen Bilder scheinen auch den Wechsel der Jahreszeiten in Worte zu fassen. Die Städte wehrten sich gegen das Nahen des Winters und des Todes. Durch die Personifikation der Städte (V. 14) wird der Vorgang des Absterbens und des Todeskampfes noch stärker betont. Nur schwer verständlich erscheinen die Verse 16 und 17, doch liegt es nahe, zwischen dem sich zerreißenden Wir und dem „Zungen-Gestreite" (V. 18) eine gedankliche Verbindung herzustellen. Offenbar entzweien sich die Menschen, halten **Zwist und Disharmonie** Einzug in die sozialen Beziehungen. Eine Assoziation zur in der Bibel beschriebenen babylonischen Sprachverwirrung, die ein friedliches Miteinander zerstörte, bietet sich an.
In der letzten Strophe zeigt sich nochmals deutlich, dass Unabwendbares passiert. Vertrautes vergeht, der Mensch kann den Untergang nicht beeinflussen, denn „niemand rühret das starre Gestern" (V. 20 f.). Der Mond, von vielen Dichtern in der Vergangenheit als Sinnbild des ewig Bestehenden verehrt, ist „rostig" (vgl. V. 22) und „kollerte unter den Rand" (V. 23), verliert also seine Beständigkeit und kann nicht überdauern. Wie schon die „winzige Wintersonne" (V. 2) verspricht er keine Hoffnung und bietet keinen Bezugspunkt mehr, ganz im Gegenteil: Der Mond hat Rost angesetzt, ist wertlos geworden und vom Himmel gefallen. Doch ohne diese himmlischen Gestirne erscheint der **Mensch orientierungslos**. Zu nichts mehr kann er seinen Blick erheben. In dieser kalten, lebensfeindlichen Welt scheint auch kein Gott zu existieren. Der Himmel droht, wie eine marode Kulisse zu zerfallen, die Wolken knarren, der Mond hat seinen Halt verloren.
Vier unregelmäßig gestaltete Strophen ohne festes Metrum sowie eine recht lose Reimstruktur unterstützen die Aussage des lyrischen Ichs, das Lebensgefühl ist nicht mehr ein Ganzes, es ist zerrissen. Nacheinander werden Bilder aneinandergereiht, die schnell wechseln und das allgemeine Chaos zeigen. Es herrscht keine Harmonie, was sich das Leben in der Großstadt widerspiegelt. Die daraus empfundene Gefahr wird durch viele Substantive, die im Textzusammenhang negativ besetzt sind, verdeutlicht. So vermittelt das Gedicht eine **Untergangsstimmung**, denn Blumen sind vertrocknet, der Garten gestorben (vgl. V. 4 f.), blutige Wolken kämpfen, die Städte sterben (vgl. V. 13 f.). Die Stadt wird personifiziert, ihre „Schultern zuckten im Krampf" (V. 15). Alliterationen, wie „winzige Wintersonne" (V. 2) oder „wolkige Wolken" (V. 24), der Gebrauch von Metaphern und Vergleichen zeigen die expressionistische Sprache und wirken aufrüttelnd und gleichzeitig deprimierend.
Die Stadt wird zum **Inbegriff von Kälte**, die sowohl das Klima als auch die zwischenmenschlichen Beziehungen bestimmt. Die Natur ist abgestorben, die Menschen erscheinen determiniert. Lichtquellen wie die Sonne verlieren ihre positive Kraft, das Leben zu fördern. Stattdessen prägen Dunkelheit, Dreck und Unfrieden das Dasein. Erinnerungen an eine Vergangenheit, die vielleicht besser war, sind ebenfalls nicht mehr möglich. Mit seinem Gedicht entspricht Georg Heym der expressionistischen Tendenz, die Großstadt zu dämonisieren und als anonymen und lebensfeindlichen Ort darzustellen. Mit einer drastischen Bildsprache, die sich auch aus biblischen Bezügen speist, stilisiert er die winterlichen Städte zu Schauplätzen des Todes. Bereits der Neologismus „Nebelstädte" nimmt vorweg, dass es hier kein lichtes, harmonisches Leben geben kann. Implizit übt Heyms Gedicht damit auch **Zivilisationskritik**.

Teil B

Joseph von Eichendorff (1788–1857): In Danzig (1842)

Dunkle Giebel, hohe Fenster,
Türme tief aus Nebel sehn,
Bleiche Statuen wie Gespenster
Lautlos an den Türen stehn.

Träumerisch der Mond drauf scheinet,
Dem die Stadt gar wohl gefällt,
Als läg' zauberhaft versteinet
Drunten eine Märchenwelt.

Ringsher durch das tiefe Lauschen,
Über alle Häuser weit,
Nur des Meeres fernes Rauschen –
Wunderbare Einsamkeit!

Und der Türmer wie vor Jahren
Singet ein uraltes Lied:
Wolle Gott den Schiffer wahren,
Der bei Nacht vorüberzieht!

Aus: Eichendorff, Joseph von: Novellen und Gedichte.
Frankfurt/Main: Insel Verlag 1984, S. 280.

Aufgabe:
Erschließen Sie die Gestaltung des Stadt-Motivs bei Georg Heym im Vergleich zu dem Gedicht von Joseph von Eichendorff.

Tipps und Hinweise

Sie sollten sich – auch angesichts der beschränkten Zeit, die Ihnen für Teil B zur Verfügung steht, – auf den Motivvergleich beschränken und nicht alles, was möglich scheint, vergleichen. Das Unterschiedliche sollte herausgestellt werden. Formale Aspekte sollten Sie allenfalls am Rand in Ihre Ausführungen mit einbeziehen. Eine Begründung für die Verschiedenheit in der Motivgestaltung sollte auch die epochentypischen Eigenheiten berücksichtigen und kontrastieren. Greifen Sie dafür auf Ihr literaturgeschichtliches Grundwissen zurück.

Lösungsvorschlag in Grundzügen

Auch in Joseph von Eichendorffs Gedicht „In Danzig" wird das Motiv einer nächtlichen Stadt gestaltet. Hier handelt es sich jedoch um eine konkrete Stadt, die schon im Titel benannt wird. Das lyrische Subjekt überblickt sie vollständig, die beschriebene Welt ist heil und klar erkennbar. Im Gegensatz dazu wird bei Heym die Stadt anonymisiert, er verwendet den Plural und bezeichnet sie als „Nebelstädte", die alles Individuelle bedrohen. Der Mensch nimmt seine Umgebung nicht mehr als Ganzes wahr, sondern registriert unzusammenhängende Einzelheiten.

Für den expressionistischen Dichter ist die Stadt ein Ort der Entfremdung, in dem alles Schöne gestorben zu sein scheint und menschliches Leben im Chaos versinkt.
Eichendorff dagegen zeigt die Stadt als eine vom Mond beschienene, träumerische und wunderbare Welt. Damit gibt sie Geborgenheit und verkörpert Dauerhaftigkeit. Er vergleicht die Stadt mit einer „Märchenwelt" (V. 8), die durch die Nacht „zauberhaft versteinet" (V. 7) daliegt und so die Möglichkeit bietet, das Bild zu genießen. Nachts erscheint die Stadt verlassen, doch wird die Einsamkeit nicht als bedrohlich oder unheimlich, sondern als wunderbar wahrgenommen (vgl. V. 12). Zwischen Natur und Zivilisation herrscht Harmonie, dem Mond scheint die Stadt „gar wohl" (V. 6) zu gefallen. Anders als bei Heym ist hier das nächtliche Gestirn, das in der Romantik auch als Symbol der Sehnsucht galt, ein fester Bezugspunkt, der Verlässlichkeit und Sicherheit verspricht. Das ferne Meeresrauschen hat eine einlullende, beruhigende Wirkung. In der vierten Strophe entsteht eine Kontinuität zwischen dem Jetzt und vergangenen Zeiten, indem „der Türmer wie vor Jahren / Singet ein uraltes Lied" (V. 13 f.). Auch bringt der Dichter Gottvertrauen zum Ausdruck. Der Mensch fühlt sich aufgehoben und beschützt in der göttlichen Ordnung.
Heyms Gedicht gipfelt in Verzweiflung und Hoffnungslosigkeit. Die Nacht wird gleichgesetzt mit Untergang und Sterben.

Erklärungsansätze für die unterschiedliche Gestaltung
Dass das Motiv der nächtlichen Stadt von den Dichtern so verschieden gestaltet wurde, liegt nicht zuletzt an der unterschiedlichen Entstehungszeit der Gedichte. Eichendorff, ein bedeutender Vertreter der deutschen **Romantik**, schreibt seine Verse in der ersten Hälfte des 19. Jahrhunderts. Die Romantiker setzen der beginnenden Industrialisierung und der damit verbundenen Unsicherheit eine harmonische und geordnete Welt entgegen, sie besinnen sich auf die Vergangenheit, die überschaubar und wohlgeordnet erscheint. Natur, Heimat, Sehnsucht und auch die Nacht sind typische romantische Motive. Die Dichtung vereint den Menschen mit der Natur, das Vergangene mit Heutigem und benutzt dabei eine schlichte Sprache, was sie sehr stark von expressionistischer Lyrik unterscheidet.
Auch stellt die äußere Form in der Lyrik den passenden Rahmen für den Inhalt, Strophenaufbau und Reimform unterstützen die ausgedrückte Harmonie, was sich am Gedicht „In Danzig" zeigt, besteht es doch aus vier gleichmäßig aufgebauten Strophen mit je vier Versen mit einem reinen Kreuzreim.
Ein grundsätzlich **verändertes Weltbild**, welches aus historischen Entwicklungen resultiert, ist die Basis für die Werke der **Expressionisten**. Dadurch, dass die Industrialisierung in Verbindung mit Bevölkerungswachstum und enormer Verstädterung eine Massengesellschaft hervorbringen, fällt es dem Einzelnen immer schwerer, seine Individualität zu bewahren. Eine Unsicherheit im Verhalten und Orientierungslosigkeit bestimmen das Lebensgefühl, denn tradierte Werte verlieren an Bedeutung. Höhepunkt dieser Entwicklung ist der Erste Weltkrieg, der deutlich macht, welche zerstörerischen Kräfte wirksam werden können.

Teil A

Arthur Schopenhauer (1788–1860): Unser Verhalten gegen andere betreffend.[1]

[…] Von der Höflichkeit, […] Sie ist eine stillschweigende Uebereinkunft, gegenseitig die moralisch und intellektuell elende Beschaffenheit von einander zu ignoriren und sie sich nicht vorzurücken; – wodurch diese, zu beiderseitigem Vortheil, etwas weniger leicht zu Tage kommt.

Höflichkeit ist Klugheit; folglich ist Unhöflichkeit Dummheit: sich mittels ihrer unnöthiger- und muthwilligerweise Feinde machen ist Raserei, wie wenn man sein Haus in Brand steckt. Denn Höflichkeit ist, wie die Rechenpfennige, eine offenkundig falsche Münze: mit einer solchen sparsam zu seyn, beweist Unverstand; hingegen Freigebigkeit mit ihr Verstand. Alle Nationen schließen den Brief mit *votre très-humble serviteur, – your most obedient servant, – suo devotissimo servo* [Ihr ergebenster Diener]: bloß die Deutschen halten mit dem „Diener" zurück, – weil es ja doch nicht wahr sei, –! Wer hingegen die Höflichkeit bis zum Opfern realer Interessen treibt gleicht Dem, der ächte Goldstücke statt Rechenpfennige gäbe. – Wie das Wachs, von Natur hart und spröde, durch ein wenig Wärme so geschmeidig wird, daß es jede beliebige Gestalt annimmt; so kann man selbst störrische und feindsälige Menschen, durch etwas Höflichkeit und Freundlichkeit, biegsam und gefällig machen. Sonach ist die Höflichkeit dem Menschen, was die Wärme dem Wachs.

Eine schwere Aufgabe ist freilich die Höflichkeit insofern, als sie verlangt, daß wir allen Leuten die größte Achtung bezeugen, während die allermeisten keine verdienen; sodann, daß wir den lebhaftesten Antheil an ihnen simuliren, während wir froh seyn müssen, keinen an ihnen zu haben. – Höflichkeit mit Stolz zu vereinigen ist ein Meisterstück. –

Wir würden bei Beleidigungen, als welche eigentlich immer in Aeußerungen der Nichtachtung bestehn, viel weniger aus der Fassung gerathen, wenn wir nicht einerseits eine ganz übertriebene Vorstellung von unserm hohen Werth und Würde, also einen ungemessenen Hochmuth hegten, und andererseits uns deutlich gemacht hätten, was, in der Regel, Jeder vom Andern, in seinem Herzen, hält und denkt. Welch ein greller Kontrast ist doch zwischen der Empfindlichkeit der meisten Leute über die leiseste Andeutung eines sie treffenden Tadels und Dem, was sie hören würden, wenn sie die Gespräche ihrer Bekannten über sie belauschten! – Wir sollten vielmehr uns gegenwärtig erhalten, daß die gewöhnliche Höflichkeit nur eine grinzende Maske ist: dann würden wir nicht Zeter schreien, wenn sie ein Mal sich etwas verschiebt, oder auf einen Augenblick abgenommen wird. Wann aber gar Einer geradezu grob wird, da ist es, als hätte er die Kleider abgeworfen und stände in *puris naturalibus* [splitterfasernackt] da. Freilich nimmt er sich dann, wie die meisten Menschen in diesem Zustande, schlecht aus. […]

(e 1851)

Aus: A. Schopenhauer. Parerga und Paralipomena: kleine philosophische Schriften. Erster Band. Zweiter Teilband. Aphorismen zur Lebensweisheit. Diogenes Verlag AG. Zürich 1977

Anmerkungen

[1] Orthographie und Zeichensetzung folgen den Regeln der Entstehungszeit des Textes.

Aufgabe:

Analysieren Sie den Textauszug und bewerten Sie seine Gestaltungs- und Wirkungsweise.

Tipps und Hinweise

Der vorliegende Text des Philosophen A. Schopenhauer stammt aus dessen „Aphorismen zur Lebensweisheit", in denen er eine Philosophie der Lebenskunst entwirft. Er setzt sich darin ganz allgemein mit den Bedingungen eines glücklichen Lebens in einer denkbar schlechten Welt auseinander. Der Textauszug enthält die repräsentativen Äußerungen Schopenhauers über die Höflichkeit als ein Mittel, das menschliche Miteinander erträglich zu gestalten.
Die Aufgabenstellung umfasst zwei wesentliche Arbeitsanweisungen – Sie sollen den Text analysieren und seine Gestaltungs- und Wirkungsweise bewerten. Dabei ist die Analyse deutlich ausführlicher anzulegen: Sie sind dazu aufgefordert, die Kernaussagen des Textes mit weitgehend eigenen Formulierungen wiederzugeben, den Textaufbau aufzudecken, dabei den vom Autor verwendeten Argumentationsgang vorzuführen. Sprachliche Gestaltungsmittel sind differenziert zu beschreiben und die Wirkungsweise des Textauszugs abzuleiten.
Erst die möglichst genaue Analyse versetzt Sie in die Lage, die im zweiten Aufgabenteil geforderte Bewertung vorzunehmen. Da Sie sich sowohl mit der Textgestaltung als auch mit seiner Wirkungsweise auseinandersetzen müssen, ist es nicht ausreichend, wenn Sie die sprachlichen Mittel auf ihre Wirkung überprüfen. Die formulierte Haltung Schopenhauers ist ebenso kritisch zu betrachten wie die gedankliche Herleitung seiner Thesen und seine Argumentationsweise. Auch auf den Adressatenbezug sollten Sie eingehen und mögliche Wirkungen des Textes auf Leser reflektieren. Achten Sie dabei auf die Entstehungszeit des Textes, die Ihnen einerseits die kritische Distanz zu Schopenhauers Positionen erleichtert, andererseits aber auch anbietet, den interessanten Aspekt der Aktualität zu diskutieren.

Lösungsvorschlag in Grundzügen

Der vorliegende Textauszug aus Schopenhauers *Aphorismen zur Lebensweisheit* aus dem Jahr 1851 setzt sich mit der Höflichkeit als einem wichtigen Prinzip menschlicher Kommunikation auseinander. In den vier Absätzen seines **essayistischen Textes** bestimmt und erläutert der Verfasser seinen **Höflichkeitsbegriff**, er äußert sich über Einschränkungen, die das Ausüben von Höflichkeit mit sich bringen kann, und stellt Gedanken zum höflichen Umgang wie auch zum Ertragen solcher Einschränkungen vor.

Schopenhauer erklärt Höflichkeit zu einer unausgesprochenen Übereinkunft, die „moralisch und intellektuell elende Beschaffenheit" (Z. 2) der Menschen zu ignorieren, und führt weiterhin aus, dass beide Seiten der Kommunikation davon Vorteile haben. Damit gibt sich der Verfasser in seinem Texteinstieg objektiv, ergreift weder für den höflich Agierenden noch für den höflich Angesprochenen Partei, da sich jeder Mensch im gesellschaftlichen Umgang in beiden Situationen befindet.

In den folgenden beiden Abschnitten spricht Schopenhauer über die Perspektive des Agierenden. Er behauptet im zweiten Absatz (Z. 5–17), dass **Höflichkeit mit Klugheit gleichzusetzen** sei, und schließt in antithetischer Ableitung, Unhöflichkeit sei folgerichtig Dummheit. Diese Verurteilung unhöflichen Verhaltens steigert Schopenhauer anschaulich, indem er anschließt, es sei sogar „Raserei", wenn man sich „unnöthiger-" oder gar „muthwilligerweise" durch unhöfliches Verhalten Feinde mache (Z. 5 f.). Am Zerstörungspotenzial und dem Aberwitz solcher Raserei lässt der Verfasser keinen Zweifel, das Beispiel vom selbst angezündeten eigenen Haus ist überzeugend (Z. 6 f.).

Schopenhauer beginnt nun, sein Plädoyer für die Höflichkeit mit weiteren Beispielen zu stützen. Er variiert das Thema Klugheit – Dummheit zu Freigiebigkeit – Sparsamkeit und schließt den Kreis seiner Argumentation mit der Wiederholung, Geizen mit Höflichkeit sei „Unverstand“, freimütiger Umgang damit jedoch „Verstand“ (Z. 8 f.). Zur Vertiefung findet der Verfasser zwei **Vergleiche aus Bereichen des gesellschaftlichen Alltags** wie der Verwendung wertloser Rechenpfennige oder stereotyper Grußfloskeln im offiziellen Schriftverkehr. Dabei leitet er ab, dass es unklug sei, sich nicht der Höflichkeit zu bedienen, denn sie koste nichts. Außerdem sei sie Gepflogenheit in allen Nationen. Nur die Deutschen, so Schopenhauer, hielten sich mit Höflichkeitsfloskeln zurück, „– weil es ja doch nicht wahr sei, –!“ (Z. 11). Das Ausrufezeichen markiert hier einen heftigen **Vorwurf des Verfassers**. Beide Vergleiche dienen ihm als Beleg für den Zusammenhang zwischen den Oppositionspaaren Klugheit – Dummheit und Höflichkeit – Unhöflichkeit. Gleichermaßen verstärkt das zweite Beispiel der gesellschaftlichen Etikette noch einmal das erste, das die Höflichkeit als falsche Münze bezeichnete.
Der Philosoph nimmt im Weiteren einen neuen Gedankengang auf und bleibt dafür im Bild der Rechenpfennige. Hatte er bisher alle Behauptungen und Beispiele in den Dienst der Fürsprache für höfliches Verhalten gestellt, so zeigt er jetzt erstmals eine **Grenze** dafür: Höflichkeiten müssten sich auf einen unverfänglichen Rahmen beschränken, sie sollten den Höflichen nicht zu stark einengen. Die drastische Verbwahl verdeutlicht die Ansicht des Verfassers, wenn er mahnt, dass das Erweisen von Höflichkeiten nicht bis zum „Opfern realer Interessen“ getrieben (Z. 12) werden dürfe. Er bewegt sich weiter in seinem Bild und erläutert für den Leser, das hieße, anstelle von unverbindlichen Rechenpfennigen dann echte Goldmünzen auszugeben, sich also selbst zu schaden. Schopenhauer verzichtet darauf, diese Aussage auch an seinem zweiten bildhaften Vergleich zu vertiefen. Der Leser kann jenes Bild selbst auf die Warnung hin anwenden und erkennen, dass man zwar die Formulierung „Ihr ergebenster Diener“ (Z. 10) wählen könne, jedoch nicht selbst zu diesem Diener werden dürfe.
Der Autor beendet den zweiten Absatz seiner Argumentation, indem er den Gedanken der **Nützlichkeit höflichen Sozialverhaltens** ins Spiel bringt. Mit einem augenfälligen Vergleich unterstützt er seine Ansicht und deutet das Bild selbst für den Leser: So, wie Wachs durch Einfluss von Wärme geschmeidig gemacht würde, ließen sich auch Menschen durch Höflichkeit „biegsam und gefällig machen“ (Z. 16). Höflichkeit betrachtet er hier also **als Instrument**, sich andere gewogen zu machen und diesen Zustand zu erhalten.

Mit Beginn des dritten Absatzes (Z. 18–21) spricht Schopenhauer nicht mehr allgemein von „man“ oder „den Deutschen“, sondern wird mit dem „wir“ persönlich, bezieht sich selbst ein. In diesem kurzen Abschnitt initiiert der Autor nun Gedankengänge, die auf Schwierigkeiten und Ungemach beim höflichen Umgang hinweisen. So bezieht sich der Verfasser auf seine Ausgangsthese von der Höflichkeit als stiller Übereinkunft, die durchaus „elende Beschaffenheit von einander“ (Z. 2) zu ignorieren. Er gibt dem Leser gegenüber zu, dass das Wahren von Höflichkeit eine „schwere Aufgabe“ sei, da sie verlange, allen Menschen Achtung zu zollen, obwohl die „allermeisten“ doch keine verdienten (Z. 18 f.). Eine zweite Begründung fügt er satirisch zuspitzend hinzu: Man würde „Antheil an ihnen simuliren“, obwohl man froh sein müsste, „keinen an ihnen zu haben“ (Z. 20 f.). Aphoristisch schließt er diesen Abschnitt: „Höflichkeit mit Stolz zu vereinigen ist ein Meisterstück.“ (Z. 21) Diese Aussage ist in ihrer Konnotation ambivalent. Sie kann nahelegen, dass es sich um ein sehr schweres, fast hoffnungsloses Unterfangen handelt, das nur von den Wenigsten verwirklicht werden kann; man kann das „Meisterstück“ aber auch als Herausforderung begreifen, die einem bei Geschick und Ehrgeiz auf ein höheres Niveau verhilft.

Bis jetzt hatte Schopenhauer über die Perspektive des höflich Agierenden reflektiert und die Vorteile – jedoch auch Schwierigkeiten – solchen Handelns gezeigt. Der letzte, wiederum ausführlichere Abschnitt (Z. 22–34) übernimmt die Funktion eines tröstenden „Ratgeberteils" für jene, denen Höflichkeit oder ein Mangel daran zuteil wird: Der Autor beleuchtet die **Umgangsformen** jetzt **aus der entgegengesetzten Richtung**. Er benennt Unbequemlichkeiten, die „uns" als Adressaten von höflichem oder unhöflichem Verhalten widerfahren können, und gibt praktische Hinweise zu deren Bewältigung. Im Wesentlichen sind es **zwei Regeln**, die es zu beachten gelte: Man könne gelassener auf Beleidigungen reagieren, wenn man erstens seine übersteigerte Selbsteinschätzung, seinen „ungemessenen Hochmuth" (Z. 24 f.) zurücknehme und sich zweitens kritisch bewusst mache, „was, in der Regel, Jeder vom Andern, in seinem Herzen, hält und denkt" (Z. 25 f.). Schopenhauer gibt jetzt deutlich zu verstehen, was Höflichkeit für ihn ist. Als „offenkundig falsche Münze" (Z. 7 f.) sei die gewöhnliche Höflichkeit „nur eine grinzende Maske" (Z. 30), also eine Fassade, die über die wahre Meinung hinwegtäusche, allerdings zum Vorteil aller Beteiligten. Mache man sich dieses Wesen der höflichen Kommunikation bewusst, dann könne man es unbetroffen aushalten, wenn diese Maske „ein Mal sich etwas verschiebt, oder auf einen Augenblick abgenommen wird" (Z. 31 f.). Hatte Schopenhauer im Vorangegangenen die Grenzen für übertrieben höfliches Verhalten angedeutet, so bleibt er jetzt diesen Hinweis auch für die Gegenseite nicht schuldig: „Wann aber *gar* Einer *geradezu* grob wird" (Z. 32, Herv. d. V.) – zweimal unterstreicht der Verfasser hier mit modal präzisierenden Bestimmungen – dann sei die Verhaltensgrenze übertreten. Der Verursacher stünde nun selbst da, „als hätte er die Kleider abgeworfen" (Z. 32 f.) und sei splitterfasernackt – Schopenhauer versteckt die Aussage als Euphemismus dezent in ihrer lateinischen Gestalt (vgl. Z. 33).

Der Verfasser formuliert seine Gedanken klar. Er reiht **aussagestarke Thesen** aneinander und versucht, seinen Leser durch scheinbar zwingend logische Ableitungen und Schlussfolgerungen zu überzeugen – die häufigen kommentarlosen Gegenüberstellungen von These und Antithese fallen auf. Vor allem in der ersten Texthälfte und am Textende nutzt er Metaphern und überdeutliche, z. T. auch ineinander verschachtelte konkrete und bildhafte **Vergleiche** zur Veranschaulichung. Schopenhauer ordnet den Aufbau seiner Gedanken und die Auswahl seiner Gestaltungsmittel der Absicht unter, den Leser auf lehrreiche und gleichzeitig unterhaltende Weise zu lenken. So enthält der Text auch **satirische Elemente**, etwa, wenn der Verfasser das Bild von der „grinzenden Maske" bemüht oder menschliche Reaktionen übertrieben oder euphemistisch darstellt. Dabei ist solche Ironie nie eine verletzende oder gar feindliche, denn der Sprecher urteilt nicht aus der Außenperspektive, sondern bezieht sich in das „Wir" ein. Der Autor schreibt pointiert, seine Reihungen von Thesen, Beispielen und Vergleichen klingen glaubhaft.

Schopenhauers Positionen zum Zustand des menschlichen Gemeinwesens sind bitter: Die Menschen seien von „elender Beschaffenheit" und Höflichkeit sei nur ein Notnagel, um dennoch gesellschaftliche Kommunikation zu ermöglichen. Trotzdem verfügt der Text über einen spezifischen Reiz. Er liegt darin, dass diese **Bitterkeit** mit großer **Lust am Gedankenspiel** und an sprachlicher Zuspitzung vorgetragen wird. Der Text enthält zwar keinen direkten Appell, aber die Sprache mit ihrem enthüllenden Charakter konstruiert ein gnadenloses Bild der Realität, in dem der Leser selbst indirekte Appelle für sein eigenes Verhalten finden kann. Allein die abwertende Formulierung von der „grinzenden" Maske ist derart provokativ, dass sie im Leser den Wunsch nährt, ihr etwas entgegenzusetzen.

Teil B

Max Frisch (1911–1991): Höflichkeit

[…]

Das Höfliche, oft als leere Fratze verachtet, offenbart sich als eine Gabe der Weisen. Ohne das Höfliche nämlich, das nicht im Gegensatz zum Wahrhaftigen steht, sondern eine liebevolle Form für das Wahrhaftige ist, können wir nicht wahrhaftig sein und zugleich in menschlicher Gesellschaft leben, die hinwiederum allein auf der Wahrhaftigkeit bestehen kann – also auf der Höflichkeit.

Höflichkeit natürlich nicht als eine Summe von Regeln, die man drillt, sondern als eine innere Haltung, eine Bereitschaft, die sich von Fall zu Fall bewähren muß –

Man hat sie nicht ein für allemal.

Wesentlich, scheint mir, geht es darum, daß wir uns vorstellen können, wie sich ein Wort oder eine Handlung, die unseren eigenen Umständen entspringt, für den anderen ausnimmt. Man macht, obschon es vielleicht unsrer eignen Laune entspräche, keinen Witz über Leichen, wenn der andere gerade seine Mutter verloren hat, und das setzt voraus, daß man an den andern denkt. Man bringt Blumen: als äußeren und sichtbaren Beweis, daß man an die andern gedacht hat, und auch alle weiteren Gebärden zeigen genau, worum es geht. Man hilft dem andern, wenn er den Mantel anzieht. Natürlich sind es meistens bloße Faxen; immerhin erinnern sie uns, worin das Höfliche bestünde, das wirkliche, wenn es einmal nicht als Geste vorkommt, sondern als Tat, als lebendiges Gelingen –

Zum Beispiel:

Man begnügt sich nicht damit, daß man dem andern einfach seine Meinung sagt; man bemüht sich zugleich um ein Maß, damit sie den andern nicht umwirft, sondern ihm hilft; wohl hält man ihm die Wahrheit hin, aber so, daß er hineinschlüpfen kann.

Warum so viel Erkenntnis, die meistens in der Welt ist, meistens unfruchtbar bleibt: vielleicht weil sie sich selber genügt und selten auch noch die Kraft hat, sich auf den andern zu beziehen –

Die Kraft: die Liebe.

Der Weise, der wirklich Höfliche, ist stets ein Liebender. Er liebt den Menschen, den er erkennen will, damit er ihn rette, und nicht seine Erkenntnis als solche. Man spürt es schon am Ton. Er wendet sich nicht an die Sterne, wenn er spricht, sondern an die Menschen. […]

Aus: M. Frisch. Tagebuch 1946–1949. Suhrkamp Verlag. Frankfurt/M. 1985

Aufgabe:

Erschließen Sie den Auszug aus dem Text von Max Frisch vergleichend.

Tipps und Hinweise

Max Frisch ist Ihnen als wichtiger Schweizer Schriftsteller des 20. Jahrhunderts aus der exemplarischen Behandlung seiner Romane oder Stücke bekannt. Er hat sich in seinen Tagebüchern nicht nur zu Belangen seines Privatlebens oder Schaffens geäußert, sondern generell zu Fragen der Zeit Stellung bezogen. Die Tagebücher ließ er herausgeben, sie sind also auch für die Öffentlichkeit bestimmt.

Die Aufgabenstellung fordert keine umfangreiche Analyse des Texts von Frisch. Zur besseren Einordnung Ihrer Antwort ist es trotzdem vorteilhaft, den Textauszug kurz zusammenhängend in seinem Gedankenaufbau vorzustellen, damit Sie die Positionen Frischs – wie gefordert – vergleichend erschließen können. In Ihrer Arbeit am Text Schopenhauers haben Sie Ergebnisse herausgestellt, die den Vergleich zum Tagebuchauszug Frischs nahelegen. Dazu zählen vor allem Ähnlichkeiten und Unterschiede, die die generelle Weltsicht wie auch spezielle gedankliche Positionen der beiden Autoren betreffen. Ebenso bieten die Art der Argumentation und die Sprachverwendung Vergleichsmomente an, denn obwohl das Schreiben beider Autoren essayistisch geprägt ist, zeigen sich doch Unterschiede im gedanklichen Aufbau und im sprachlichen Formulieren zwischen dem Textauszug aus einer umfänglicheren philosophischen Abhandlung und dem literarisch-privaten Schreibstil des Tagebuches. Beachten Sie auch die Entstehungszeiten: Beide Texte stehen in einem unterschiedlichen historischen Kontext, der ebenfalls Vergleichsmöglichkeiten für Ihre Aufgabenlösung eröffnet.

Lösungsvorschlag in Grundzügen

Gerade diese Maske ist es, die auf den ersten Blick das Bindeglied zum Auszug aus Max Frischs Tagebüchern bildet. Der Schriftsteller wendet sich gegen die verbreitete Missachtung der Höflichkeit als „leere[r] Fratze“ (Z. 2). Anders als Schopenhauer sieht Frisch Höflichkeit und Wahrhaftigkeit als einander bedingende Größen. Ursache für diese unterschiedlichen Positionen ist der zugrundegelegte Höflichkeits-Begriff. Frisch versteht darunter nicht „eine Summe von Regeln, die man drillt“, sondern „eine innere Haltung, eine Bereitschaft“, die es immer wieder neu anzueignen gelte (Z. 7 f.). Nachdem der Autor im ersten Abschnitt des abgedruckten Textauszugs die Prämissen für seine essayistischen Notizen setzt, bietet er im Folgenden drei **Beispiele** für solche Regeln **aus dem Alltagsleben**, die dem Leser Bilder praktizierter Höflichkeit vor Augen führen.

An dieser Stelle wird deutlich, dass Frisch keinen stringent aufgebauten Argumentationstext konstruiert, sondern eine **relativ lose Gedankensammlung** notiert. Zunächst spricht er für so wichtige Charakterzüge wie Taktgefühl und Empathie, nennt im gleichen Atemzug jedoch auch relativ äußerliche Höflichkeitsgesten wie Blumengeschenke oder die Hilfe beim Anziehen eines Mantels. So erklärt sich, dass Frisch selbst einschränkt, solche äußerlichen „Gebärden“ (Z. 15) seien „natürlich […] meistens bloße Faxen“ (Z. 16 f.). Damit kommt er der anfangs zitierten Missachtung der Höflichkeit als „leere[r] Fratze“ sehr nahe, doch er postuliert, dass solche Handlungsweisen dennoch wichtig seien, da sie die grundsätzliche **Bereitschaft** zeigten, **den anderen wahrzunehmen**, an ihn zu denken (vgl. Z. 14) und auf ihn zu achten. Außerdem – so der Verfasser – erinnern uns solche in der bürgerlichen Kultur tradierten Höflichkeitsformen an das „wirkliche“ Höfliche (Z. 17). Eine so verstandene Höflichkeit würde weniger als Geste, eher „als Tat, als lebendiges Gelingen“ vorkommen (Z. 18).
Auch hier schließt Frisch wieder ein **Beispiel** an, das **aus der täglichen Kommunikation** entlehnt ist, sich jedoch nicht auf bloße Umgangsformen beschränkt. Es geht um die Weise, wie einem anderen die Meinung zu sagen sei; ähnlich wie bei Schopenhauer sei das richtige „Maß“ (Z. 21) das ausschlaggebende Kriterium. Dient Schopenhauer der bewusste Einsatz von Höflichkeit im Gespräch jedoch in erster Linie dazu, günstige Rahmenbedingungen für

das Gelingen der eigenen Kommunikations-Vorhaben zu schaffen, so ist das Ziel von Frischs „wirkliche[r]“ Höflichkeit auf den anderen gerichtet, nicht, um ihn „biegsam und gefällig [zu] machen“ wie bei Schopenhauer (Text A, Z. 16), sondern um ihm zu helfen.

Der Schriftsteller weitet das Beispiel vom hingehaltenen Mantel aus zum Bild von der hingehaltenen Wahrheit, in die man (wie in einen Mantel) hineinschlüpfen könne (Z. 22). Der Leser kann im **Bild der Wahrheit als umhüllendem Mantel** eine Wärme- und Schutzfunktion assoziieren, die die Wahrheit in der Sicht des Autors bietet. Die Metapher, die Frisch bemüht, vereint die sogenannten Höflichkeits-„Faxen“ mit der anfangs benannten Wahrhaftigkeit. Damit veranschaulicht er seine Vorstellung von der **Höflichkeit als einer liebevollen Form für das Wahrhaftige**, also der „wirklichen Höflichkeit“. Die alles stützende Haltung hinter dieser Höflichkeit ist nach Frisch die Kraft der Liebe. Deren große Bedeutsamkeit wird auch stilistisch hervorgehoben, denn die Wendung mit ihren vier Wörtern beansprucht einen eigenen Absatz und fällt auf durch ihre nur zwei Subjekte enthaltende elliptische Form: Wie in einer Gleichung wird „die Kraft“ als „die Liebe“ definiert (Z. 26).

Hatte Frisch – wie auch Schopenhauer – anfangs aus der Sicht eines alle Leser einbeziehenden „wir“ oder allgemeineren „man“ geschrieben, so grenzt er nun im letzten Absatz ein auf den „Weise[n]“, der dann mit dem „wirklich Höfliche[n]“ (Z. 27) gleichgesetzt wird. Nach dieser zweifachen Bestimmung des Idealbildes vom Menschen entfaltet Frisch seine endgültige These, auf die der Gedankengang ausgerichtet scheint, denn dieser Mensch sei „stets ein Liebender“ (Z. 27). Der Autor führt zum genaueren Verständnis Ziel und Zweck dieses Liebens aus: Jener Weise „liebt den Menschen, den er erkennen will, damit er ihn rette“ (Z. 27 f.). Er liebe eben den Menschen und nicht die eigene Erkenntnis, er wende sich „an die Menschen“, wenn er spreche, nicht an „die Sterne“ (Z. 29 f.).

Frisch umreißt in diesem Abschnitt sein **Idealbild von einem Menschen**, der weise und damit wahrhaft menschlich handelt, indem er, getragen von der Kraft der Menschenliebe, mit tätiger, wahrhaftiger, gelingender – also „wirklicher“ Höflichkeit – den anderen nicht *umwerfen* (vgl. Z. 21), sondern *retten* (vgl. Z. 28) will. Der Leser mag hier einen wesentlichen Grundzug des **christlich geprägten Menschenbildes** spüren: Liebe zum Anderen dient darin als dauernde Motivation für das Handeln des Menschen. Völlig anders klang die Vorstellung Schopenhauers vom Klugen, der deutlicher rational orientiert scheint und ohne sichtbare Züge von Menschenliebe wie der Weise von Frisch gezeichnet wird. Auch er soll nicht *gar* zu *grob* mit dem Mitmenschen umgehen, doch diese Warnung wird mit Blick auf ihn selbst ausgesprochen - er stünde dann *nackt* da. Mögliche Folgen für den zu grob Behandelten werden von Schopenhauer nicht explizit betrachtet.

Frischs Tagebuchausschnitt, in der unmittelbaren Nachkriegszeit entstanden, reflektiert eine große Hoffnung auf die Kraft der Liebe zum Menschen. Schopenhauers *Parerga und Paralipomena* sind ca. hundert Jahre früher datiert und zeigen eine eher kritische, realistisch-pragmatische Betrachtungsweise. Der Leser hat die Möglichkeit, sich mit den Ähnlichkeiten und Unterschieden der vorgestellten Positionen auseinanderzusetzen. Er mag sich einer der beiden Ansichten mehr zuneigen oder sich völlig abgrenzen. Vielleicht wird er aber auch seine eigene Lesart entwickeln. So könnte er für sich einen Kompromiss ableiten aus den lebenspraktischen Hinweisen bei Schopenhauer und dem liebevollen Blick bei Frisch, den er möglicherweise relativiert, indem er seine idealistische Unbedingtheit und Ausschließlichkeit kritisch bewertet. In Abhängigkeit vom gesellschaftlichen Umfeld, in dem man sich bewegt, haben vermutlich beide Sichtweisen ihre Berechtigung.

Fach und Hauptfach Deutsch (Mecklenburg-Vorpommern)
Block II – Abiturprüfung 2008

Teil A

Heinrich von Kleist (1777–1811): Das Erdbeben in Chili

[…]

In Jeronimos und Josephens Brust regten sich Gedanken von seltsamer Art. Wenn sie sich mit so vieler Vertraulichkeit und Güte behandelt sahen, so wußten sie nicht, was sie von der Vergangenheit denken sollten, vom Richtplatze, von dem Gefängnisse, und der Glocke; und ob sie bloß davon geträumt hätten? Es war, als ob die Gemüter, seit dem fürchterlichen Schlage, der sie durchdröhnt hatte, alle versöhnt wären. Sie konnten in der Erinnerung gar nicht weiter, als bis auf ihn, zurückgehen. Nur Donna Elisabeth, welche bei einer Freundin, auf das Schauspiel des gestrigen Morgens, eingeladen worden war, die Einladung aber nicht angenommen hatte, ruhte zuweilen mit träumerischem Blicke auf Josephen; doch der Bericht, der über irgendein neues gräßliches Unglück erstattet ward, riß ihre, der Gegenwart kaum entflohene Seele schon wieder in dieselbe zurück.

Man erzählte, wie die Stadt gleich nach der ersten Haupterschütterung von Weibern ganz voll gewesen, die vor den Augen aller Männer niedergekommen seien; wie die Mönche darin, mit dem Kruzifix in der Hand, umhergelaufen wären, und geschrieen hätten: das Ende der Welt sei da! wie man einer Wache, die auf Befehl des Vizekönigs verlangte, eine Kirche zu räumen, geantwortet hätte: es gäbe keinen Vizekönig von Chili mehr! wie der Vizekönig in den schrecklichsten Augenblicken hätte müssen Galgen aufrichten lassen, um der Dieberei Einhalt zu tun; und wie ein Unschuldiger, der sich von hinten durch ein brennendes Haus gerettet, von dem Besitzer aus Übereilung ergriffen, und sogleich aufgeknöpft worden wäre.

Donna Elvire, bei deren Verletzungen Josephe viel beschäftigt war, hatte in einem Augenblick, da gerade die Erzählungen sich am lebhaftesten kreuzten, Gelegenheit genommen, sie zu fragen: wie es denn ihr an diesem fürchterlichen Tag ergangen sei? Und da Josephe ihr, mit beklemmtem Herzen, einige Hauptzüge davon angab, so ward ihr die Wollust, Tränen in die Augen dieser Dame treten zu sehen; Donna Elvire ergriff ihre Hand, und drückte sie, und winkte ihr, zu schweigen. Josephe dünkte sich unter den Seligen. Ein Gefühl, das sie nicht unterdrücken konnte, nannte den verfloßnen Tag, so viel Elend er auch über die Welt gebracht hatte, eine Wohltat, wie der Himmel noch keine über sie verhängt hatte. Und in der Tat schien, mitten in diesen gräßlichen Augenblicken, in welchen alle irdischen Güter der Menschen zugrunde gingen, und die ganze Natur verschüttet zu werden drohte, der menschliche Geist selbst, wie eine schöne Blume, aufzugehn. Auf den Feldern, so weit das Auge reichte, sah man Menschen von allen Ständen durcheinander liegen, Fürsten und Bettler, Matronen und Bäuerinnen, Staatsbeamte und Tagelöhner, Klosterherren und Klosterfrauen: einander bemitleiden, sich wechselseitig Hülfe reichen, von dem, was sie zur Erhaltung ihres Lebens gerettet haben mochten, freudig mitteilen, als ob das allgemeine Unglück alles, was ihm entronnen war, zu e i n e r Familie gemacht hätte.

(e 1807)

Aus: H. Sembdner (Hg.). H. v. Kleist. Sämtliche Werke und Briefe. Carl Hanser Verlag. München und Wien 1984

Aufgaben:

Interpretieren Sie den Textauszug.

Tipps und Hinweise

In seinem Erzähltext zeigt Kleist das außergewöhnliche Schicksal eines Liebespaares, dessen Leben mehrfach durch anscheinend zufälliges Einwirken äußerer Umstände dramatisch beeinflusst wird und das schließlich tragisch endet. Die Handlung setzt der Autor weit entfernt in der chilenischen Hauptstadt an, sein Er-Erzähler berichtet aus allwissender Perspektive, er hat auch Einblick in das Innenleben der Figuren. Bei der historischen Einordnung des Textes ist seine Entstehungszeit zu berücksichtigen (Erstveröffentlichung 1807), die darauf hinweist, dass er vor dem Hintergrund der Französischen Revolution entstand.
Die komplexe Arbeitsanweisung des Interpretierens setzt das Verfahren der Textanalyse voraus. Erst mit der möglichst genauen Beschreibung der Elemente des Auszugs auf seiner Text- und Darstellungsebene und der Bedeutungen, die ihr Zusammenwirken hervorrufen kann, legen Sie eine hinreichende Grundlage für Ihre deutenden Aussagen über den Text und seine Sinnebene.
Da der Textabschnitt einem zusammenhängenden längeren Erzähltext entnommen wurde, ist es zunächst erforderlich, seinen Inhalt in den gesamten Handlungszusammenhang einzuordnen. Beschränken Sie sich dabei auf wesentliche Angaben, erzählen Sie nicht den Inhalt nach!
Analysieren Sie die Textstruktur, den dargestellten Handlungsaufbau, die Figurencharakterisierung. Untersuchen Sie die Erzählweise und die Sprachverwendung des Erzählers. Leiten Sie aus der sprachlichen Gestaltung des Textes mögliche Wirkungen auf den Leser ab und gründen Sie Ihre Interpretationsaussagen auf die Ergebnisse Ihrer Analyse. Zitieren Sie dabei ausgewählte Textstellen als Belege für Ihre Aussagen.

Lösungsvorschlag in Grundzügen

Kleists Erzähltext aus der Zeit um 1807 setzt sich mit dem **Verhältnis von Zufall und Notwendigkeit** am Beispiel konkreter menschlicher Erfahrung auseinander. Die Erzählung handelt von der Liebesbeziehung der adligen Josephe und ihres Hauslehrers Jeronimo. Beide setzen sich über die Standesunterschiede hinweg und werden dafür von Josephes Vater, dessen moralisches Verständnis an den Werten der patriarchalischen Ordnung orientiert ist, bestraft. Doch auch das Kloster, in dem sich Josephe aufhalten muss, hindert die beiden Liebenden nicht daran, sich zueinander zu bekennen. Die junge Frau wird schwanger. Die Öffentlichkeit verurteilt Jeronimo und er wartet im Gefängnis auf seine Hinrichtung. Aus dieser scheinbar ausweglosen Situation werden beide völlig unerwartet durch das gewaltige Erdbeben von St. Jago befreit. Beide Hauptpersonen können fliehen – Josephe führt ihr neugeborenes Kind mit sich – und finden sich zufällig in einem idyllischen Tal in sicherer Entfernung vom Unglücksort wieder. In diesem Refugium treffen sie auf andere Flüchtlinge aus der vom Erdbeben zerstörten Stadt. Josephe stimmt der Bitte zu, das entkräftete Kind des Edelmannes Don Fernando zu stillen. Daraufhin wird die junge Familie von der Gesellschaft herzlich aufgenommen.

Hier setzt der Textauszug ein. In seinen drei Abschnitten führt der Erzähler das Erleben Josephes und Jeronimos in ihrem sicheren Zufluchtsort vor und zeigt, wie die beiden von der sie umgebenden Gesellschaft aufgenommen werden. Der erste Textabschnitt zeigt die Reflexion

der beiden Protagonisten. Der Anfangssatz kündigt „Gedanken von seltsamer Art“ (Z. 2) an. Der **Er-Erzähler** hat Einblick in die Innenwelt beider Figuren und schildert die außerordentliche Gemütsverfassung, in die sie offenbar durch die Umstände geraten sind. Überaus erleichtert und beglückt ob der unerwarteten Rettung und neuen sozialen Geborgenheit fühlen sie sich unsicher in der Bewertung des Vergangenen. Sie sind unentschieden, „was sie von der Vergangenheit denken sollten“ (Z. 3 f.). Dabei scheint ihre **Erinnerung rückwärts** abzulaufen, der Richtplatz mit seiner lebensbedrohlichen Bedeutung für die beiden wird zuerst bedacht, dann das Gefängnis, das Jeronimos Aufenthaltsort vor der geplanten Hinrichtung war. Die momentane Überraschung und Entspannung sind so stark, dass beide sogar erwägen, ob ihre Bestrafung nur ein Traum war. Der Erzähler präzisiert sofort, dass Josephes und Jeronimos klare Erinnerung nur bis zu „dem fürchterlichen Schlage“ (Z. 5 f.) des Erdbebens zurückgehen konnte, „gar nicht weiter“ (Z. 7). Beide Figuren werden von ihm für mehrere Sätze undifferenziert als „sie“ zusammengefasst, beide erinnern und empfinden identisch. Etwaige individuelle Befindlichkeiten beider Partner scheinen im Augenblick für den Erzähler so unwichtig, dass sie vernachlässigt werden können. Die genaue zeitliche Eingrenzung ihrer Erinnerung und damit ihrer Reflexion hat zur Folge, dass die Vorgeschichte ihres vermeintlichen Vergehens nicht mehr bedacht wird. Die Frage nach eigener Schuld oder Unschuld stellt sich für beide gar nicht, sie befinden sich in einem **euphorischen Ausnahmezustand**, frei von der Last, ihre Vergangenheit zu bewältigen. Die außergewöhnliche Situation des Paares – „Es war, *als ob* die Gemüter [...] alle versöhnt *wären*“(Z. 5 f.) – verstärkt der Erzähler durch den Gebrauch von **Konjunktiv und Vergleich**.
Durch die einschränkende Konjunktion „Nur“ (Z. 7) des Folgesatzes wird die Aufmerksamkeit des Lesers von der Selbstgenügsamkeit des Paares umgelenkt; Donna Elisabeth wird erwähnt, und aus einem Nebensatz erfährt der Leser, dass sie im Gegensatz zu den vielen Schaulustigen nicht an der angekündigten Hinrichtung Jeronimos teilgenommen hat. Motive werden nicht berichtet, aber der Leser kann Ernsthaftigkeit und Bestimmtheit bei dieser Frauenfigur vermuten, immerhin hatte sie die Einladung einer „Freundin“ auf jenes „Schauspiel“ nicht angenommen (vgl. Z. 8 f.). Hatten am Beginn dieses Erzählabschnitts bereits Josephe und Jeronimo gezweifelt, ob sie etwa geträumt hätten, so enthüllt der Blick auf Donna Elisabeth auch bei ihr einen träumerischen Zustand, wenn sie „zuweilen mit träumerischem Blicke auf Josephen“ ruhte (Z. 9 f.). Doch an dieser Stelle unterbricht der Erzähler die Darstellung der abgeklärten Innensicht der Figuren. Er lässt das **reale Grauen** außerhalb des stillen Winkels in die Traumwelt der Figuren eindringen, nachdem er Nachrichten über „irgendein neues gräßliches Unglück“ (Z. 10) ankündigt.

Dieser Bericht wird im zweiten Abschnitt des Textauszugs in erzählerisch gedrängter Weise konkretisiert. In einem einzigen langen, hypotaktisch gebauten Satz reiht der Erzähler Beispiele von unüberprüfbaren Ereignissen oder Gerüchten aneinander, die sich in ihrer Grausamkeit steigern und die Auflösung sowohl aller Sitten und Werte als auch jeglicher geistlicher und weltlicher Macht zeigen. Justiz und Polizei können ihre Aufgaben nicht mehr wahrnehmen. Die betroffenen Kräfte präsentieren in aufsteigender Folge einen sozialen und politischen Querschnitt durch die Gesellschaft der Stadt. Weiber, Männer, Mönche, Wachen, schließlich der Vizekönig selbst werden in einem **apokalyptisch anmutenden Chaos**, in völliger Orientierungs- und Machtlosigkeit vorgeführt. Unschuld und Schuld gelten nicht mehr, Recht und Unrecht stehen Kopf, wenn der Unschuldige „aufgeknöpft“ (Z. 20) wird. Gleich das erste wiedergegebene Ereignis – die Stadt wäre „von Weibern ganz voll gewesen, die vor den Augen aller Männer niedergekommen seien“ (Z. 12f.) wirkt in der maßlosen Übertreibung wie ein Sensationsbericht, der die tatsächlichen Geschehnisse marktschreierisch überspitzt. Die sich anschließenden Einzelbeobachtungen könnten jedoch als Panikhandlungen durchaus der Wahrheit entsprechen.

All diese **anarchischen Vorkommnisse** finden ihre **Widerspiegelung in der Sprache** des Erzählers. Anaphern helfen, diese Akkumulation von Nebensätzen zu strukturieren, gleichzeitig markieren sie den Beginn für Ankündigungen neueren, noch schlimmeren Übels. Das **verzweigte Nebensatzgeflecht** reflektiert mit seinem relativ komplizierten Bau das Durcheinander und Unüberschaubare der abgebildeten Wirklichkeit bzw. seiner Überhöhung. Der Erzähler gibt vor, den Ereignissen Authentizität zu verleihen, wenn er wörtliche Rede der Mönche oder der Wache übermittelt. Gleichzeitig äußert er mit der Verwendung des Konjunktivs in dieser direkten Rede aber eine Distanz zum Berichteten (vgl. z. B. „das Ende der Welt *sei* da!" Z. 14 f.). Die Konzentration des Geschilderten auf einen einzigen Satz mit parallelen Strukturen suggeriert Hektik und veranschaulicht, wie sich die Ereignisse wie in einer Kettenreaktion unkontrollierbar überstürzen und zum Chaos ausweiten. Nachdem der Leser in dieser kurzen Rückblende mit Anarchie und der Furcht vor dem „Ende der Welt" konfrontiert wurde, ist er nun dafür sensibilisiert, den Wert der **paradiesischen Gegenwelt** zu erfassen, die im dritten Erzählabschnitt des Textauszugs genauer geschildert wird.

Der Erzähler berichtet hier vom Leben der beiden Protagonisten im abgeschiedenen Tal. Anders als vor dem Erdbeben erfahren sie Anteilnahme und Verständnis seitens ihrer Umgebung. So interessiert sich die verletzte Donna Elvire, deren Kind Josephe nährt und die darüber hinaus auch von dieser umsorgt wird, für deren Erlebnisse am Schicksalstag und wird von Josephe in „einige[n] Hauptzüge[n]" (Z. 24) ins Vertrauen gezogen. Von Rührung ergriffen, gewährt die Donna der jungen Frau wortlos ihr **Mitgefühl** – der Erzähler beschreibt, dass „Tränen in die Augen dieser Dame treten" (Z. 25) und lässt mit dieser Formulierung in gehobener Sprache keinen Zweifel an der Erhabenheit ihres Verhaltens. So ist auch Josephe tief berührt. In einem auffällig kurzen Hauptsatz konstatiert der Erzähler kommentarlos ihre Reaktion: „Josephe dünkte sich unter den Seligen." (Z. 26 f.). Der Begriff des „Seligen" wirkt hier als Metapher, die einen in seiner Vollkommenheit nicht mehr steigerbaren, **erhabenen Zustand** ausdrückt. Der Leser mag diesen Begriff zunächst auf die engere Umgebung des Paares, also auf die Familie des Don Fernando beziehen, denn sowohl Donna Elisabeth (vgl. Z. 7 ff.) als auch Donna Elvire (vgl. Z. 21 ff.) wurden bereits indirekt als edle, eigenständig und menschlich urteilende, verständnisvolle Damen charakterisiert. Doch wird er sich den bei der Lektüre anklingenden Konnotationen wie ‚auserwählt sein', ‚der göttlichen Gnade teilhaftig werden', ‚in überirdischen Sphären, im Paradies weilen' kaum entziehen können. So fügt sich Josephes Wertung passend ein, die den vergangenen Tag der Naturkatastrophe trotz des „viel[en] Elend[s] [, das] er auch über die Welt gebracht hatte" (Z. 28), als eine „Wohltat, wie der Himmel noch keine über sie verhängt hatte" (Z. 28 f.), bezeichnet. Eine solche Sichtweise versetzt in Erstaunen, wenn man an seine katastrophale Zerstörungswelle denkt. Josephes rationale Urteilskraft scheint in diesem Moment der Darstellung eingeschränkt oder verzerrt zu sein.

Der Erzähler weitet nun den Blickwinkel des Betrachters aus und beschreibt bildhaft die paradiesischen Umstände im abgeschiedenen Tal. Dabei stimmt er mit seinem Satzanfang „Und in der Tat" (Z. 29) scheinbar Josephes Wertung zu. Er verallgemeinert alle bisherigen Beispiele, die von Untergang berichteten, und verabsolutiert zu der Behauptung, dass „alle irdischen Güter der Menschen zugrunde gingen, und die ganze Natur verschüttet zu werden drohte" (Z. 30 f.). Dieser vernichtenden Bestandsaufnahme setzt er die Metapher des „menschlichen Geist[es]" entgegen, dessen Aufgehen er mit jenem einer schönen Blume vergleicht (vgl. Z. 31 f.). Das **romantische Bild der aufblühenden wunderschönen Blume** steht in scharfem Kontrast zum angekündigten allgemeinen Untergang, wird jedoch offensichtlich durch diesen erst ermöglicht. Bestehende Normen und Regeln des Alten – so legt dieses Bild nahe – müssen erst gesprengt werden, bevor Neues aufkeimen kann. Der Erzähler enthält sich jedoch nicht eines Zweifels, denn dieses Bild des aus dem Chaos entstehenden ureigentlichen Humanistischen wird nicht als Realität dargestellt, sondern als Konjunktiv: Der menschliche Geist selber „**schien**" aufzugehen (Z. 29). Diese Behauptung stützt der Erzähler im Folgenden wieder – wie schon im zweiten Abschnitt – mit einer ausgedehnten Aufzählung von Beispielen, die sich auf einen einzigen Satz konzentrieren. „Menschen von allen Ständen" sieht man auf den Feldern „durcheinander liegen“ (Z. 32 f.). Wieder werden anonyme Repräsentanten der Ständegesellschaft gezeigt. Überwiegend parataktisch führt der Erzähler sie jeweils als Oppositionspaar von Reich und Arm, Mächtigem und Machtlosem, Mann und Frau vor und schildert, dass „Fürsten und Bettler“, „Staatsbeamte und Tagelöhner“ (Z. 33 f.) wie auch Frauen und Männer aus den ländlichen und klerikalen Gesellschaftsbereichen anteilnehmend und hilfreich miteinander umgehen.

Der Erzähler fasst die Auflistung der Ständevertreter und ihrer gemeinschaftlichen Tätigkeiten zusammen mit einem Vergleich, der durch „als ob“ eingeleitet wird und im Konjunktiv endet: Die Menschen verhielten sich zueinander, „als ob das allgemeine Unglück alles, was ihm entronnen war, zu e i n e r Familie gemacht hätte“. Das **Bild der Menschenfamilie** klingt hier an, die Assoziation eines ursprünglichen oder auch erhofften idealen Zustandes des menschlichen Zusammenlebens, der mit Begriffen wie „Paradies“, „Garten Eden“, „Goldenes Zeitalter“ erfasst sein mag. Kleists Erzähltext erschien am Anfang des 19. Jahrhunderts – auch die Erinnerung an die revolutionäre Forderung „Freiheit, Gleichheit, Brüderlichkeit“ drängt sich auf, zumal das Erdbeben als zeittypische Metapher für gewaltsame politische Umwälzungen lesbar ist.

Das kurzzeitige Aufleuchten eines idealen Gesellschaftszustands findet seinen Widerschein in der **Sprache**, die Kleist seinem Erzähler zur Verfügung stellt. Im Vergleich zum Vorangegangenen wird im letzten Satz des Textauszugs eine **Tendenz zur Beruhigung** spürbar – eine parataktische Aneinanderreihung von vier Kontrastpaaren als erklärende Appositionen zum Akkusativobjekt des Satzes „Menschen von allen Ständen“ gibt dem Leser Muße, sich diese Menschen konkreter vorzustellen. Die drei sich anschließenden modalen Aufzählungen gewähren ihm die Möglichkeit, sich deren Befindlichkeit in der Idylle auszumalen. Sie bieten leicht les- und entzifferbare Bilder für die Vorstellungskraft des Lesers, die auch in ihrem Satzrhythmus **Harmonie und Frieden** ausstrahlen. Sie stehen in auffälligem Gegensatz zum Bau des langen Satzes im vorigen Erzählabschnitt, der mit seiner gedrängten Syntax die Katastrophe schilderte.

So scheint das schwere Erdbeben, das die Liebenden als Beweis göttlicher Gnade werten, die alte unmenschliche soziale und politische Ordnung außer Kraft gesetzt zu haben. Wie gezeigt, suggerieren distanzschaffende sprachliche Mittel wie **Vergleichspartikel** oder **Konjunktive** deutliche **Skepsis des Erzählers** gegenüber dem Geäußerten. Er zeigt seinen Zweifel nicht nur an der teilweise überzogenen Schilderung der chaotischen Auswirkungen des Erdbebens, sondern auch angesichts der naiven Hoffnung auf ein künftiges Glück in idealen sozialen Bedingungen.

Teil B

Heinrich von Kleist (1777–1811): Das Erdbeben in Chili

[…]

Als sie in der Kirche der Dominikaner ankamen, ließ sich die Orgel schon mit musikalischer Pracht hören, und eine unermeßliche Menschenmenge wogte darin. Das Gedränge erstreckte sich bis weit vor den Portalen auf den Vorplatz der Kirche hinaus, und an den Wänden hoch, in den Rahmen der Gemälde, hingen Knaben, und hielten mit erwartungsvollen Blicken ihre Mützen in der Hand. Von allen Kronleuchtern strahlte es herab, die Pfeiler warfen, bei der einbrechenden Dämmerung, geheimnisvolle Schatten, die große von gefärbtem Glas gearbeitete Rose in der Kirche äußerstem Hintergrunde glühte, wie die Abendsonne selbst, die sie erleuchtete, und Stille herrschte, da die Orgel jetzt schwieg, in der ganzen Versammlung, als hätte keiner einen Laut in der Brust. Niemals schlug aus einem christlichen Dom eine solche Flamme der Inbrunst gen Himmel, wie heute aus dem Dominikanerdom zu St. Jago; und keine menschliche Brust gab wärmere Glut dazu her, als Jeronimos und Josephens!

Die Feierlichkeit fing mit einer Predigt an, die der ältesten Chorherren einer, mit dem Festschmuck angetan, von der Kanzel hielt. Er begann gleich mit Lob, Preis und Dank, seine zitternden, vom Chorhemde weit umflossenen Hände hoch gen Himmel erhebend, daß noch Menschen seien, auf diesem, in Trümmer zerfallenden Teile der Welt, fähig, zu Gott empor zu stammeln. Er schilderte, was auf den Wink des Allmächtigen geschehen war; das Weltgericht kann nicht entsetzlicher sein; und als er das gestrige Erdbeben gleichwohl, auf einen Riß, den der Dom erhalten hatte, hinzeigend, einen bloßen Vorboten davon nannte, lief ein Schauder über die ganze Versammlung. Hierauf kam er, im Flusse priesterlicher Beredsamkeit, auf das Sittenverderbnis der Stadt; Greuel, wie Sodom und Gomorrha sie nicht sahen, straft' er an ihr; und nur der unendlichen Langmut Gottes schrieb er es zu, daß sie noch nicht gänzlich vom Erdboden vertilgt worden sei.

[…]

(e 1807)

Aus: H. Sembdner (Hg.). H. v. Kleist. Sämtliche Werke und Briefe. Carl Hanser Verlag. München und Wien 1984

Aufgabe:

Vergleichen Sie die beiden Textauszüge.

Tipps und Hinweise

Eine Analyse oder Interpretation dieses Textausschnitts ist nicht von Ihnen verlangt. Um Ihren Vergleich auf eine tragfähige Grundlage zu stellen, ist es trotzdem nötig, den zweiten Textauszug kurz inhaltlich in den Gesamtkontext einzuordnen und ihn in Aufbau und Erzählweise knapp zu umreißen. Vergleichende Betrachtungen bieten sich hinsichtlich der Gestaltungsweise beider Textauszüge und ihrer Wirkung an (Syntax, Stil, Symbolik, Topikketten). Auch die Darstellung von Kontrastpaaren sollte vorgeführt werden (z. B. Idylle – Wirklichkeit, Land – Stadt, Chaos – Ordnung, Humanisierung – Enthumanisierung). Zusammenfassende Deutungsansätze eröffnen sich in Fragen nach dem Verhältnis von gesellschaftlicher Ordnung und Glück des Einzelnen, nach dem Charakter dieser Ordnung, dem Verhältnis von Natur und Kultur oder auch nach dem Verhalten von Menschen in Extremsituationen.

Lösungsvorschlag in Grundzügen

Der zu vergleichende zweite Textauszug setzt einige Zeit später ein, als Jeronimo und Josephe allen Warnungen zum Trotz die Messe in der Dominikanerkirche besuchen. Ihre Gutgläubigkeit und naive Hoffnung auf das Gute im Menschen, das durch die gewaltigen Erschütterungen freigelegt wurde, veranlasste sie zu dieser Handlung, in deren Konsequenz beide – nach diesem Textausschnitt – von der aufgebrachten und verhetzten Menschenmenge gelyncht werden. Als Hoffnungsträger bleibt einzig ihr Kind am Leben, das dann von den Hinterbliebenen aus Don Fernandos Familie aufgezogen wird.

Der Textabschnitt zeigt in seiner inhaltlichen Struktur eine **klar sichtbare Gliederung**. Zwei jeweils viersätzige Abschnitte folgen einander, die sich deutlich in Stil und Syntax unterscheiden. Stellt der Erzähler im ersten Abschnitt die **Erwartungshaltung der Menschenmenge** vor dem Beginn der Messe und die feierliche Atmosphäre im Dom vor, so gibt er im zweiten Abschnitt den **Inhalt der Predigt** des Dominikaners wieder. Der schildernden Zeitdehnung des ersten Absatzes steht die Zeitraffung im Erzählbericht des zweiten gegenüber. Anfangs entwirft der Erzähler in überwiegend parataktischem Satzbau seine Bilder. Sein erster Blick führt in den Dom, dessen Inneres in den folgenden Ausführungen erhaben und prachtvoll gezeigt wird. Der erste Eindruck ist allerdings ein akustischer, die „musikalische[…] Pracht“ der Orgel (Z. 2 f.) umgibt die Messbesucher. Trotz der Überfüllung des Kircheninnenraumes lässt die metaphorische Beschreibung der „unermeßliche[n] Menschenmenge“ als Wogen (Z. 3) mit seiner regelmäßigen Dynamik ein Bild von Ruhe und Harmonie entstehen. Doch auch das „Gedränge“(ebd.) auf dem Vorplatz erzeugt keine Hektik in der Fantasie des Lesers. Der Erzähler beschreibt Statisches, erwartungsvoll Verharrendes – die Knaben werden als an den Wänden hängend und ihre Mützen in den Händen haltend porträtiert, nicht etwa kletternd oder um gute Plätze streitend (vgl. Z. 5 f.). Im nächsten Satz des ersten Absatzes reiht der Erzähler wieder ausführlich Schilderungen von Sinneseindrücken aneinander und verwendet dafür differenziert Wendungen aus den **Wortfeldern des Sehens und des Hörens**. Das Licht wie auch seine Aufnahme wird in verschiedenen Abstufungen vorgeführt: „Kronleuchter“, „Dämmerung“, „Schatten“, „Abendsonne“ (Z. 6 ff.) lassen ein facettenreiches Bild entstehen. Expressive Adjektive und Verben wie „einbrechende“, „geheimnisvoll“, „glühte“ (Z. 7 f.) führen auf subtile Weise Konnotationen von Dramatik ein. Personifizierungen und Vergleiche lassen die Bilder sehr lebhaft wirken, und der Leser kann sich der geheimnisvollen, zunehmend **spannungsgeladenen Atmosphäre** nicht entziehen. Zusätzlich zum Bedeutungsfeld des Sehens nimmt der Erzähler das des Hörens erneut auf – die Orgel, wieder personifiziert und dadurch bedeutungsaufgeladen, „schwieg“ und es „herrschte“ Stille (Z. 9 f.). Nach der Darstellung solcher Einzelheiten vor und in der Kirche fasst der letzte Satz des Abschnitts die Stimmung zusammen und schwenkt den Blick wieder auf Josephe und Jeronimo. Superlative, Metapher und Vergleich bemüht der Erzähler, um die **erwartungsvolle Inbrunst der Menschen** darzustellen und das Empfinden Josephes und Jeronimos über das aller anderen Anwesenden zu erheben. Das Bild der „Flamme der Inbrunst“ (Z. 11), das im Motiv der „wärmere[n] Glut“ (Z. 12 f.) weitergeführt wird, enthält ambivalente Bedeutungen, die ein Spannungsfeld von Wärme und Liebe bis hin zu ungeheurer Zerstörungskraft umfassen und damit vorausdeutende Züge annehmen. Das Ausrufezeichen, das den letzten Satz des Abschnittes beendet, markiert die besondere Stellung dieser Aussage im ganzen Abschnitt, als hätten alle Beschreibungen des Vortextes vor allem jene Funktion gehabt, den Leser auf die Mitteilung von Josephes und Jeronimos außerordentlichem Seelenzustand während des Wartens auf die Heilige Messe vorzubereiten.

Im zweiten Abschnitt bedient der Erzähler die Erwartungshaltung der Figuren wie auch des Lesers. Er beginnt mit einem relativ kurzen Satz, in dem er sachlich und schmucklos über den Beginn der Predigt und den Redner informiert. Dieser, als „der ältesten Chorherren einer“ (Z. 14) vorgestellt, beginnt sogleich einer Gebetsformel ähnlich mit „Lob, Preis und Dank“

(Z. 15). Die Worte, die er laut Erzähler dafür findet, bilden einen starken Kontrast zur Hoffnung und milden Gestimmtheit der Zuhörer, wie sie im vorigen Textabschnitt geschildert wurden. Er spricht von „in Trümmer zerfallenden Teile[n] der Welt" und vom Stammeln jener Menschen, die „noch […] seien" (Z. 17). Sehr schnell gewinnen die Sätze an Länge und Komplexität, die folgenden Sätze reflektieren mit ihren hier wieder hypotaktischen Beziehungen die **Irrationalität der Rede des Choräitesten**, die eine adäquate Widerspiegelung in der Sprache findet. Der Erzähler gibt sehr unvermittelt Wendungen der Predigt wieder, er wechselt aus dem Präteritum als Erzählzeit sogar ins Präsens (Z. 19) und lässt somit offen, ob es sich um Figurenrede oder Erzählerkommentar handelt. Die Gültigkeit der Aussage „das Weltgericht kann nicht entsetzlicher sein" (Z. 19) wird dadurch ausgeweitet und der Leser wird mit seiner eigenen Gegenwart unmerklich einbezogen. Der Prediger sieht seine Aufgabe darin, die Menschen zu ängstigen und einzuschüchtern – das **Erdbeben** wertet er **als Vorboten des Weltgerichts**, als göttliche Bestrafung und Warnung vor weiterer schlimmerer Strafe. Der Dominikanerpriester verfehlt sein Ziel, Angst und Schrecken zu verbreiten, nicht – „ein Schauder [lief] über die ganze Versammlung" (Z. 21). Er gibt auch die Ursachen für die Strafe an, sie liegen in der „Sittenverderbnis" der Stadt und an „Greuel[n]", die nicht einmal Sodom und Gomorrha gesehen hätten (Z. 22f.). Die alttestamentarische Geschichte von den beiden Städten, die wegen des gottlosen Lebenswandels ihrer Bewohner durch ein göttliches Strafgericht in Schutt und Asche gelegt wurden, ist dem Leser gegenwärtig. Er hat aus diesem Vergleich zu schließen, dass die Menschen St. Jagos sich aus der Sicht des Predigers noch schlimmer vergangen haben müssen als ihre Vorgänger in den Legenden der Bibel.
Hier endet der Textauszug, doch die Handlungsrichtung ist zwingend vorgegeben. Die **Menschen kehren ihre Angst in Aggression um**, schnell sind die Sündenböcke gefunden und sollte Jeronimo vor dem Erdbeben noch nach herrschendem Recht und Gesetz hingerichtet werden, so übernimmt jetzt die verhetzte Meute ein noch roheres Vernichtungswerk, das auch Unschuldige in den Tod reißt.

Die Nutzung von sprachlichen Satzbaumustern ähnelt sich in den beiden Textausschnitten, neben- bzw. unterordnende Haupt- und Nebensatzgeflechte repräsentieren einerseits Ruhe und Harmonie, andererseits Chaos und Untergang. Der Erzähler gibt überwiegend seinen scheinbar objektiven Bericht, fädelt aber geschickt eigene Sichtweisen durch distanzierende Sprachverwendung ein. Superlative, Vergleiche, Personifikationen und Metaphern dienen der Veranschaulichung des Geschilderten und lenken die Wahrnehmung des Lesers. Der zweite Textauszug führt den Leser zur Erkenntnis, dass der zuvor abgebildete **Idealzustand** in der Abgeschiedenheit, der die Hoffnung auf freie, glückliche Lebensumstände jenseits aller gesellschaftlichen und zivilisatorischen Schranken verkörperte, **ein Trugschluss** war. Sobald die Menschen ihren Schutzraum verlassen und sich wieder in die Einrichtungen der Gesellschaft begeben, hier dargestellt durch den Dominikanerdom, sind die alten Herrschaftsmechanismen wieder hergestellt, und die Utopien haben ihre Kraft verloren. Der Leser muss zur Kenntnis nehmen, dass der Glaube Josephes und Jeronimos an die Läuterung des Menschen durch außerordentliche Umstände, durch göttliches Wirken, ein Fehlglaube war. Auch die Bewertung des Erdbebens als göttliche Rettung zweier Menschen um den Preis des Todes fast einer ganzen Stadtbevölkerung erweist sich für die beiden Figuren als tragischer Irrtum. Hier zeigen sich **Selbstüberschätzung und Naivität**. Alle wollen im Erdbeben das Wirken Gottes erkennen. Doch während die Liebenden die Katastrophe als Zeichen der göttlichen Gnade werten, versteht die Masse sie als Ankündigung des Gerichts. In beiden Fällen erweist sich die Interpretation als Verblendung. Das letzte Wort wird der Leser haben, denn er muss sich der Wiedergabe durch den Erzähler stellen. Fragen nach einem göttlichen Wirken und seiner Gerichtetheit, nach Schuld und Verantwortung, nach Zufall und Schicksal wird der Leser letztlich für sich entscheiden müssen.

Bertolt Brecht (1898–1956): Leben des Galilei (Szene 13, Textauszug)

13

GALILEO GALILEI WIDERRUFT VOR DER INQUISITION AM 22. JUNI 1633 SEINE LEHRE VON DER BEWEGUNG DER ERDE.

Und es war ein Junitag, der schnell verstrich
Und der war wichtig für dich und mich
Aus Finsternis trat die Vernunft herfür
Ein' ganzen Tag stand sie vor der Tür.

Im Palast des Florentinischen Gesandten in Rom

Galileis Schüler warten auf Nachrichten. Der kleine Mönch und Federzoni spielen mit weiten Bewegungen das neue Schach. In einer Ecke kniet Virginia und betet den Englischen Gruß.[1]

[...]

Das Individuum aus dem Palast des Großherzogs von Florenz tritt ein.

INDIVIDUUM Herr Galilei wird bald hier sein. Er mag ein Bett benötigen.

FEDERZONI Man hat ihn entlassen?

INDIVIDUUM Man erwartet, daß Herr Galilei um fünf Uhr in einer Sitzung der Inquisition widerrufen wird. Die große Glocke von Sankt Markus wird geläutet und der Wortlaut des Widerrufs öffentlich ausgerufen werden.

ANDREA Ich glaube es nicht.

INDIVIDUUM Wegen der Menschenansammlungen in den Gassen wird Herr Galilei an das Gartentor hier hinter dem Palast gebracht werden. *Ab*

ANDREA *plötzlich laut:* Der Mond ist eine Erde und hat kein eigenes Licht. Und so hat die Venus kein eigenes Licht und ist wie die Erde und läuft um die Sonne. Und es drehen sich vier Monde um das Gestirn Jupiter, das sich in der Höhe der Fixsterne befindet und an keiner Schale befestigt ist. Und die Sonne ist das Zentrum der Welt und unbeweglich an ihrem Ort, und die Erde ist nicht Zentrum und nicht unbeweglich. Und er ist es, der es uns gezeigt hat.

DER KLEINE MÖNCH Und mit Gewalt kann man nicht ungesehen machen, was gesehen wurde.

Schweigen

FEDERZONI *blickt auf die Sonnenuhr im Garten:* Fünf Uhr.

Virginia betet lauter.

ANDREA Ich kann nicht mehr warten, ihr! Sie köpfen die Wahrheit!

Er hält sich die Ohren zu, der kleine Mönch ebenfalls. Aber die Glocke wird nicht geläutet. Nach einer Pause, ausgefüllt durch das murmelnde Beten Virginias, schüttelt Federzoni verneinend den Kopf. Die anderen lassen die Hände sinken.

FEDERZONI *heiser:* Nichts. Es ist drei Minuten über fünf.

ANDREA Er widersteht.

DER KLEINE MÖNCH Er widerruft nicht!

FEDERZONI Nein. Oh, wir Glücklichen!

Sie umarmen sich. Sie sind überglücklich.

ANDREA Also: es geht nicht mit Gewalt! Sie kann nicht alles! Also: die Torheit wird besiegt, sie ist nicht unverletzlich! Also: der Mensch fürchtet den Tod nicht!

FEDERZONI Jetzt beginnt wirklich die Zeit des Wissens. Das ist ihre Geburtsstunde. Bedenkt, wenn er widerrufen hätte!

DER KLEINE MÖNCH Ich sagte es nicht, aber ich war voll Sorge. Ich Kleingläubiger!

ANDREA Ich aber wußte es.

FEDERZONI Als ob es am Morgen wieder Nacht würde, wäre es gewesen.

ANDREA Als ob der Berg gesagt hätte: ich bin ein Wasser.

DER KLEINE MÖNCH *kniet nieder, weinend:* Herr, ich danke dir!

ANDREA Aber es ist alles verändert heute! Der Mensch hebt den Kopf, der Gepeinigte, und sagt: ich kann leben. So viel ist gewonnen, wenn nur einer aufsteht und Nein sagt!

In diesem Augenblick beginnt die Glocke von Sankt Markus zu dröhnen. Alles steht erstarrt.

VIRGINIA *steht auf:* Die Glocke von Sankt Markus! Er ist nicht verdammt!

Von der Straße herauf hört man den Ansager den Widerruf Galileis verlesen.

STIMME DES ANSAGERS „Ich, Galileo Galilei, Lehrer der Mathematik und der Physik in Florenz, schwöre ab, was ich gelehrt habe, daß die Sonne das Zentrum der Welt ist und an ihrem Ort unbeweglich, und die Erde ist nicht Zentrum und nicht unbeweglich. Ich schwöre ab, verwünsche und verfluche mit redlichem Herzen und nicht erheucheltem Glauben alle diese Irrtümer und Ketzereien sowie überhaupt jeden anderen Irrtum und jede andere Meinung, welche der Heiligen Kirche entgegen ist.“

Es wird dunkel.

Wenn es wieder hell wird, dröhnt die Glocke noch, hört dann aber auf. Virginia ist hinausgegangen. Galileis Schüler sind noch da.

FEDERZONI Er hat dich nie für deine Arbeit richtig bezahlt. Du hast weder eine Hose kaufen noch selber publizieren können. Das hast du gelitten, weil „für die Wissenschaft gearbeitet wurde“!

ANDREA *laut:* Unglücklich das Land, das keine Helden hat!

Eingetreten ist Galilei, völlig, beinahe bis zur Unkenntlichkeit verändert durch den Prozeß. Er hat den Satz Andreas gehört. Einige Augenblicke wartet er an der Tür auf eine Begrüßung. Da keine erfolgt, denn die Schüler weichen vor ihm zurück, geht er, langsam und seines schlechten Augenlichts wegen unsicher, nach vorn, wo er einen Schemel findet und sich niedersetzt.

ANDREA Ich kann ihn nicht ansehen. Er soll weg.

FEDERZONI Beruhige dich.

ANDREA *schreit Galilei an:* Weinschlauch! Schneckenfresser! Hast du deine geliebte Haut gerettet? *Setzt sich.* Mir ist schlecht. […]

(Berliner Fassung 1955/1956)

Aus: B. Brecht. Leben des Galilei. Suhrkamp Verlag. Berlin 1963

Anmerkungen

[1] Englischer Gruß [zu Engel]: ein christliches Gebet

Aufgabe:

Interpretieren Sie den Szenenauszug aus Szene 13.

Tipps und Hinweise für A

Bei der Bearbeitung der Aufgabe müssen die von Ihnen erworbenen Fertigkeiten des Interpretierens dramatischer Texte sowie die Kenntnisse zu Brechts Drama Anwendung finden. Es ist notwendig, Galileis Scheitern sowohl in Bezug auf dessen Persönlichkeit zu analysieren als auch mit Blick auf die anwesenden Figuren.
Nach einer Einleitung, die sich auf das Thema des Auszugs beziehen kann, sollten Sie zunächst den Inhalt des Szenenauszugs wiedergeben. Eine detaillierte Einordnung in das Gesamtwerk ist nicht nötig. Dem Auszug innewohnende Vorausdeutungen bzw. Rückgriffe können während der Analyse sichtbar gemacht werden. In der Analyse des Szenenauszugs müssen Sie zunächst auf das Beziehungsgeflecht eingehen. Das bedeutet, das Verhältnis der anwesenden Figuren zu Galilei muss betrachtet werden, um mit diesen Analyseergebnissen das in der 13. Szene offenbar werdende Verhalten Galileis bewerten zu können. In der Analyse sollten Sie darauf achten, Aussagen mit Textbelegen zu untermauern. Neben der Betrachtung der kommunikativen Dispositionen ist auf dramaturgische und sprachlich-stilistische Auffälligkeiten Bezug zu nehmen. Dabei sollten Sie im Sinne einer Struktur-Funktions-Analyse nur solche Strukturen in ihren Beziehungen zueinander sichtbar machen, die in ihrer funktionalen Beschaffenheit literarische Bedeutung generieren.
Die Deutung des Szenenauszugs muss sich logisch aus der Analyse ergeben. Von der konkreten Situation der Szene ist nun zu abstrahieren, um sich mit dem Thema des Szenenauszugs auseinanderzusetzen. Dabei können Ausführungen zur Verantwortung des Wissenschaftlers ebenso eine Rolle spielen wie Reflexionen zur Stellung des Menschen zwischen Ideal und Wirklichkeit. Die Rolle des Einzelnen innerhalb des gesellschaftlichen Widerstands und eine Problematisierung der Theaterkonzeption Brechts sind ebenso denkbare Bedeutungszuweisungen.

Lösungsvorschlag in Grundzügen für A

Inhalt des Auszugs

In der 13. Szene befindet sich Galileo Galilei vor der Inquisition in Rom. Die Szenenüberschrift verdeutlicht, dass er am 22. Juni 1633 seine Lehren öffentlich widerrufen wird. Sowohl seine Anhänger als auch seine Tochter warten im Palast des Florentinischen Gesandten auf Nachrichten. In dem Auszug der Szene wird der Blick auf diese Wartenden und ihre Reaktionen gelenkt. Am Anfang des Auszugs werden sie von dem INDIVIDUUM darüber informiert, dass mit dem Widerruf Galileis um fünf Uhr zu rechnen sei. Während Federzoni, der kleine Mönch und Andrea darauf mit Empörung reagieren, bleibt Virginia stumm und betet. Als die Glocke von Sankt Markus ertönt, ist sie die Einzige, die sich laut äußert und ihrer Freude über den Widerruf Ausdruck verleiht. Sie sieht die Abschwörung Galileis, die von einem Ansager auf der Straße verlesen wird, als Erlösung von der Schuld und verlässt den Schauplatz. Die Anhänger Galileis sind enttäuscht. Als Galilei den Raum betritt, reagiert Andrea mit wütenden Vorhaltungen auf den Widerruf. Federzoni versucht ihn zu beruhigen, der kleine Mönch schweigt. Galilei ist durch den Prozess gezeichnet. Er ist ein gebrochener Mann.

Analyse des Auszugs

Das 13. Bild ist eine **Schlüsselszene**. Hier muss sich Galilei der Obrigkeit stellen und sich bewähren. Alle bis dahin verlautbarten Äußerungen Galileis werden an seinem eigenen Verhalten bewertet werden. In dem Auszug wird deutlich, dass Galilei nicht nur innerhalb der Wissenschaft eine Führungsrolle innehat. Er symbolisiert die Hoffnung des Volkes auf gesellschaftliche Veränderung schlechthin, was auch die zahlreichen Sinnsprüche des Szenenauszugs beweisen.

Am Ende des Auszugs zeigen sich die Hoffnungslosigkeit und tiefe Enttäuschung der Anhänger Galileis, wohingegen am Anfang der Szene noch die Zuversicht der Mitstreiter betont wird. Das belegen die Regieanweisungen. Federzoni und der kleine Mönch spielen „mit weiten Bewegungen das neue Schach" (Z. 10). Sie werden somit klar als Anhänger Galileis charakterisiert, der die alte Spielweise in Szene 7 als eng bezeichnet hat, als zwei Geistliche sich mit Schach die Zeit vertreiben. Das neue Spiel wird so zum Symbol wissenschaftlicher sowie gesellschaftlicher Innovationen. Demgegenüber tritt Virginia als Kontrastfigur auf, die den „Englischen Gruß" (Z. 11) betet. Die Bitte an die Jungfrau Maria um Hilfe sowie Beistand für ihren Vater, die Hoffnung, dass er widerrufen möge, charakterisiert sie als Anhängerin des alten Systems. Diesem gehört auch das INDIVIDUUM an, das in einem offiziellen Berichtstil, der durch den Gebrauch des Indefinitpronomens „man" sowie die Nutzung des Passivs gekennzeichnet ist, auf das Ertönen der Glocke als Zeichen des Widerrufs hinweist. Sowohl die Namensgebung als auch die Art des Auftretens dieser Figur verweisen auf die Nichtfassbarkeit sowie Anonymität der herrschenden Machtstrukturen.

Eine weitere **Kontrastierung in der Figurenkonstellation** zeigt sich in Andreas anfänglichen Ausführungen. Durch die Gegenüberstellung „er – uns" (Z. 27) wird die Führungsrolle Galileis betont, der nicht als Einzelner agiert, sondern als **Leitfigur** angesehen wird, die für die Durchsetzung neuer wissenschaftlicher Positionen und für den gesellschaftlichen Widerstand allgemein steht. Das zeigen auch die Aussagen der Anhänger Galileis. So wird der Nicht-Widerruf als „Geburtsstunde" der „Zeit des Wissens" (Z. 44) gewertet, die Verwendung der „als-ob"-Strukturen (Z. 48 f.) verweist auf die große Bedeutung des Verhaltens des Galilei für die Menschen. Die möglichen Konsequenzen eines Widerrufs werden mithilfe des Konjunktivs II beschrieben. Das zeigt die Siegesgewissheit der Anhänger Galileis in diesem Moment, da sie einen Widerruf nicht mehr für möglich halten. Diese Einstellung ist in der Gruppierung der Mitstreiter unterschiedlich ausgeprägt. Andrea verdeutlicht durch seine Äußerungen („Ich glaube es nicht", „Ich aber wußte es", Z. 19, 47) am stärksten die Überzeugung, Galilei werde nicht widerrufen. Der Gebrauch der adversativen Konjunktion hebt ihn ab von den Zweifeln des kleinen Mönchs („Ich Kleingläubiger!", Z. 46), aber auch von den Aussagen Federzonis, die sich vornehmlich auf das Wiedergeben von Fakten beziehen („Fünf Uhr!", „Es ist drei Minuten über fünf", Z. 31, 37).

Das **Nichtertönen der Glocke** vereint die Anhänger jedoch in ihrer **Freude**, die sich u. a. in der Nutzung von Ausrufen, in der Verwendung der Interjektion „oh" (Z. 40) in Verbindung mit dem Gebrauch der positiv konnotierten Substantivierung „Glücklichen" und in dem Dankesgebet des kleinen Mönchs widerspiegelt (Z. 50). Die Steigerung in den Regieanweisungen (umarmen, überglücklich, weinend; Z. 41, 50) verstärkt die **Siegesgewissheit**, die in der Aussage Andreas verbalisiert wird. Erneut wird hier auf den Anbruch einer neuen Ära in der Geschichte der Menschheit verwiesen. Die an den Anfang gestellte adversative Konjunktion („aber"), die Nutzung des Indefinitpronomens „alles" sowie die unmissverständliche Verbwahl („verändert", Z. 51) akzentuiert die Vorstellung Andreas von den ungeheuren Möglichkeiten des einzelnen Wissenschaftlers, von der Bedeutung seines Verhaltens für die gesamte Menschheit. Der Konditionalsatz beschreibt dabei in verallgemeinerter Form das Ideal vom Helden („wenn nur einer aufsteht und Nein sagt", Z. 52 f.), der Hauptsatz verweist auf den Gewinn für die Menschheit. Diese Auffassung Andreas schlägt sich sowohl in den vorhergehenden Bemerkungen zur Gewalt als auch in seinem späteren Ausspruch zu den „Helden" nieder. **Andrea** ist überzeugt, dass die **Gewalt gesellschaftlicher Institutionen keine uneingeschränkte Macht** besitze, eine Auffassung, die auch der kleine Mönch äußert. Durch die anaphorische, parallele Struktur der Aussagen Andreas sowie die Wiederholung des Adverbs „nicht" wird die Eindringlichkeit seiner Äußerung verstärkt. Die Hoffnung Andreas liegt auf dem Einzelnen, der durch den Widerstand gegen jegliche Willkür am Ende die Menschheit in eine neue Zeit führen werde. Ganz deutlich wird hier das **Ideal des fortschrittlich denkenden und handelnden Menschen** beschrieben. Diesem Ideal steht die verletzbare

Figur des Galilei gegenüber, die Brecht als Mensch mit Fehlern und Schwächen gezeichnet hat. Ganz im Sinne des **epischen Theaters** muss der Zuschauer sich mit diesem Widerspruch auseinandersetzen. Er wird zur Reflexion, zum Nachdenken angeregt. Das wird ebenfalls durch die zahlreichen Sinnsprüche erreicht, die einen hohen Abstraktionsgrad aufweisen. Nicht der Widerruf selbst steht im Zentrum des Geschehens, sondern die Bewertung von Galileis Verhalten. Der Zuschauer sieht sich sowohl mit den möglichen Auswirkungen des Nicht-Widerrufs als auch mit den Folgen des Widerrufs konfrontiert und muss eine eigene Position beziehen. Er wird zum distanzierten Betrachter des Bühnengeschehens, da bereits zu Beginn der Szene durch die Überschrift und das Sinngedicht der Ausgang des Inquisitionsprozesses vorweggenommen wird.

Die in dem Sinngedicht am Anfang der Szene auftretende **Kontrastierung zwischen Finsternis und Vernunft** und somit zwischen Dunkelheit und Licht wird in dem Auszug mehrmals aufgegriffen. Bereits in den anfänglichen Bemerkungen Andreas zu den wissenschaftlichen Positionen Galileis findet sie Erwähnung, als darauf verwiesen wird, dass der Mond, die Erde sowie die Venus kein eigenes Licht hätten. Somit stellt Andrea die Grundfesten der Galilei'schen Lehre, die Sonne als Zentrum der Welt anzusehen und die Erde als um sie kreisend, heraus. Polysyndetische Reihungen sowie die parallelen Strukturen verweisen auf die Logik in Galileis Lehre. Die Lichtmetaphorik tritt erneut im Bild der Sonnenuhr, in der Äußerung Federzonis („Als ob es am Morgen wieder Nacht würde, wäre es gewesen.", Z. 48) sowie in den Regieanweisungen (Z. 65 f.) auf. Es wird offensichtlich, dass das **Licht die neuen wissenschaftlichen Erkenntnisse** symbolisiert, während die **Finsternis eine Rückkehr in alte Denk- und Machtstrukturen** bezeichnet. Die Dunkelheit auf der Bühne („Es wird dunkel.", Z. 65) nach der Verlesung des Widerrufs wird somit als dramaturgisches Element bewusst verwendet. Die erneute Einsetzung des Bühnenlichts ist mit dem Glockengeläut als Zeichen des Widerrufs verbunden. Das lässt sich als dramatisches Element der Szene werten.

Obwohl der Ausgang des Geschehens bereits klar ist, erscheint der Nicht-Widerruf für einen kurzen Augenblick möglich, da um fünf Uhr das Glockengeläut nicht eingesetzt hat. Die auffällige Verbwahl („wenn nur einer aufsteht", Z. 52; „Alles steht erstarrt.", „Virginia steht auf", Z. 54 ff.) veranschaulicht zunächst die Hoffnung, dass Galilei widerstehen möge, angesichts des Glockengeläutes jedoch die Erstarrung der Anhänger und den Sieg der Kirche, symbolisiert durch das Aufstehen Virginias. Sie verlässt die Bühne, denn ihre Hoffnung hat sich erfüllt. Die Anhänger Galileis dagegen müssen sich der neuen Realität stellen. Durch die Wiederaufnahme der Worte Andreas vom Anfang in den Text des Widerrufs wird ihre Ernüchterung noch verstärkt (Z. 59 ff.). Die Verwendung der Klimax (schwöre ab, verwünsche, verfluche), der Attribuierungen (redlich, erheuchelt) sowie der Gebrauch der Indefinitpronomen (alle, jede) verweist auf die Endgültigkeit des Widerrufs, der die völlige Verzweiflung der Anhänger hervorruft. Diese artikuliert sich in dem Ausruf Andreas: „Unglücklich das Land, das keine Helden hat!" (Z. 71). Für Andrea steht außer Frage, dass jede Bewegung ihren geistigen Lenker brauche, der eine **Vorbildfunktion** ausübt. In seinen Augen hat **Galilei versagt**. Das positive Bild von der Größe und Überlegenheit seines Lehrers ist zerstört. Nun sieht der Schüler Andrea den Menschen Galilei vor sich, der seinen Schwächen erlegen ist. Es fällt Andrea schwer, mit dieser Tatsache umzugehen: „Mir ist schlecht!" (Z. 80). Die Enttäuschung Andreas, der als der überzeugteste Anhänger Galileis gilt, äußert sich in den Beschimpfungen „Weinschlauch! Schneckenfresser!" (Z. 79). Damit wird auf die Genusssucht Galileis verwiesen, die exemplarisch die menschliche Unzulänglichkeit widerspiegelt. Das **Lehrer-Schüler-Verhältnis scheint umgekehrt**, was auch in den Regieanweisungen deutlich wird.

Galilei erfährt von seinen Mitstreitern weder eine Begrüßung und somit Verständnis noch Mitleid. Ihr Zurückweichen drückt eine klare Missbilligung seines Verhaltens aus. Das wird durch das Niedersetzen Galileis noch verstärkt. Er, der Lehrer und führende Wissenschaftler, ordnet sich seinen Schülern nun unter. Selbst Federzoni wagt erstmals eine Kritik an dem

Verhalten Galileis, indem er ihm vorwirft, seine Mitstreiter, besonders Andrea, ausgenutzt zu haben (Z. 68 ff.). Für ihn sowie für den kleinen Mönch, der schweigt, bedeutet Galileis Widerruf das Ende der Neuerungen. Beide werden in ihren alten Wirkungsbereich zurückkehren. Federzoni wird erneut als Linsenschleifer arbeiten, der kleine Mönch das Forschen aufgeben. Andreas Betätigungsfeld, die Wissenschaft, bleibt ihm von nun an in Italien verwehrt.

Deutungsansätze
In der Deutung des Szenenauszugs muss von der Figur des Galilei abstrahiert werden. Thema ist die **Verantwortung des Wissenschaftlers**. Zu diesem Thema bietet Brecht in seinem Drama verschiedene Bewertungen an, so z. B. durch die Selbstanalyse Galileis in Szene 14, in der er sich selbst als Verräter bezeichnet, und durch die abschließende Beurteilung des Verhaltens des Galilei in dieser Szene durch Andrea, für den nur der wissenschaftliche Beitrag zählt. Bei einem Blick auf die ungeheuren Möglichkeiten sowie die großen Gefahren, die durch Forschung generell erwachsen, wird sehr schnell deutlich, dass ein Wissenschaftler sich seiner gesellschaftlichen Verantwortung bewusst sein und sich dieser stellen muss.

Das Scheitern Galileis erwächst aus dem **Widerspruch zwischen Ideal und Wirklichkeit**. Auch hier bietet sich ein Anknüpfungspunkt, um nachzudenken über Möglichkeiten sowie Grenzen des menschlichen Verhaltens allgemein. Bezieht man das Scheitern Galileis auf den Kontext des gesellschaftlichen Widerstandes, eröffnet sich eine andere Dimension. Da der Figur des Galilei im Stück auch eine Führungsrolle innerhalb des gesellschaftlichen Veränderungsprozesses zugeschrieben wird, ist der Widerruf gleichzeitig als sozialer Verrat zu werten. Angesichts der Entstehungszeit der dänischen Fassung des Stückes ist die Beugung Galileis vor der Inquisition Sinnbild für das Zusammenbrechen des Widerstandes gegen nationalsozialistische Gewalt.

In der Deutung des Szenenauszugs ist es auch möglich, sich mit den **verschiedenen Theaterkonzeptionen** auseinanderzusetzen, da die Szene 13 sowohl Elemente des epischen als auch des dramatischen Theaters in sich vereint. Ein Nachdenken über Wirkungsmöglichkeiten des Theaters bietet sich an.

Teil B

Aufgabe:
Setzen Sie sich, ausgehend von diesem Szenenauszug, mit der Rolle des Andrea im Stück auseinander.

Tipps und Hinweise für B

Die Auseinandersetzung mit der Rolle des Andrea im gesamten Stück erfordert die Anwendung Ihrer Kenntnisse über das Drama. Da das Werk nicht zur Verfügung steht, müssen Sie Entwicklungstendenzen dieser Figur und in der Beziehung zu Galilei im Überblick herausstellen. Die 13. Szene zeigt einen Wendepunkt im Leben des Andrea und in seinem Verhältnis zu Galilei. Somit bietet die Analyse des Szenenauszugs eine gute Möglichkeit, die Lehrer-Schüler-Beziehung sowohl am Anfang als auch am Ende des Dramas und die Entwicklung der Figur des Andrea zu charakterisieren.

Lösungsvorschlag in Grundzügen für B

In der 13. Szene wendet sich Andrea demonstrativ von seinem Lehrer Galilei ab. Er sieht ihn als Verräter an der Wissenschaft und ist zutiefst enttäuscht. Diese Reaktion ist durch sein **besonderes Verhältnis zu Galilei** bestimmt. Bereits in der 1. Szene des Dramas wird Andrea als **Schüler** Galileis eingeführt, der begierig die Erklärungen des Forschers aufnimmt und hinterfragt. Er zeigt sich wissbegierig und steht allen Neuerungen enthusiastisch gegenüber. Er ist bereit, die erworbenen Erkenntnisse weiterzugeben und sie vehement zu verteidigen, wie es in der Szene mit dem Großherzog von Toscana, Cosmo de Medici, deutlich wird. Andrea tritt hier als Belehrender gegenüber dem gleichaltrigen Großherzog auf und erklärt ihm, dass sich die Erde um die Sonne drehe. Er ist bereit, das Wissen sogar mit Hilfe von Handgreiflichkeiten zu verteidigen. In dieser Szene wird bereits die Besessenheit des jungen Wissenschaftlers ersichtlich, der nur für die Forschung lebt. Auch während der Pest lässt er sich nicht von den Studien mit seinem Lehrer Galilei abhalten. Er kehrt zu Galilei zurück, nachdem dieser ihn zusammen mit Virginia und Frau Sarti weggeschickt hat. Andrea erfüllt in diesem Stück die **Rolle des zunächst unwissenden Schülers**, der sich durch Galileis Argumentationen der Logik der Beweise nicht verschließen kann. Galilei möchte, dass auch Andrea „es versteht". Somit ist die Figur des Andrea **Sinnbild des Volkes**, dem Galilei seine wissenschaftlichen Erkenntnisse durch eine anschauliche, einfache Sprache beibringen möchte. Gleichzeitig fungiert Andrea als **Kontrastfigur zu Galilei**, die dem Zuschauer durch ihre Fragen und Ansichten die Denkprozesse des Meisters offenbart und gleichzeitig eine andere Perspektive in der Beurteilung von Meinungen sowie Verhaltensweisen anbietet.

Im Verlauf des Dramas entwickelt sich der Schüler Galileis immer mehr zu einem **gleichberechtigten Forschungspartner**, der seinem Lehrer nicht nur beim Aufbau der Experimentierreihen behilflich ist, sondern durch das Studium wissenschaftlicher Schriften die Forschung vorantreibt. Als junger Wissenschaftler fordert er Galilei auf, Arbeiten zu den Sonnenflecken zu veröffentlichen, da Europa auf dessen Meinung warte. Angesichts der Gefahr, in der sich Galilei befindet, erklärt er sich jedoch bereit, an schwimmenden Eisstückchen zu forschen. In dieser Szene wird Andreas **Abneigung gegen Adel und Kirche** offensichtlich, als er im Gespräch mit Ludovico dessen antiwissenschaftliche Einstellung verhöhnt. Er zeigt sich als **leidenschaftlicher Forscher**, der die gesellschaftlichen Zustände kritisiert. Seine Impulsivität äußert sich auch in der Szene 13, als er nach dem Widerruf Galileis diesen nicht mehr sehen mag. Ein Wiedertreffen mit seinem einstigen Lehrer findet erst bei der Durchreise Andreas nach Holland, wo er seine Studien fortsetzen möchte, statt. Am Anfang zeigt sich noch die tiefe Verachtung Andreas seinem Lehrer gegenüber. Er verhält sich distanziert und ohne jegliches Mitgefühl. Der ehemalige Schüler stellt sich somit klar über seinen Lehrer. Diese Einstellung wandelt sich jedoch im Verlauf des Gespräches, als Andrea erfährt, dass Galilei die *Discorsi* fertiggestellt hat. Nun bewertet er Galileis Verhalten als raffinierten Schachzug zum Wohle wissenschaftlicher Forschung. Das **alte Lehrer-Schüler-Verhältnis ist wiederhergestellt**. Die einstige Bewunderung des Schülers für den Lehrer bringt Andrea dazu, die Einwände Galileis, nur widerrufen zu haben aus Angst vor körperlichem Schmerz, abzuwehren. Für ihn zähle einzig der „wissenschaftliche Beitrag", sodass Galilei nun als taktisch kluger und moralisch unfehlbarer Wissenschaftler idealisiert wird. Diese Bewertung Andreas steht im Kontrast zur Selbstanalyse Galileis, der sich als Verräter an der Wissenschaft sieht. Der Zuschauer muss sich diesen beiden Beurteilungen von Galileis Verhalten stellen und sich sein eigenes Urteil zur Verantwortung des Wissenschaftlers bilden.

In der letzten Szene des Dramas wird gezeigt, wie Andrea mit einer List die verbotenen Schriften über die Grenze schmuggelt. Er hat also auch in dieser Hinsicht von Galilei gelernt und ist realistischer geworden. Nun wird er die Forschungen seines Lehrers fortführen und in dessen Fußstapfen treten. Das wird auch durch die Wiederaufnahme der Motive deutlich. Während die Eingangsszene mit Galileis Anweisungen um Milch und Bücher beginnt, die die leibliche sowie geistige Nahrung symbolisieren, endet das Stück mit den Ausführungen Andreas zu Milch und Flugmaschinen. Allerdings vermag Andrea den in Szene 15 agierenden Jungen nicht so zu begeistern wie einst Galilei seinen Schüler Andrea.

Das **Schlusswort** des Stückes spricht der junge Wissenschaftler, der sein Leben ganz der Forschung widmen wird. Er weiß um die Begrenztheit des menschlichen Erkenntnisprozesses, aber auch um das den Menschen innewohnende Bestreben, immer mehr wissen zu wollen. Am Ende bleibt offen, wie Andrea letztlich als Wissenschaftler agieren, ob seine radikale Haltung zur Forschung um jeden Preis wirklich zu seiner Lebensmaxime werden wird.

Die Figur fordert den Zuschauer heraus, sich nicht nur mit dem Ethos des Wissenschaftlers, sondern auch mit den Werten im menschlichen Zusammenleben auseinanderzusetzen.

Fach und Hauptfach Deutsch (Mecklenburg-Vorpommern)
Block IV – Abiturprüfung 2008

Teil A:

Georg Heym (1887–1912): Die Morgue[1] (1911)

[…]

Wir zogen aus, gegürtet wie Giganten,
Ein jeder klirrte wie ein Goliath.
Nun haben wir die Mäuse zu Trabanten,
Und unser Fleisch ward dürrer Maden Pfad.

Wir, Ikariden, die mit weißer Schwinge
Im blauen Sturm des Lichtes einst gebraust,
Wir hörten noch der großen Türme Singen,
Da rücklings wir in schwarzen Tod gesaust.

Im fernen Plan verlorner Himmelslande,
Im Meere weit, wo fern die Woge flog,
Wir flogen stolz in Abendrotes Brande
Mit Segeln groß, die Sturm und Wetter bog.

Was fanden wir im Glanz der Himmelsenden?
Ein leeres Nichts. Nun schlappt uns das Gebein,
Wie einen Pfennig in den leeren Händen
Ein Bettler klappern läßt am Straßenrain.

[…]

(1911)

Aus: K. Pinthus. Menschheitsdämmerung. Ernst Rowohlt Verlag. Berlin 1992

Anmerkungen
1 Morgue, die [frz.]: Leichenschauhaus

Aufgabe:

Interpretieren Sie den Auszug aus dem Gedicht von Georg Heym.

Tipps und Hinweise

Bei den ausgewählten vier Strophen dieses Textauszugs handelt es sich um die Strophen 23 bis 26 des 27-strophigen Gedichtes „Die Morgue" von Georg Heym. Es ist unmöglich, in der geforderten Interpretation dem Wirkungspotenzial des Textes, auch dieses Auszugs, gerecht zu werden, denn das Ikarusmotiv stellt nur ein winziges Element im Gesamtzusammenhang des Textes dar, das seine komplexen Bedeutungen erst in der Rezeption des ganzen Gedichts entfaltet. Es könnte durchaus von interpretatorischer Reife und literarisch-ästhetischem Empfinden zeugen, wenn Sie die Herangehensweise problematisieren und auf mögliche Unzulänglichkeiten von Interpretationsergebnissen hinweisen. Da jedoch Kontextuierungsmöglichkeiten fehlen – kaum jemand wird die 27 Strophen auswendig kennen – muss der Textauszug als geschlossene Einheit betrachtet werden.

Die Interpretation setzt die Textanalyse voraus: Die vier Strophen sind möglichst differenziert in der Entwicklung ihrer inhaltlichen Aussage, ihrer Struktur, ihrer sprachlichen Gestaltung und der dadurch bedingten Wirkungsmöglichkeiten zu beschreiben. Dabei ist besonders das Zusammenwirken zwischen den einzelnen Gedichtelementen hervorzuheben. Auch auf Varianten von Wirkungen einzelner Bilder kann hingewiesen werden, da Texte auf unterschiedliche Adressaten mit jeweils eigenen Erfahrungshorizonten treffen. Das Gedicht ist nach seiner Entstehungszeit historisch und literaturhistorisch einzuordnen, abschließende Vermutungen zur enthaltenen Weltsicht und eine eigene Position zum Textauszug bieten sich an.

Lösungsvorschlag in Grundzügen

Die der Aufgabenstellung zugrundeliegenden vier Strophen wurden aus ihrem literarischen Zusammenhang gerissen. Sowohl die ihnen vorausgehenden Strophen als auch der ihnen folgende Text fehlen, sodass sie ästhetisch losgelöst von ihrem Kontext betrachtet werden müssen. Es ist daher unvermeidlich, dass die Interpretation des Textes hinsichtlich seines Aussagegehalts und seiner Wirkung auf den Leser verkürzt und möglicherweise auch verzerrt wird. Obwohl das Verfahren problematisch erscheint, muss die Strophenauswahl im Folgenden als geschlossene Einheit angesehen werden. Der vorliegende kurze Textauszug aus Georg Heyms Gedicht *Die Morgue* von 1911 greift biblische und antike Mythen auf und reflektiert die Entwicklung der menschlichen Gattung vor dem Hintergrund der gesellschaftlichen und künstlerischen Umbruchssituation zu Beginn des vorigen Jahrhunderts.

Die vier Strophen mit je vier Versen sind grafisch, rhythmisch und auch klanglich ebenmäßig gestaltet: Durchgängige fünfhebige Jamben mit alternierenden weiblichen und männlichen Kadenzen korrespondieren mit dem Kreuzreim und bedingen auf der Textebene **innere Geschlossenheit**, Ruhe und Harmonie. Doch hinter diesen ersten regelmäßigen Textäußerlichkeiten verbergen sich mehr Unruhe und Widersprüchlichkeit, als auf den ersten Blick sichtbar. So umfassen z. B. die Vokale das ganze Spektrum heller und dunkler Klänge und strahlen durch ihre unmittelbar wechselnde Höhe Bewegtheit, Unausgewogenheit und Unruhe aus. Lautmalende Konsonantenkopplungen vertiefen ähnliche Rezeptionseindrücke sinnlich, wie zu zeigen sein wird.

Bereits der **Gedichttitel** weist auf ernste Inhalte hin, die Endlichkeit des Lebens wird assoziiert. Er deutet jedoch nicht auf eine philosophisch-geistige Ebene der Auseinandersetzung mit dem Leben und seiner Begrenztheit, sondern eher auf die konkrete körperliche Ebene, auf Zerfall und Verwesung hin.

Gleich zu Beginn der dem Leser vorliegenden ersten Strophe äußert sich im „Wir" ein **kollektives lyrisches Subjekt**, das aus dem Rückblick von seinem großen Aufbruch berichtet. Das Ziel dieser **Mission** wird nicht explizit angegeben, es lässt sich lediglich aus den kurzen vergleichenden Beschreibungen des Wir erschließen, die aus dem Reich der griechischen und biblischen Mythologie entlehnt sind. Klanglich zusammengehalten durch die Alliteration auf „g" („gegürtet wie Giganten … Goliath", vgl. V. 1 f.) erzeugen beide Vergleiche trotz ihrer stichwortartigen Verknappung klare und anschauliche Vorstellungen beim Leser. Die Tradiertheit der **Mythen**, ihre Präsenz im kulturellen Bewusstsein der Menschen bis heute sichert dem lyrischen Subjekt die Verständlichkeit seiner Aussage für den Rezipienten. Sie bietet gleichzeitig genügend Freiraum für die individuelle Ausdeutung des Gelesenen. Die genannten Figuren lassen Bedeutungselemente von Größe, ungebändigter Kraft, Wehrhaftigkeit in der Vorstellungswelt des Lesers entstehen. So sei an die **Gigantomachie**, den Kampf der Giganten erinnert, die ausgerüstet mit ehernen Panzern und langen Speeren gegen die olympischen Götter kämpfen und von diesen allein nicht besiegt werden können. Auch **Goliath**, der sagenhafte kraftstrotzende Philisterkrieger aus dem Alten Testament, scheint unbesiegbar. Doch trotz aller Konnotation von Kraft und Sieghaftigkeit ist der Untergang der bezeichneten mythischen Wesen bereits mit angelegt – denn einer Allianz aus olympischen Göttern und irdischen Sterblichen können die Giganten nicht standhalten, und der bereits zum König gesalbte David besiegt den als Riesen überlieferten Soldaten mit einem geschickten Wurf seiner Steinschleuder.

Folgerichtig überrascht die Bilanz des lyrischen „Wir" nicht, das mit fast makaber deutlichen Metaphern den **eigenen Untergang am Ende aller Unternehmungen** sachlich konstatiert. Ob dieses Ende – der Tod – in kausalem Zusammenhang mit dem Aufbruch, dem „ehemaligen Ausziehen" steht oder lediglich das natürliche Ende allen irdischen Lebens impliziert, bleibt hier offen. Die Kontrastierung der Präteritumformen „zogen aus" und „klirrte" im ersten Verspaar mit der Präsensform „Nun haben wir" am Beginn des dritten Verses lenkt dabei den Blick des Lesers in die zeitliche Dimension. Auch für die Gegenwart formuliert der lyrische Sprecher im vierten Vers **Vergangenes und Zerfall** („unser Fleisch ward dürrer Maden Pfad"). Neben der zeitlichen Dimension wird durch die Metapher der Mäuse als „Trabanten" auch eine räumliche eröffnet. So umspannt die erste Strophe den Aufbruch und anschließenden Fall des „Wir" in einer weiten Spanne von Zeit und Raum. Was letztlich, „nun" vom Auszug des Wir übrig bleibt, ist wahrhaft armselig: Die sich von den Überresten des Wir ernährenden Maden sind nur noch dürr. Die **Gegenüberstellung vom Aufbruch und Ende** wird verstärkt durch die Parallelität eingesetzter Stilmittel – für beide Beschreibungen werden Alliterationen verwendet: Die bereits erwähnte „g"-Häufung (gegürtet, Giganten, Goliath) korrespondiert mit der „m"-Häufung bei den aasfressenden Parasiten (Mäusen, Maden). Die vom Wir bemühten **Verben** bezeichnen zunächst Kraft und Stärke: Das Präteritum des starken Verbs „ausziehen" auf seinem dunklen Vokal „o" mag Sicherheit und Festheit unterstreichen. Auch das lautmalende „klirren" des zweiten Verses veranschaulicht die Wehrhaftigkeit jedes Einzelnen sehr direkt. Doch aus diesen expressiven und klangvollen gebeugten und ungebeugten Verben bleiben in den letzten beiden Versen der ersten Strophe nur noch die ganz Existenzielles bedeutenden Verben „haben" und „werden" übrig.

Durch die Bedeutungselemente auf der Sinnebene, die sich aus dem bildhaften Text auf der Ebene des Mythos eröffnen und sich damit auf vorgeschichtliche Zeiträume beziehen, schimmert eine weitere Deutungsvariante: Das Erscheinungsjahr des Textes ist auf **1911** datiert, eine Zeit der zielgerichteten **Aufrüstung** und Kriegsvorbereitung des deutschen Reiches. Wenn das lyrische Wir sich wie „Giganten" zum Kampf *gürtet*, wenn „jeder" vor Waffen und Rüstung „klirrte" und wenn mit Goliath ein Krieger angesprochen wird, dann ist die **Parallele zur Situation in Deutschland** augenfällig. Schon wenige Jahre später können Leser interpretieren, dass das lyrische Subjekt mit seiner Bewertung und den ausgemalten Konsequenzen dieses „Klirrens" die Realität des Ersten Weltkrieges vorweggenommen hat.

Nicht nur die erste Strophe wird von **scharfen Gegensätzen** wie Größe und Kleinheit, eher Winzigkeit (Giganten, Goliath – Mäuse, Maden), energiegeladener Aktivität und regloser Passivität, Sein und Nicht-Sein, frühester Vergangenheit und Gegenwart bestimmt, sondern Kontraste werden auch in den Folgestrophen als darstellendes Mittel eingesetzt.

Wieder wird ein Mythos aufgerufen, das Wir bekennt sich dazu, einst als „Ikariden" „gebraust" (V. 5f.) zu sein und identifiziert sich dadurch mit dem kühnen **Himmelsstürmer Ikarus** aus der griechischen Sage, der mit selbstgebauten Schwingen sein irdisches Gefangensein überwand, sich in die Lüfte erhob und im jugendlichen Leichtsinn die ihm gesetzten Grenzen überschritt. Er stieg so hoch, dass die Sonne das Wachs seiner Flügel zum Schmelzen brachte. Ikarus stürzte in die Tiefe und fand im Meer den Tod. Erneut umreißt das lyrische Wir in einer vierversigen Texteinheit den **Aufstieg und tödlichen Fall des Menschengeschlechts**, kontrastiert Höhenflug mit Tod.

Auch am Beginn der zweiten Strophe nennt sich das lyrische Wir selbst, es definiert sich in den in Vers 5 und 6 nachfolgenden Bestimmungen durch Apposition und Relativsatz. Die Satzstruktur der ersten Strophe wird nach dieser attributiven Erläuterung wieder aufgenommen: Das „Wir" vom Strophenanfang (V. 5) steht wieder anaphorisch am Anfang des siebten Verses und konzentriert damit die gesamte Aufmerksamkeit des Lesers auf sich und sein Handeln. Das **Enjambement** zwischen fünftem und sechstem Vers sprengt erstmalig die bisherige Einheit von Vers und Hauptsätzen. Verband das lyrische Subjekt in der ersten Strophe noch jeweils zwei gleichgeordnete Hauptsätze in zwei Verspaaren, machte also vier Aussagen über sich, so werden hier bereits zwei Verse benötigt, um nur das Satzsubjekt genauer zu bestimmen. Die **veränderte Syntax** ermöglicht dem Sprecher eine Verschiebung der Perspektive seiner Betrachtung. Er benennt nicht mehr wie in der ersten Strophe in knapper Information die Ausgangssituation und das Endergebnis gleichberechtigt, sondern verlegt den existenziellen Vorgang des „Im-Licht-Brausens" und „In-den-Tod-Sausens", also des Aufstiegs und des Falls, in Nebensätze. Der Hauptsatz dieser Strophe ist ihr dritter Vers „Wir hörten noch der großen Türme Singen" (V. 7), hier bedient sich die Sprecherinstanz eines **romantischen Motivs**. Der Leser mag Sehnsucht nach einem Zustand allumfassender Harmonie assoziieren: Die Konnotationen der „großenTürme" setzen das in der ersten Strophe angedeutete Wortfeld von Größe, Kraft, Stärke, Macht fort, doch es wird ausgeweitet. Die Zeugnisse früherer Machtentfaltung und Wehrhaftigkeit sind belebt, sie geben Kunde. Dieses Kommunizieren ist nicht auf ein „Erzählen" begrenzt, sondern sie „singen", und das lyrische Subjekt kann ihr Singen hören. Wovon die Türme singen, bleibt der Vorstellungskraft des Lesers vorbehalten, er mag Heldenlieder von ruhmreichen vergangenen Zeiten ebenso vermuten wie sehnsuchtsvollere Weisen – **Geschichte, Leben und Kunst** sind vereint. Nur für kurze Zeit kann das lyrische Subjekt diesen Zustand in seinem tödlichen Fall wahrnehmen, doch dieser Eindruck ist ihm so wichtig, dass es sich den Hauptsatz für dessen Wiedergabe vorbehält.

Die Sprecherinstanz nutzt für ihre Darstellung nicht nur mythische Stoffe, sondern bedient sich auch tradierter Bilder und Gestaltungselemente. Eine ausdrucksstarke **Farbmetaphorik**, typisches Element vor allem **expressionistischer** Darstellung, prägt diese zweite Strophe und wird im Folgetext fortgesetzt. Glanz, Reinheit und Erhabenheit der „weiße[n] Schwinge" (V. 5), die mit dem synästhetisch wirkenden Blau des Lichtsturms (V. 6) harmoniert, finden ihren Gegenpol im „schwarzen Tod" (V. 8). Das Wortfeld „weiß"/„Licht" kontrastiert mit den Gegenwerten „schwarz"/„Tod". Der Absturz, so erklärt der temporale Nebensatz, erfolgt „rücklings" (V. 8), das fallende Wir kann also die ihm drohende Gefahr nicht erblicken, es stürzt ahnungslos seinem Verderben zu.

Nachdem in den ersten beiden Strophen jeweils hehrer Anspruch und elender Untergang des menschlichen Wir vorgeführt wurde, wobei die zweite Strophe bereits von der Wiedergabe der bloßen Fakten abweicht und den Leser auf die Reflexion des Subjekts lenkt, besinnt sich der kollektive Sprecher im **zweiten Strophenpaar** vorwiegend auf **Begleitumstände** der bereits dargestellten Vorgänge und auf die Gedankenwelt des Wir. Noch einmal wird – hier verteilt auf zwei Strophen, was vorher jeweils in einer Strophe abgehandelt wurde – die Größe des Anspruchs, der Stolz und die Kraft des Wir dem Nichtigen des Ergebnisses gegenübergestellt. **Kontrastierende Wortfelder** umreißen den ungeheuren Gegensatz, so stehen Phrasen wie „Im fernen Plan" (V. 9), „Im Meere weit" (V. 10), „Wir flogen stolz" (V. 11), „Mit Segeln groß“ (V. 12) einem „leere[n] Nichts“, schlappendem Gebein (V. 14), mit leeren Händen klappernden Bettlern (V. 15 f.) gegenüber. In der dritten Strophe überwiegt die Schilderung des Fluges des lyrischen Subjekts. Auch hier nutzt das lyrische Subjekt das ganze Vokalspektrum, das mit seinem bewegten Klang auf Unruhe und Widerstände, aber auch Komplexität verweisen mag. Der dunkle und volle, teils auch warme Klang des zumeist langen „o“ dominiert jedoch und weist das Unternehmen als ein großes aus („verlorner“, „Woge“, „flog/flogen“, „stolz“, „Abendrot“, „groß“, „bog“). Auch Wortwahl und Syntax bedienen mit teils archaisch anmutenden Wortformen („Plan“, „Himmelslande“, „Meere weit“, „Abendrotes Brande“ etc.) bzw. Inversionen die gehobene Stilschicht und reflektieren so **Ausmaß und Erhabenheit des menschlichen Strebens**.

Stark wirkt dagegen der **Bruch** in der Gestaltung, der mit der **letzten Strophe** des Textauszugs einsetzt. Der Klang wird nun eingeengt durch das Alternieren von tiefem „a“ und hellen e-/i-Lauten. Auch die Syntax kündigt eine veränderte Sprechhaltung an: Erstmals findet ein Satz Platz in einem einzigen Vers. Die Satzart wechselt ebenfalls – ein klar formulierter Fragesatz nach der Beschaffenheit des erreichten Ziels kündigt wichtige Erkenntnis an. Die wird – wiederum einmalig im Textauszug – in einer lakonisch wirkenden Ellipse ausgesprochen, die mit ihrer sachlichen Prägnanz das gesamte Ausmaß der Enttäuschung des Wir ausdrückt und als Pleonasmus noch hervorhebt: „Ein leeres Nichts“ (V. 14). Dieser Satz ist vernichtend, er wird nicht weiter kommentiert. Der Leser sieht sich allein mit dieser Bestandsaufnahme. Doch diese alles menschliche Streben ad absurdum führende Aussage ist bereits in der dritten Strophe vorbereitet worden: Die „Himmelslande“, in denen das Wir „flog“, sind in dessen Sicht nicht nur durch Ferne, sondern auch durch Verlorenheit (vgl. V. 9) gekennzeichnet. Ebenso weist der paradox wirkende Neologismus „Himmelsenden“ (V. 13) darauf hin, dass der menschliche Anspruch durch äußere Gegebenheiten nur innerhalb eines begrenzten Raumes/ Rahmens erprobt werden kann, also von außen gegebenen Beschränktheiten unterliegt.
Nachdem die Sprecherinstanz den Leser mit der **Sinnlosigkeit menschlichen Strebens** konfrontiert hat, setzt sie mit dem aus der ersten Strophe bekannten „Nun“ fort und malt das dort bereits behauptete Ende des Wir noch genauer und ausführlicher als bisher metaphorisch aus. „Unser“ in der ersten Strophe noch erinnertes „Fleisch“ ist „nun“ verschwunden, es bleibt nur noch das „schlapp[ende] Gebein“ (V. 14), dessen klapperndes Geräusch verglichen wird mit einem jämmerlichen und trostlosen Bild menschlicher Existenz, dem Bettler mit seinen leeren Händen, der einen Pfennig klappern lässt. Das lyrische Subjekt nimmt hier das **Motiv der Leere** („leeres Nichts“) noch einmal auf. Wird die Wendung wörtlich genommen, öffnet sie als Paradoxon Möglichkeiten der individuellen Interpretation: Hände, die einen Pfennig halten, sind nicht mehr leer. Darüber hinaus kann der Leser aber die bekannte Metapher, mit leeren Händen dazustehen, in ihrer bildhaften Bedeutung erschließen.

Georg Heym schrieb dieses Gedicht ungefähr im Alter von 24 Jahren und starb ca. ein Jahr nach dessen Erscheinen. Wie etliche andere Autoren der jungen Schriftstellergeneration am Beginn des vergangenen Jahrhunderts nähert er sich der gewählten Thematik, die nichts Geringeres als Streben und Fallen der gesamten Menschheit in ihrer Entwicklung umfasst, auf eine sehr bewusst gestaltete, expressive Weise. Die sich hier äußernde bittere und pessimistische Weltsicht, die Empfindung des Stürzens, die Ablehnung des Fortschrittsglaubens können dabei als symptomatisch für die Befindlichkeit weiter Kreise der Bevölkerung angenommen werden. Die Folgen von fortschreitender Zivilisation, Industrialisierung, Technisierung, Verstädterung, Vereinzelung und häufig Verelendung des Individuums wurden von den jungen „Expressionisten“ sehr nachhaltig und aufrüttelnd dargestellt. Tradierte, als fest angenommene Werte waren ins Wanken geraten, Endzeit- und Weltuntergangsstimmung griffen um sich. Dabei waren die Autoren – wie früher andere junge Schriftstellergenerationen, die sich von der Schreibweise der „Väter“ abgrenzen wollten – bestrebt, mit bisher gültigen Normen sprachlicher und stilistischer Gestaltung zu brechen. Die **menschliche Existenz** in ihrer innersten Befindlichkeit und Verzweiflung galt es **auszudrücken**, nahezu herauszuschreien in grellen Bildern und möglichst offenen Strukturen, die den Rezipienten zur Entschlüsselung herausforderten, und doch in der Verbindung von Bedeutungselementen weite Deutungsräume ließen, die sich einer konkreten Erklärung entzogen.

Heym hält sich in der Wahl seiner sprachlichen Gestaltungsmittel jedoch zurück. Er nutzt zwar einzelne Elemente der für expressionistische Literatur so typischen Mittel, wie z. B. die Farbmetaphorik, Synästhesie, kontrastierende Wortfelder, Übertreibungen, Ellipsen, syntaktische Mehrdeutigkeit und vor allem expressive Metaphern, doch gestaltet er, wie bereits gezeigt, ein geordnet strukturiertes Gedicht. Dessen harmonischer Bau prägt seinen düsteren Inhalt in der Weise, dass er die **Harmonie des Todes** darstellt. Auch die eingesetzten Sprachbilder enthalten derart festgelegte Bedeutungen und Konnotationen, dass die Aussage für den Leser im Wesentlichen fassbar bleibt. Der Leser wird mit der vernichtenden Diagnose konfrontiert, dass menschliches Streben – aus der Sicht des Todes – offensichtlich auf einem Grundirrtum beruhe, da es nur zu einem leeren Nichts führe. Zu beachten ist, dass der Anspruch, den das lyrische kollektive Subjekt äußert, ein überindividueller, die ganze Gattung betreffender ist – die zitierten Vergleichsbeispiele sind überwiegend keine sterblichen Menschen, sondern Halbgötter oder unsterbliche mythische Wesen. Umso schwerer wiegt die Aussage des Textes, die dem Streben nicht nur Erfolg, sondern auch Sinn abspricht, und es im Leichenschauhaus enden lässt, vermodernd und verrottend. Viele Ereignisse der Menschheitsgeschichte bis in die aktuellen Auseinandersetzungen der Gegenwart hinein scheinen Heyms sezierenden Blick und seinen Pessimismus zu bestätigen, doch der Leser hat seine eigenen Erfahrungen und sein Weltbild zu befragen, um sich mit Heyms Darstellung auseinanderzusetzen.

Teil B

Günter Kunert (geb. 1929): Ikarus neuerlich

Da treibt er hin
geschwind geflügelt durch den Äther.
Den stürzen Neider,
die sich Götter nennen, wer
so hoch steigt. Wir andern ziehen
unsre Schleimspur unten
und samen ab
und zu und ernten
Unrat. Dem Himmel hingegeben
er
erfreut uns durch sein Ende
elend.

(1996)

Aus: G. Kunert. Mein Golem. Gedichte. Carl Hanser Verlag. München und Wien 1996

Aufgabe:

Erschließen Sie die Gestaltung des Ikarus-Motivs bei Günter Kunert im Vergleich zu Georg Heym.

Tipps und Hinweise

Anders als bei der ersten Aufgabe gilt es hier, einen vollständigen Gedichttext zu untersuchen. Die Aufgabenstellung fordert von Ihnen das Erschließen der Gestaltung des Ikarus-Motivs. Damit gibt sie zwar eine thematische Eingrenzung vor, da aber das Kunert-Gedicht insgesamt von diesem Motiv geprägt ist, muss es auch vollständig betrachtet werden. Bisher haben Sie den Text von Heym als Ganzes analysiert und interpretiert, für diesen zweiten Aufgabenteil nutzen Sie dagegen vornehmlich Ihre Untersuchungsergebnisse für die Strophen zwei bis vier.
Die Gestaltung des Ikarus-Motivs bei Kunert zu erschließen, erfordert, es auf der Text- wie auch der Darstellungsebene zu untersuchen und es bis in die Sinnebene zu durchleuchten, um eine angemessene Materialgrundlage für den Vergleich mit dem Textauszug von Heym bereitzustellen.
Textstruktur, Gestaltungsweise (Syntax, Stil, Symbolik) und Wirkungen sind zu analysieren und zu vergleichen. Die unterschiedlichen historischen Bedingungen bieten einen weiteren Rahmen für vorsichtige vergleichende Deutungen. Generelle Interpretationsansätze ergeben sich u. a. in Themen wie dem Verhältnis von Anspruch und Realität, der Auseinandersetzung mit menschlichen Verhaltensweisen, Zivilisationskritik.

Lösungsvorschlag in Grundzügen

Der Vergleichstext von Günter Kunert aus dem Jahre 1996 eröffnet einen anderen Blick auf den **Ikarus-Mythos**. Anders als Heym nutzt er den mythischen Stoff nicht als ein Gestaltungsmittel unter anderen, sondern stellt die Figur ins **Zentrum** der Darstellung und gewinnt darüber hinaus aus ihr den Titel. Wie bei Heym wird auch Kunerts Gedicht von einem lyrischen „Wir" (V. 5) bestimmt, doch es sind „Wir anderen", die Ikarus beobachten und sich über ihn äußern. Setzt sich bei Heym das lyrische Subjekt über vier Strophen verteilt mit dem Prozess des eigenen gemeinsamen Werdens und Vergehens auseinander, so gibt es in Kunerts einziger Gedichtstrophe kein uniform und als einzige Instanz agierendes „Wir" mehr. Stattdessen treten drei Kräfte in Erscheinung: „er" (V. 1 und 10), also Ikarus selbst, der nur im Titel namentlich erwähnt wird, die „Neider,/ die sich Götter nennen" (V. 3 f.) und „Wir andern" (V. 5).

Überwiegt bei Heym die vertikale Bewegungsrichtung – das Auf und Ab wird mehrfach dargestellt –, so finden im jüngeren Text zwei vermutlich parallel verlaufende horizontale Bewegungen statt: die des **im Äther dahintreibenden Ikarus** (V. 1 f.) und die der „Andern", die „unten" ihre „Schleimspur" ziehen. Aufstieg und Absturz finden – anders als bei Heym – bei Kunert keine explizite Erwähnung; Ikarus treibt mit Textbeginn bereits im Äther, und sein Sturz wird nicht beschrieben oder benannt, sondern nur als „sein Ende" (V. 11) erinnert. Ging es Heym vor allem um die Darstellung des Aufbruchs des kollektiven „Wirs" und dessen Fall, so stehen beide bei Kunert nicht im Mittelpunkt der Darstellung. Stattdessen lässt er sein lyrisches Subjekt die **Zerrissenheit der menschlichen Gemeinschaft** reflektieren. Ikarus erscheint nicht als ein Repräsentant des unten agierenden „Wir", sondern isoliert als dahintreibender „Er" (V. 1), der „Dem Himmel hingegeben" (V. 9) ist. Der Leser nimmt die Titelfigur – anders als bei Heym – als **Einzelnen** wahr. Das veraltete Wort „Äther" und der Vorsilben-Gleichklang „geschwind geflügelt" des zweiten Verses zeigen Ikarus auch auf stilistischer Ebene **als klassisches Wesen**, erhoben und abgesondert von den andern. Bereits seine Bezeichnung durch den kollektiven lyrischen Sprecher weist auf Distanzierung – Ikarus wird nicht beim Namen genannt, sondern mit der anonymeren Variante von Artikel oder Demonstrativpronomen bezeichnet. Bedingt durch Enjambement und fehlende Interpunktion zwischen den ersten beiden Versen ist nicht exakt festgelegt, ob Ikarus „geschwind" treibt oder „geschwind geflügelt" ist/wurde. **Das Geschwinde** wird dadurch zu einem übergreifenden Wesenszug, das mit der überlieferten Zeichnung des Ikarus als übermütigem Jüngling korrespondiert. Sein Hintreiben jedoch lässt kein selbstbestimmtes planvolles Agieren assoziieren. Heyms Ikariden „fanden" ein „leeres Nichts", das setzt voraus, dass sie auf der Suche waren. Kunerts Ikarus dagegen treibt aus Sicht des lyrischen Sprechers ziellos wie ein unbelebtes Objekt durch den Äther und ist dem Himmel, nicht dem Leben hingegeben. Sein Treiben und Genuss werden offensichtlich für „Andere" zum Gegenstand des Neids. Jene, so behauptet das lyrische Subjekt, „nennen" sich selbst „Götter" (V. 4), sind es also wohl nicht. Kunert weicht hier von der Sage ab, denn die griechischen/römischen Götter, obwohl eifersüchtig über die Unantastbarkeit ihrer Macht wachend, waren nicht an Ikarus' Fall beteiligt. Während bei Heym gar keine Götter oder kein Gott auftreten, die Ikariden wie ihr mythisches Vorbild ihren Sturz möglicherweise selbst verantworten (das lyrische Subjekt nennt keine Ursache für den Fall), so ist der **Ikarus in Kunerts Fassung scheinbar schuldlos**, haben ja Neider seinen Sturz veranlasst. Ausdrücklich grenzt sich die Sprecherinstanz von diesen sich selbst Götter nennenden Anderen ab, deutlich bezeichnet es sich als „Wir anderen". Doch die **Haltung des Neids** scheint auch dieser Gemeinschaft nicht fremd, anders ist deren Freude über Ikarus' gewaltvoll herbeigeführtes Ende (V. 11) kaum zu erklären. Die Hinzufügung „wer/so hoch steigt" (V. 4 f.), die die grammatische Struktur des zweiten Satzes sprengt und mit ihrem Enjambement sowohl das „wer" als auch das „so hoch steigt" spannungsgeladen voneinander abhebt, enthält für den Leser eine Drohung, nämlich die Ankündigung, dass aus Sicht des

Sprecher-Wirs die neidischen selbsternannten Götter dieses tödliche Los auch für andere Vorreiter bereithalten werden.

Fraglich ist, warum „Wir anderen“ so hämisch reagieren. Immerhin schildert das lyrische Subjekt die eigene Lebenssphäre in so drastisch anschaulicher Metaphorik, dass klar wird: Dieses „Wir“ ist weit entfernt von den sich selbst zu Göttern erhebenden Neidern, obwohl es doch selbst neidisch scheint. Stattdessen zieht dieses Subjekt seine „Schleimspur unten“ und – wie der Leser dessen Aktivitäten des „[Ab]samen[s] auch“ deuten mag – es „ernte(t) Unrat“ (V. 7 f.). Dabei werden das mannigfaltige Bedeutungsspektrum und die sich aufdrängenden Konnotationen des Neologismus „samen ab“ (V. 7) noch potenziert durch die überraschende Erweiterung „und zu“ als Folge des Enjambements zwischen dem siebten und achten Vers. Wirkte die Beschreibung dieses „Absamens“ des „Wir andern“, auch in Verbindung mit der „Schleimspur“, bereits pejorativ, so schränkt die Lesart als Zeitangabe „ab und zu“ die Häufigkeit des Agierens weiter ein. Das „Wir“ stellt sein Wirken als äußerst mühselig, je nach Empfinden gar als demütigend und ekelerregend, vor allem jedoch als völlig erfolglos dar. Die einzige Freude erwächst ihm aus dem zur Kenntnis genommenen „Ende“ des Ikarus. Gestaltete Heym bei allem Beharren auf der Sinnlosigkeit des menschlichen Strebens ein aktives, stolzes Wir, das sich bewusst über seine Begrenztheit zu erheben versucht hatte, so zeigt keine der von Kunert vorgeführten drei Kräfte erstrebenswerte Charakteristika. Die unüberbrückbare Distanz zwischen Ikarus und den anderen wird in den letzten vier Versen manifestiert. Dem „er“ wird ein ganzer Vers zugewiesen, in dem es ganz allein steht, durch die Inversion syntaktisch unklar sowohl mit seinem Umfeld, dem Himmel (V. 9), als auch mit dem „uns“ auf der Erde (V. 11) verbunden. Enjambement und Inversion, mit denen das lyrische Subjekt das letzte Wort des Gedichtes in Vers 11 setzt, zwingen den Leser erneut zur Deutung. So mag das „**elend**“ als Attribut zu „sein[em] Ende“ betrachtet werden, doch ebenso als Adverb zum „erfreu[en]“. Darüber hinaus bietet es sich wegen seiner hervorgehobenen Einzelstellung auch als **Kommentar zur gesamten lyrischen Darstellung** an, als in ihrer Resignation niederschmetternde Bilanz des lyrischen Wir am Ende des 20. Jahrhunderts. Der Titel „Ikarus *neuerlich*“ (Herv. – d. V.) weist klar darauf hin, dass nicht die Sage um den antiken Ikarus gestaltet wird.

Konnte Heyms lyrisches Subjekt seine pessimistische Bestandsaufnahme abgeklärt in einer ebenmäßigen, ausgeglichen wirkenden sprachlich-formalen Gestaltung formulieren, so widerspiegelt in Kunerts Text die **Sprengung traditioneller lyrischer Gestaltungsmittel** die Befindlichkeit des lyrischen Sprechers. Seine Bitterkeit – auch über die eigene Unzulänglichkeit – und Zerrissenheit finden sich in der ungebundenen metrischen Gestaltung wieder, die mit den fehlenden Reimen und den zahlreichen Enjambements korrespondiert. Im Zusammenwirken mit den nur spärlich gesetzten Satzzeichen und zusätzlich eingefügten Inversionen behindern sie die Orientierung des Lesers im syntaktischen und semantischen Geflecht und zwingen ihn zur Reflexion. Ihm werden so für seine individuelle Rezeption Freiräume gewährt, um Bedeutungsvarianten zu entdecken, mit ihnen zu spielen und seine eigene Position zu den vorgeführten Figuren zu suchen: zum „neuerlich“ konnotierten Ikarus, zu den Richtenden, die sich göttliche Freiheiten herausnehmen, und zum „Wir“ – jenen Anderen, die wissentlich wie niedere Weichtiere ihr Leben fristen.

Fach und Hauptfach Deutsch (Mecklenburg-Vorpommern)
Block I – Abiturprüfung 2010

Teil A

Dietrich Schwanitz (1940–2004): Bildung – Alles, was man wissen muß

[…]

Es gibt eine Komödie darüber, was es bedeutet, sich mit der Eroberung bisher unzugänglicher Sphären der Sprache eine neue Welt zu schaffen: *Pygmalion* von George Bernard Shaw. Sie erzählt die Geschichte des Blumenmädchens Eliza, die den Phonetiker Higgins dazu provoziert, ihr ein so blütenreines Oberklassen-Englisch beizubringen, daß sie beim Ball des Botschafters als Herzogin durchgeht. Lerner und Loewe haben daraus das Musical *My Fair Lady* gemacht, das mit Audrey Hepburn und Rex Harrison verfilmt wurde. Es gibt darin eine Szene, in der Eliza unter dem Streß des Übens fast in Tränen auszubrechen droht und Higgins sie wieder aufrichten muß. In einer aktualisierten deutschen Adaption lautet diese Stelle folgendermaßen: „Ich weiß, daß du müde bist, ich weiß, daß dein Kopf schmerzt, ich weiß auch, daß deine Nerven bloßliegen. Aber bedenke, womit du es zu tun hast: mit der Majestät und Großartigkeit der Sprache. Die größte Gabe, die Gott uns gegeben hat. Ohne sie würden wir das Herz unseres Nächsten nicht erreichen. Wir würden keine gemeinsame Welt bewohnen. Wir wären eingeschlossen in unser armseliges Selbst und würden als einsame Tiere eine öde Welt durchstreifen. Erst diese geheimnisvolle Mischung aus Lauten hat die Fähigkeit, uns eine Welt aus Sinn und Bedeutung zu schaffen. Und diese Welt sollst du erobern."

Deshalb führt der Königsweg zur Bildung über die Sprache. Sie muß einem so vertraut sein wie die eigene Wohnung oder das eigene Haus. Man muß nicht jedes Zimmer ständig nutzen. Und den Keller des Jargons, die Waschküche des Gefühlsüberschwangs und den Heizungskeller der leidenschaftlichen Ausbrüche betritt man nicht so häufig wie die Wohnküche der Alltagssprache, das Schlafzimmer des familiären Dauergeplauders und das Wohnzimmer des gesellschaftlichen Normalverkehrs. Das gilt auch für das ausgebaute Dachgeschoß der formellen Äußerungen und des Pathos und auch für das Gästezimmer, das eine fremdwortgeschwängerte Konversation der gehobenen Art beherbergt. Aber alle Zimmer und Stockwerke der Sprache müssen einem gleich zugänglich sein; man muß sich in ihnen routiniert und geschickt bewegen können, ja, man muß sich darin traumwandlerisch sicher zurechtfinden.

Die Sprache bildet durch ihre Stillagen immer auch die Sphären der Gesellschaft und ihren dramaturgischen Rahmen ab: Im Büro spricht man anders als zu Hause und bei einer Beerdigung anders als in der Badeanstalt. Es gibt auch deutliche Höhenunterschiede: Bei einem wissenschaftlichen Kongreß geht es anders zu als in einer Stammtischrunde, und bei einer literarischen Soiree anders als in der Disco. Für jede Gelegenheit und jede Sphäre gibt es die entsprechenden Stillagen und die entsprechende Sprache mit ihrem Vokabular. Hat man keinen Zugang zu der passenden Sprache, ist einem ein Teil der Gesellschaft verschlossen. Wer aber im Haus der Sprache wohnt, hat Zutritt zu allen gesellschaftlichen Sphären: Er schließt sich prinzipiell von keiner aus, weil er sich von keiner Erfahrung ausschließt. Das heißt nicht, daß er in allen ansässig ist: So wenig, wie man mehrere Wohnungen gleichzeitig bewohnen kann, kann man gleichzeitig Ministerialdirektor, Schauspieler und Kranführer sein. Aber man behält sich vor, mit ihnen Kontakt aufzunehmen und sich ohne Probleme und Befangenheit mit ihnen zu verständigen. Dasselbe gilt für alle Situationen und Gelegenheiten vom wissenschaftlichen Kongreß bis zum Betriebsfest. Dabei imitiert man nicht immer die dort üblichen Sprachen, so wenig wie man im Verkehr mit Jugendlichen gleich in Jugendjargon verfällt, wenn man schon selbst die 40 erreicht hat. Aber man stellt sich sprachlich auf sie ein und redet nicht über ihre Köpfe hinweg. Man verleugnet nicht seine Identität, aber vollzieht mit dem Wechsel der Stillagen den Rollenwechsel. Wer sprachlich eingeschränkt ist, ist sozial behindert.

Sprache drückt also Identität aus. Identität ist keine Rolle, sondern der Stil, in dem jede Rolle gespielt wird. Stil nannte man in der Kunst der Renaissance auf Italienisch „maniera“: das war dasselbe Wort, mit dem man auch Manieren bezeichnete. Die Manieren kennzeichnen den Stil, mit dem man sich selbst darstellt. Beide – Stil und Manieren – lassen das, was künstlich ist, wie natürlich erscheinen. Das gilt auch für die Sprache: Was mühsam eingeübt wurde, muß nachher wie eine zweite Natur erscheinen. Die Anstrengung muß deshalb hinter dem Eindruck der Leichtigkeit verborgen bleiben. Die Beherrschung der Sprache in jeder Stillage gilt als selbstverständlich.

Das begründet *das erste Gebot der Sprache:*

Thematisiere nie den Unterschied zwischen dem Sprachniveau deines Gesprächspartners und deinem eigenen („Ich kann leider nicht so geschwollen schwätzen wie Sie“, oder „Verzeihung, können Sie mir das Wort erklären, ich bin leider nicht so gebildet“), und klage ihn nie des sprachlichen Terrorismus an, etwa indem du ihn des Imponiergehabes oder des Versuchs verdächtigst, dich zu erniedrigen. Wenn der Verdacht nicht stimmt, gibst du zu erkennen, daß du sprachlich überfordert bist; wenn er stimmt, tust du das auch, und außerdem hat dein Gegner sein Ziel erreicht. Auf jeden Fall ist es peinlich, nicht weil dein Gesprächspartner sich erwischt fühlt, sondern weil er plötzlich bemerkt, daß er es mit einem sprachlich und kulturell unsicheren Menschen zu tun hat, den er vorsichtig behandeln muß. Auch wenn du sprachlich noch so leidest: Parodiere höchstens den Sprachgestus des Gegenüber, übertreibe ihn, unterlaufe ihn, aber thematisiere ihn niemals.

(e 1999)

Aus: D. Schwanitz. Bildung – Alles, was man wissen muß. Eichborn, Frankfurt am Main 1999.

Aufgabe Teil A:

Analysieren Sie den Textauszug und bewerten Sie seine Gestaltungs- und Wirkungsweise.

Tipps und Hinweise

Der zu bearbeitende Textauszug „Bildung – Alles, was man wissen muß" von Dietrich Schwanitz besteht aus fünf aufeinanderfolgenden Absätzen aus dem gleichnamigen Band des populären Literaturwissenschaftlers und Autors. Der abgedruckte Text ist dem ersten Kapitel „Das Haus der Sprache" des zweiten Teils „Können. Einleitung über die Regeln, nach denen man unter Gebildeten kommuniziert; ein Kapitel, das man auf keinen Fall überspringen sollte" entnommen, setzt jedoch nicht mit dessen Anfang ein. Dadurch entstehen für den Leser des Textauszugs wiederholt Leerstellen, die nicht der Gedankenführung des Autors anzulasten sind, wie zum Beispiel fehlende Begriffsklärungen und Einordnungen. Auch die Übernahme des umfassenden Werktitels „Bildung – Alles, was man wissen muß" für den kurzen Auszug wirkt irreführend, denn während Schwanitz unter diesem Konzept im ganzen Buch dem bildungsbeflissenen Leser einen umfassenden Kanon von Inhalten der Allgemeinbildung anbietet, liegt dem Kapitel des Textauszugs und darüber hinaus dem Auszug selbst nur ein Teilaspekt der Problematik zugrunde, nämlich Fragen des Bildungserwerbs bzw. des Verhältnisses von Sprache und Bildung. Der aufmerksame Leser wird solche Ungenauigkeiten wohl oder übel anmerken müssen. Inwieweit einzelne Aussagen des Autors humorvoll oder ironisch zu werten sind, lässt sich angesichts des Ausschnitts nicht sicher nachweisen.
Die Operatoren des ersten Aufgabenteils „analysieren" und „bewerten" erfordern, dass Sie die wesentlichen Aussagen des Autors und seine Gedankenführung, also den Aufbau des Textauszugs, herausarbeiten. Führen Sie auch vor, mit welchen sprachlichen Mitteln Schwanitz arbeitet, welche Funktion diese für die Lenkung des Lesers übernehmen. Untersuchen Sie, inwieweit es Schwanitz gelingt, seine Leser zu überzeugen, beziehen Sie auch den Titel des Textauszugs und seine Entstehungszeit in Ihre Überlegungen ein. Sie können die Analyse und die Bewertung miteinander verschränken, es ist aber auch möglich, beide Arbeitsschritte nacheinander auszuführen.

Lösungsvorschlag in Grundzügen

Im vorliegenden Textauszug *Bildung – Alles, was man wissen muß* aus Dietrich Schwanitz' gleichnamigem Buch von 1999 thematisiert der Autor das **Verhältnis von Sprache und Bildung**.

Im ersten der fünf Absätze, der für den Auszug die Funktion der Einleitung übernimmt, stellt Schwanitz die Komödie *Pygmalion* von George Bernard Shaw vor. Aus deren Musicalfassung *My Fair Lady* zitiert er mehrere Sätze über die Bedeutung und Funktion der Sprache für die Entwicklung des Menschen. Die dort wiedergegebenen pathetischen Aussagen des übereifrigen englischen Phonetik-Professors über die „Majestät" der Sprache (Z. 12) dienen Schwanitz als Autoritätsargument für seine eigene Kernaussage am Beginn des zweiten Absatzes: Er behauptet, die **Sprache** sei der „**Königsweg zur Bildung**" (Z. 18). Die Ableitung dieser These wirkt auf den Leser irritierend, zeigt sich hier doch der erste Bruch in der Gedankenführung: Zu Beginn der Einleitung hatte Schwanitz zunächst metaphorisch davon gesprochen, dass sich der Mensch durch die Aneignung neuer Sprachsphären „eine neue Welt […] schaffen" könne (Z. 3). Jetzt reduziert der Verfasser den weiten Bereich einer „neuen Welt" unkommentiert auf einen nicht näher umrissenen Begriff von Bildung. Wenn Schwanitz seine These auch durch die Konjunktion „deshalb" (Z. 18) an das Zitat von Shaw zu binden versucht, stellt sich dadurch doch keine inhaltliche Begründung her. Eine kausale Beziehung zum letzten Satz des Zitats zum Beispiel „Und diese Welt sollst du erobern" (Z. 17) eröffnet sich jedenfalls nicht.

Schwanitz nutzt den ganzen **zweiten Absatz**, um diese **These von der Wichtigkeit der Sprache für die Bildung** zu illustrieren. Er führt zur Veranschaulichung der dargestellten Position – etwas ungenau – die **Metapher von der Sprache als eigener Wohnung** oder als eigenem Haus an (vgl. Z. 19) und setzt Sprach- und Stilebenen mit unterschiedlichen Wohn- und Nutzräumen gleich. Dieses Sprachbild liest sich in seiner Einfachheit verführerisch und einleuchtend, ist es doch dem Bereich des Alltagslebens entnommen, dessen Erfahrungen jedem Leser zur Verfügung stehen, der über eigenen Wohnraum verfügt oder der zumindest schon einmal ein Wohnhaus betreten hat. Unübersichtlich, zum Teil auch willkürlich sind jedoch die Kriterien für gewählte Zuordnungen von Räumen und Sprachstilen oder Sprechweisen. So bedient sich Schwanitz des einfachen Schemas von Oben und Unten, wenn er höhere oder niedere Stilschichten nach rein äußerlichen Gesichtspunkten den Räumen eines Hauses in entgegengesetzten Geschosshöhen zuweist – der Keller (unten) spiegelt die niedere Sprachebene des Jargons wider, während das ausgebaute Dachgeschoss (oben) Elemente von Hochsprache in Gestalt formeller Äußerungen oder des Pathos impliziert (vgl. Z. 20, Z. 24). Er **sortiert** in anderen Fällen **nach sozialen Funktionen von Räumlichkeiten** und differenziert hier ausgeklügelt zwischen Wohnküche und Wohnzimmer, um zwischen Alltagssprache und Sprache des gesellschaftlichen Normalverkehrs, die begrifflich nicht näher bestimmt werden, zu unterscheiden. Die Verbindung von Schlafzimmer – traditionell ein Raum der Ruhe und des privaten Rückzugs – mit dem Begriff des „familiären Dauergeplauders" (Z. 22) wirkt eher unpassend. Bemüht scheint die Rekrutierung des Gästezimmers für eine sogenannte fremdwortgeschwängerte Konversation: Der Leser muss den Gedankengang nachvollziehen, potenzielle Gäste als Ausländer zu definieren, um die aus deren Sprachen – für den deutschsprachigen Leser dann *Fremd*sprachen – abgeleiteten Fremdwörter zu gewinnen, die aber wiederum nicht typischerweise in der Konversation mit Gästen Anwendung finden. Gemeinsame Bedeutungsmerkmale zwischen einem eher sachlich wirkenden Heizungskeller und leidenschaftlichen Ausbrüchen zu finden, mag eine gedankliche Herausforderung für den Leser sein, vielleicht dachte der Autor an austretende zischende Dämpfe aus Heizungsrohren. Ob das semantische Bindeglied zwischen einer Waschküche – unter der sich vor allem jüngere Leser kaum noch etwas vorstellen können – und einem Gefühlsüberschwang jedoch der überquellende Seifenschaum oder undurchdringliche Schwaden von Wasserdampf sein mag, bleibt ein Rätsel. So **unpräzise** die **Wahl der Metaphern** ausfällt, so **ungenau** zeigt sich auch die **Unterscheidung zwischen Sprachebenen oder Stilschichten**, die Schwanitz anbietet. Er liefert seinem Leser keine reine sprachwissenschaftliche Klassifizierung, sondern setzt ihm ein eingängiges Bild vor, das lediglich umreißt, wie differenziert Sprache von unterschiedlichen Sprechergruppen und in verschiedenen Sprechsituationen benutzt werden kann.

Generell scheint Schwanitz die Entwicklung und **Formulierung seiner Gedanken der pragmatischen Zielsetzung unterzuordnen**, den Leser nicht mit Detailgenauigkeit zu (über)fordern, sondern ihn eher freundlich für das Thema zu interessieren und für seine Forderungen zu öffnen. Er bleibt dem Leser zwar eine nachvollziehbare Erklärung für seine Argumentation schuldig, legt sich dafür aber fest in seinem **Appell an dessen Einsicht und Verhalten:** Fünfmal verwendet Schwanitz in den sechs Sätzen dieses zweiten Abschnitts das Modalverb *muss/müssen* und steigert dabei den **Verbindlichkeitsgrad** seiner Aussagen. Allein auf den letzten parataktisch gebauten Satz entfallen dabei drei Wiederholungen des Modalverbs; Anapher und Klimax finden Verwendung und werden verstärkt durch ein aufmerksamkeitsheischendes „ja". So wird der Leser verpflichtet, sich auf allen Sprachebenen „routiniert", „geschickt", „traumwandlerisch sicher" zurechtfinden zu können (vgl. Z. 27 f.).

Nachdem Schwanitz das **Sprachbewusstsein des individuellen Sprechers** eingefordert hat, weitet er im folgenden Absatz den Blick des Lesers auf die **Gesellschaft als Ganzes**. Seine These, dass Sprache immer auch Facetten der Gesellschaft abbilde, bleibt verschwommen, da er die Begriffe „Sphären der Gesellschaft" und „ihr [...] dramaturgische[r] Rahmen" (Z. 29 f.) unkommentiert verwendet. Demonstrative Beispiele sollen hier Klarheit schaffen. Wieder ist

Schwanitz mehr an einem humorvoll auflockernd gemeinten **Plauderton** interessiert als an gründlicher „Bildung" seiner Leser, was sich an der Wahl der Beispiele zeigt. Sie sind von stilistischen Mitteln wie Alliteration (vgl. „Büro", „Beerdigung", „Badeanstalt" – Z. 30 f.) oder Kontrastierung diktiert und wirken zufällig und beliebig auswechselbar.

Der Verfasser fügt seiner Argumentation an dieser Stelle einen weiteren, wiederum unbelegten Gedanken hinzu, indem er generell behauptet, für „jede Gelegenheit und jede Sphäre" gebe es die entsprechenden Stillagen und die entsprechende Sprache mit spezifischem Vokabular (vgl. Z. 33 ff.). Er leitet daraus kompromisslos ab, dass Sprechern ohne Zugang zur jeweils „passenden Sprache" Teile der Gesellschaft verschlossen bleiben. Um diese Aussage zu verstärken, wendet er die **Drohung** noch einmal entgegengesetzt in eine **positive Verheißung** und greift dabei sein Bild vom „Haus der Sprache" auf: Wer aber in eben diesem wohne, habe Zutritt zu allen gesellschaftlichen Sphären (vgl. S. 36 f.). Im Folgenden relativiert Schwanitz seine Forderung an die Sprachfähigkeiten des Lesers und nutzt dafür wieder **Einzelbeispiele**. Für ihn gilt das Kriterium, dass der gebildete Sprecher zu allen Anlässen und in allen hierarchischen Ebenen dazu in der Lage ist, sich mit unterschiedlichen Kommunikationspartnern unbefangen zu verständigen. Er müsse sich sprachlich auf sie einstellen können, ohne ihre spezifische Sprache zu imitieren.

Auch dieser **dritte Absatz** klingt ausschließlich **normativ**. Schwanitz verzichtet hier auf das Modalverb „müssen", verwendet als grammatisches Subjekt dafür durchgängig das Indefinitpronomen „man" und erweckt damit den **Eindruck einer vorgegebenen, allgemein bekannten und akzeptierten Verhaltensnorm**, der sich der Leser zu stellen habe. Am Ende des Absatzes bringt der Verfasser zwei weitere Begriffe in seine Argumentation, ohne dass sie im vorliegenden Textauszug näher bestimmt würden. Er formuliert, dass der Sprecher seine Identität nicht verleugnen solle, jedoch „mit dem Wechsel der Stillagen den Rollenwechsel" vollziehe (Z. 46 f.). Die Wahl des bestimmten Artikels für „Rollenwechsel" legt nahe, dass Schwanitz davon ausgehen kann, sein Leser wisse, um welche Rollen es sich handelt. Möglicherweise wurden diese Begriffe im Kontext des Textauszugs erörtert. Auf drastische und provokative Weise fasst der letzte Satz des Abschnitts die **Position des Autors** zusammen in der Zuspitzung, **sprachliche Einschränkung sei soziale Behinderung** (vgl. Z. 47 f.).

Im **vierten Absatz** konstruiert Schwanitz eine streitbare **Diskussion** um die gerade aufgeworfenen Begriffe von **Identität und Rolle**, um letztendlich wieder die Behauptung zu wiederholen, es sei selbstverständlich, die Sprache in jeder Stillage zu beherrschen. Für diesen Zirkelschluss bietet er dem Leser in Kürzestform Begriffspaare aus Philosophie und Kunsttheorie, er erinnert an das italienische Wort „maniera" aus der italienischen Renaissance für den Begriff des Stils und skizziert einen Zusammenhang von Stil und Manieren, von Natürlichem und Künstlichem (vgl. Z. 50 ff.). Diese **Häufung philosophischer Kategorien** ohne genauere begriffliche Bestimmung und Einordnung wirkt in der Beschränkung dieses kurzen Absatzes eher bemüht, als sollten schwerwiegende Fakten eine unantastbare Argumentation absichern. Da sie jedoch nicht tiefgründig genug gegeneinander abgewogen werden und ihre Komplexität nicht deutlich wird, mangelt es ihnen an Überzeugungskraft. Ebenso verhält es sich mit dem Definitionsansatz „Identität ist keine Rolle, sondern der Stil, in dem jede Rolle gespielt wird." (Z. 49 f.) Der Autor arbeitet hier entweder unpräzise, oder er enthält dem Leser verschmitzt oder herausfordernd Bedingungen für die eigene Gedankenarbeit vor. Möglich ist aber auch, dass diese **Oberflächlichkeit** der Auswahl des Textauszugs geschuldet ist – vielleicht hat Schwanitz die Begriffe bereits an früherer Stelle erörtert, sodass sie im abgedruckten Abschnitt nur noch einmal in Erinnerung gebracht werden sollten.

Im letzten Abschnitt des vorliegenden Textauszugs steigert Schwanitz seine normativen Appelle zum **kategorischen Imperativ** und verkündet sie als „das erste Gebot der Sprache" (Z. 57). Während er die in den vorigen Absätzen formulierten Forderungen unpersönlich („man") darstellte und so ihr objektives, normatives Wesen betonte, adressiert er seine Hinweise hier direkt an ein „du“ und **spricht den Leser** somit **persönlich an**. Beschwörend nutzt er Imperative und koppelt sie mit „nie“. Mahnend und eindringlich legt er dem Leser nahe, in keiner Sprechsituation dem Kommunikationspartner gegenüber etwaige Unterschiede im Sprachniveau zu thematisieren. Schwanitz bietet **Beispiele in direkter Rede zur Veranschaulichung** und erwägt unterschiedliche Wirkungen eines solchen Gesprächs unter verschiedenen Bedingungen. Er gibt zu bedenken, dass solche Bemerkungen grundsätzlich ungeschickt sind und zu peinlichen Situationen führen können, und empfiehlt dagegen, eher Sprachgewohnheiten des Gegenübers zu parodieren, zu übertreiben oder zu unterlaufen. Interessant wäre für den Leser an dieser Stelle, wie ein Unterlaufen aussehen könnte, doch der Textauszug endet hier abrupt nach einer letzten Wiederholung der Ermahnung, nie den Sprachgestus des Gesprächspartners zu thematisieren.

Sucht der Leser den Bezug des Textauszugs zu dessen **Titel** „Bildung – Alles, was man wissen muß“, so stellt sich Verwirrung ein. Weder klärt Schwanitz in dem Text, was er unter Bildung versteht, noch nennt er „Alles, was man wissen muß“. Er äußert sich lediglich zu Teilzusammenhängen zwischen Sprache im allgemeinen Sinn, Sprache von Gruppen oder Individuen, Bildung, Stil, Identität und Rolle. Auch für diese Begriffe stellt der Verfasser – zumindest im vorliegenden Auszug – keine Definitionen bereit, bleibt stattdessen allgemein und undeutlich oder **verwischt Bedeutungsunterschiede**, z. B. wenn er den Begriff „Sprache“ undifferenziert für Sprache einer Gesellschaft und für den Begriff „Gruppensprache“ verwendet. Illustrierende Beispiele wählt er unter verschiedenen Kriterien und vermischt dabei Kategorien. Die Argumentationsstruktur weist Lücken auf, wiederholt sind Behauptungen nicht schlüssig durch Argumente begründet, nur auswechselbare Einzelbeispiele oder analogisierende Bilder dienen als Stütze. Konjunktionen wie „daher“ und „also“ werden als syntaktische Bindeglieder zwischen Gedanken eingesetzt, begründen aber nichts. Normative Hauptsätze werden aneinandergereiht, Wiederholungen und Steigerungen unterstützen den **Appellcharakter des Textes**. Der Verfasser versucht, seinem Leser komplexe Zusammenhänge z. B. zwischen Sprache, der Fähigkeit zur Kommunikation, Bildung und dem individuellen Ansehen in der Gesellschaft auf anschauliche Weise zu vermitteln, ohne zu sehr ins Detail zu gehen. Dabei legt er weniger Wert auf wissenschaftliche Präzision und logisch nachvollziehbare Gedankenführung als auf eine **möglichst populäre Darstellungsweise**. In seiner eigenen Sprachwahl durchmischt er dafür Elemente von Hoch- und Fachsprache mit Umgangssprache. Es bleibt jedoch anzumerken, dass die Argumentationsstruktur des Textauszugs sich nur angemessen ermitteln ließe, wenn der größere Zusammenhang zum Gesamttext gegeben wäre und gedankliche oder begriffliche Rückbezüge oder Vorgriffe erkennbar wären.
Der Leser kann für sich entscheiden, ob er sich mit Schwanitz’ Bildungshinweisen begnügt oder ob er darin Anregungen für weiterführende Überlegungen findet.

Teil B

Aufgabe:
Erörtern Sie Dietrich Schwanitz' Auffassung zum Verhältnis von Sprache und Bildung.

Tipps und Hinweise

Der Aufgabenteil B verlangt von Ihnen eine Erörterung. Sie sind dazu aufgefordert, Thesen des Textauszugs auf ihre Überzeugungskraft und Gültigkeit zu prüfen und Ihre eigenen Ansichten dazu in Beziehung zu setzen. Wenn Sie zu einer kritischen Sicht gelangen, sollten Sie diese Gedanken durchaus darlegen, begründen Sie aber Ihre Ansicht dabei.

Lösungsvorschlag in Grundzügen

Im Auszug aus seinem Buch zur Bildung nimmt Schwanitz Stellung zum Verhältnis von Sprache und Bildung. Er mahnt den Leser, sich aufgeschlossen in die Lage zu versetzen, auf allen Sprachebenen souverän zu kommunizieren, um sich so am Geschehen in allen Sphären der Gesellschaft zu beteiligen und potenziell in allen gesellschaftlichen Bereichen Erfahrungen sammeln zu können. Für das kommunikative Agieren seiner Leser fordert er von diesen, niemals das Sprachverhalten ihrer Gesprächspartner zu thematisieren, um nicht den Eindruck sprachlicher Unsicherheit zu erwecken. Seiner Ansicht nach **entscheidet** also **das Sprachvermögen über die gesellschaftliche Akzeptanz des Menschen**.

Sprache, so sagt Schwanitz, sei der Königsweg zur Bildung. Zweifelsfrei ist die **Sprache** untrennbar **an unser Denken gebunden**. Sie liefert mit Wörtern und Sätzen das Material, mit dem wir sprechen und denken. Durch sie äußern wir Vorstellungen, drücken Mitteilungen und Appelle aus. Sie ist das Schema, das unsere geistige Aktivität bestimmt, unsere Welterfahrung steuert. Sprache bedingt nicht nur, wie wir Eindrücke aus der uns umgebenden Natur und Gesellschaft bezeichnen und ihnen Bedeutung zuschreiben, sondern auch, wie wir sie analysieren, sie zusammenfassen und zu unserem Weltbild organisieren. Sprache ermöglicht also sowohl unsere gegenständliche Kommunikation als auch das Abstrahieren. Die **Sprache bestimmt unser Weltbild**. Linguisten streiten darüber, in welchem Maße unterschiedliche grammatische Sprachsysteme auch unterschiedliche Denkweisen verursachen.
So kann der Leser **Schwanitz** mit gutem Gewissen **zustimmen**, wenn er dem Sprachvermögen des Menschen eine solche **Bedeutung für seinen Bildungserwerb** zuspricht. Doch worin sieht der Verfasser diese Bildung? Was macht sie aus?

Dem Textauszug lässt sich keine direkte Bestimmung entnehmen außer der Behauptung, dass Bildung durch Sprache als Königsweg zu erreichen sei. Immerhin suggeriert der Titel „Alles, was man wissen muß" mit seinem Modalverb, dass es sich um Bildungsinhalte handelt, deren Besitz in der Summe ihrem Besitzer nach einer gesetzten Norm das Attribut „gebildet" zusichert. Der Weg zu diesen Bildungsinhalten führe über die Sprache – **je mehr sprachliche Fähigkeiten** man habe, um am breitgefächerten gesellschaftlichen Leben teilzuhaben, **desto mehr Bildung** könne man, müsse man erwerben. Schwanitz hat mit seinem „Haus der Sprache" zu veranschaulichen versucht, wie komplex und sozial vielgeschichtet das Gebilde der Sprache ist. Gruppensprachen oder Fachsprachen könnten sich in ihren Stilschichten und ihrem Vokabular so voneinander unterscheiden, dass eine umfassende Verständigung zwischen verschiedenen Sprechern gar nicht mehr gesichert sei. Hier fordert Schwanitz nun Sicherheit und **kommunikative Kompetenz der Sprecher**. Den Weg dazu verschweigt er, denn Erfahrungen, eine Möglichkeit des Lernens, sind in seiner Darstellung erst die Folge der Sprachkompetenz. Traumwandlerisch sichere Sprachverwendung, so kann man bei ihm lesen, gestattet es dem Menschen, sich nicht von Erfahrungen ausschließen zu müssen. Wie jedoch soll es dem Einzelnen gelingen, seine Sprachkompetenz zu erweitern, um erst dann an den Erfahrungen der Gesellschaft teilhaben zu können? „Man muss" – lesen wir im Textauszug. Dass dieses Erlernen von Sprache und damit der versprochene Zugewinn an Bildung ein mühsamer Prozess ist, konnte der Leser dem Zitat aus *My Fair Lady* entnehmen. Doch Eliza Doolittle lernte ihre Muttersprache wie eine Fremdsprache, durch das Imitieren von Lautmustern und das Büffeln von belanglosen Kommunikationsversatzstücken. Meint Schwanitz ein solches Lernen? Seine im vierten Absatz verkündete Ansicht, man lerne mit der Sprache etwas Künstliches, das einem zur zweiten Natur werden müsse, lässt den Erwerb von Sprachkompetenz in genau solch einem schmerzhaften Zusammenhang erscheinen.

Fragwürdig ist die **Ausschließlichkeit und Normativität**, mit der er seine Thesen vorträgt. Zuerst Sprachkompetenz, dann Bildung und damit Zugang zu allen gesellschaftlichen Sphären – dieses hierarchische Konzept wirkt **weltfremd und elitär**. Nicht jeder Bürger findet in seinem Lebensalltag hinreichende und notwendige Bedingungen und Möglichkeiten, sich die von Schwanitz postulierten Fähigkeiten anzueignen. Schließt seine Forderung auch ein, dass der Freund klassischer Musik ignorant oder weniger gebildet ist, weil er sich nicht für die Jugendsprache in der Techno-Szene interessiert? Oder gilt dieser Vorwurf nur in umgekehrter Richtung, wenn man nicht aus dem sozialen Keller des Jargons zum Dachgeschoss der Hochsprache aufsteigen will/kann, um in Schwanitz' unglücklichem Bild vom Haus der Sprache zu sprechen?

Der Autor differenziert nicht in seiner Darstellung, er **fordert nur autoritär**. Er zeigt keine Prozesse, keine Wege. Damit bedient er einen **anachronistischen Begriff von Bildung**, zeigt sie als etwas Normatives, Fertiges, als einen Zustand, der die Eintrittskarte zum wahren vielfältigen Leben in allen gesellschaftlichen Sphären bedeutet. In einem Zeitalter steten wissenschaftlichen Fortschritts, in dem vieles, was bisher als absolutes Wissen gegolten hat, als Irrtum verworfen wird, ist eine solche Sicht äußerst fragwürdig. Auch die **Sprache** selbst ist **in ständigem Fluss** und unterliegt stetiger Veränderung. Das wird gegenwärtig sogar für die Sprecher verbindlich in einer Rechtschreibreform manifestiert. Enzyklopädien und Internet bieten in nie dagewesenem Maße jedem Leser oder Nutzer schnellsten nahezu unbeschränkten Zugang zu detailliertesten Problemstellungen. Man findet Antworten auf die speziellsten Fragen, Antworten, die durchaus nicht immer zutreffend sind. Die aktuelle Diskussion über den Begriff „Bildung" – ursprünglich einmal der erstarkenden Oberschicht des Bürgertums zugeeignet – betont zunehmend wieder seine eigentliche Wortbedeutung, nämlich das „Bilden", „sich Bilden" als einen lebenslangen Prozess der kontinuierlichen verantwortungsbewussten **Auseinandersetzung des Individuums mit sich und seiner Umwelt**. Als erstrebenswerte Persönlichkeitsmerkmale stehen vielfältige Kompetenzen auf dem Forderungskatalog schulischer, beruflicher und akademischer Ausbildung. Dazu zählen natürlich Sprach- und Sachkompetenz. Doch Bildung beschränkt sich nicht auf eine von Autoritäten festgelegte Summe von Wissensinhalten, wie Schwanitz' Text nahelegt, sondern sie fordert einen Menschen, der die Bereitschaft zeigt, sich geistig mit der Welt und seiner Rolle darin auseinanderzusetzen und Verantwortung zu übernehmen. „**Bildung**" beinhaltet **zwei Aspekte:** das **Gebildet-Werden** durch äußere Einflüsse und das selbsttätige **Sich-Bilden**. Natürlich bedingen beide Prozesse einander und durchdringen sich wechselseitig, doch in der gegenwärtigen Zeit der ständigen Relativierung des Wissens verlagert sich die Bedeutung der Bildung vom Geformt-Werden in Lernprozessen immer mehr auf die eigenständige Aktivität. Bildung vollzieht sich nicht nur durch die Entwicklung des Sprach-, im weiteren Sinne des Kommunikationsvermögens, sondern, wie jeder Mensch aus eigener Erfahrung weiß, ebenso durch nonverbales Handeln, durch Ausprobieren und auch fehlerhaftes Verhalten, aus dem man lernen kann.

Das erfordert **aufgeschlossene und interessierte Kommunikation**. Je offener und unverstellter sich die Gesprächspartner an der sprachlichen Interaktion beteiligen, desto erfolgreicher wird die Kommunikation auch für beide Partner verlaufen. Schwanitz gibt dagegen Verhaltensmaßregeln kund, die das Missfallen vieler Leser provozieren werden. Die Schwäche seiner Argumentation zeigt sich gerade darin, dass er nicht sachlich begründet, sondern tabuisiert. Im majestätischen Tonfall der mosaischen Gesetzgebung gebietet er, dass man nie das Sprachverhalten des Gesprächspartners thematisieren dürfe, um kein Prestige einzubüßen.

Gerade jugendliche Leser, die nach Orientierungen für die Entwicklung eigener Ansprüche suchen, werden sich überwiegend dieses „erste Gebot" der Sprache nicht zu eigen machen wollen. Es wird ihnen nicht darum gehen, durch Verstellung Renommee oder flüchtiges Ansehen zu erwirken. Schwanitz fordert hier ein **Anpassungsverhalten**, das im 21. Jahrhundert **verstaubt** wirkt.

Übrigens: Schon die Beziehung zwischen Eliza und Professor Higgins in *My Fair Lady* widerlegt Schwanitz' „erstes Gebot der Sprache" auf das Anschaulichste: Professor Higgins ist als Phonetiker und Sprachforscher ein Experte, sonst aber ein recht ungehobelter vereinsamter Klotz, der seine Mitmenschen hochmütig und verachtend behandelt. Eliza erkennt ihre sprachliche Beschränktheit, verfügt aber über so etwas wie Herzensbildung und ist natürlich und unverstellt. Beide thematisieren die „Stillagen" des anderen sehr deutlich, was ihnen zum Vorteil gereicht: Die zwei Figuren bilden und entwickeln sich, unter anderem deshalb, weil sie gegen dieses „erste Gebot" verstoßen haben.

Teil A

Daniel Kehlmann (geb. 1975): Die Vermessung der Welt (Die Höhle)

[…]

Unweit der Mission, in der Höhle der Nachtvögel, lebten die Toten. Der alten Legenden wegen weigerten sich die Eingeborenen, sie dorthin zu begleiten. Erst nach langem Zureden kamen zwei Mönche und ein Indianer mit. Es war eine der größten Höhlen des Kontinents, ein sechzig mal neunzig Fuß großes Loch, durch das so viel Licht einfiel, daß man noch im Berginneren hundertfünfzig Fuß weit auf Gras und unter Baumwipfeln ging. Dann erst mußten sie Fackeln anzünden. Hier begann auch das Geschrei.

In der Dunkelheit lebten Vögel. Tausende Nester hingen wie Beutel an der Höhlendecke, der Lärm war ohrenbetäubend. Wie sie sich orientierten, wußte niemand. Bonpland gab drei Schüsse ab, deren Hall vom Schreien übertönt wurde, und schon sammelte er zwei noch zuckende Körper ein. Humboldt schlug Gesteinsproben aus dem Fels, maß Temperatur, Luftdruck und Feuchtigkeit und kratzte Moos von der Wand. Ein Mönch schrie auf, als er mit seiner Sandale eine riesige Nacktschnecke zerquetschte. Sie mußten durch einen Bach waten, die Vögel flatterten um ihre Köpfe, Humboldt preßte die Hände auf seine Ohren, die Mönche schlugen das Kreuz.

Hier, sagte der Führer, beginne das Totenreich. Er gehe nicht weiter.

Humboldt bot eine Verdoppelung des Lohnes an.

Der Führer lehnte ab. Dieser Platz sei nicht gut! Und überhaupt, was habe man hier zu suchen, der Mensch gehöre ans Licht.

Schön gesagt, brüllte Bonpland.

Licht, rief Humboldt, das sei nicht Helligkeit, sondern Wissen!

Er ging weiter, Bonpland und die Mönche folgten. Der Gang verzweigte sich, ohne Führer wußten sie nicht, wohin. Humboldt schlug vor, sich zu trennen. Bonpland und die Mönche schüttelten die Köpfe.

Dann eben links, sagte Humboldt.

Wieso links, fragte Bonpland.

Also rechts, sagte Humboldt.

Aber warum rechts?

Zum Teufel, rief Humboldt, jetzt werde es ihm zu blöd. Und er ging, den anderen voraus, nach links. Das Vogelgeschrei hallte hier unten noch lauter. Nach einer Weile erkannte man darin hohe, klickende Laute, sehr schnell hintereinander ausgestoßen. Humboldt kniete sich hin und untersuchte die verkümmerten Pflanzen auf dem Boden. Aufgedunsene Gewächse ohne Farbe, fast formlos. Interessant, brüllte er in Bonplands Ohr, genau darüber habe er in Freiberg eine Arbeit verfaßt!

Als die beiden aufsahen, bemerkten sie, daß die Mönche nicht mehr da waren.

Abergläubische Tölpel, rief Humboldt. Weiter!

Es ging steil bergab. Um sie knatterten Flügelschläge, doch nie streifte sie eines der Tiere. Sie tasteten sich an der Wand entlang zu einem Felsdom. Die Fackeln, zu schwach, um das Gewölbe auszuleuchten, warfen ihre Schatten übergroß an die Wände. Humboldt sah auf das Thermometer: Es werde immer wärmer, er bezweifle, daß Professor Werner daran Freude hätte! Dann sah er die Gestalt seiner Mutter neben sich. Er blinzelte, doch sie blieb länger sichtbar, als es sich für eine Sinnestäuschung gehörte. Den Umhang unter dem Hals festgeknotet, den Kopf schief gelegt, geistesabwesend

lächelnd, Kinn und Nase so dünn wie an ihrem letzten Tag, in den Händen einen verbogenen Regenschirm. Er schloß die Augen und zählte langsam bis zehn.
Wie bitte, fragte Bonpland.
Nichts, sagte Humboldt und hämmerte konzentriert einen Splitter aus dem Stein.
Dort hinten gehe es weiter, sagte Bonpland.
Es sei genug, sagte Humboldt.
Bonpland gab zu bedenken, daß es tiefer im Berg wohl noch unbekannte Pflanzen gebe.
Besser zurück, sagte Humboldt. Genug sei genug.
Sie folgten einem Bach in Richtung Tageslicht. Allmählich wurden die Vögel weniger, das Geschrei leiser, bald konnten sie die Fackeln löschen.

(e 2005)

Aus: Daniel Kehlmann: Die Vermessung der Welt. Rowohlt, Reinbek bei Hamburg 2005.

Aufgabe:

Interpretieren Sie den Textauszug aus dem Roman *Die Vermessung der Welt.*

Tipps und Hinweise

Der dem Textauszug zugrundeliegende Roman von Daniel Kehlmann (1999) ist eine Doppelbiografie, in der parallel zueinander Episoden aus dem Leben von Alexander von Humboldt (1769–1859) und Carl Friedrich Gauß (1777–1855) fiktiv gestaltet werden. Kehlmann stützt sich dabei auf überlieferte Fakten: Humboldt unternahm von 1799 bis 1804 mit dem französischen Botaniker Aimé Bonpland eine Expedition durch Südamerika, die die erste umfassende geografische Erfassung des Landes erbrachte. Der abgedruckte Auszug ist im Kapitel „Die Höhle" zu finden.
Die Aufforderung zu „interpretieren" verlangt von Ihnen, den Textauszug zu analysieren und zu deuten. Ordnen Sie den Abschnitt zunächst in den Roman ein. Stellen Sie dann Thema, Aufbau, Figuren, Erzähler und Erzählweise vor und ermitteln Sie, wie sprachliche Mittel zur Figurencharakterisierung eingesetzt werden und welche Funktion sie für die Lenkung des Lesers übernehmen. Äußern Sie sich zur Wirkung des Textes und bedenken Sie dabei die Zeitebenen der Handlung und die Entstehungszeit des Romans.

Lösungsvorschlag in Grundzügen

Der Textauszug ist dem Kapitel „Die Höhle“ aus Daniel Kehlmanns 1999 erschienenem Roman *Die Vermessung der Welt* entnommen. In diesem Buch entwirft der Autor eine fiktive Doppelbiografie der beiden Wissenschaftler Alexander von Humboldt und Carl Friedrich Gauß. Der Textauszug entstammt dem vierten Kapitel des Romans, das gleichzeitig das zweite Kapitel ist, das sich dem Leben und Wirken Humboldts widmet. Die Handlung findet unweit der Chaymas-Mission im damaligen Neu-Andalusien statt, in der getaufte Indianer in Selbstverwaltung leben. **Humboldt** und sein Reisegefährte, der französische Botaniker **Bonpland**, begeben sich mit einheimischen Führern **in eine Höhle**, um dort Vermessungen vorzunehmen sowie Pflanzen- und Tierwelt zu untersuchen. Zwei einheimische Mönche und ein Indianer begleiten sie nach längerem Zögern auf ihrer Expedition zur „Höhle der Nachtvögel“ (Z. 2), in der nach dem Glauben der Einheimischen die Toten wohnen.

Gegliedert ist der Textausschnitt durch den Verlauf der Expedition. Ihre Vorbereitung wird äußerst minimalistisch in den ersten drei kurzen Sätzen des ersten Absatzes dargeboten, noch mitten in diesem Abschnitt erfährt der Leser schon grundlegende Eindrücke von der Beschaffenheit der Höhle. Die folgenden Abschnitte geben den Verlauf des Forschungsganges wieder, der von zwei Zäsuren geprägt ist: der Flucht der einheimischen Führer und der gesundheitlichen Beeinträchtigung Humboldts in der Höhle, die ihn zum Abbruch der Expedition veranlasst. Am Textende verlassen beide Forscher die Höhle.

Die dargestellten Erlebnisse der Forscher ordnen sich ein in Humboldts Wirken zur „Vermessung der Welt“. Der Leser kann Bonpland und Humboldt in alltäglichen und Extremsituationen erleben und nachvollziehen, unter welch widrigen Bedingungen und Gefahren konkrete **Forschung an der Wende zum 19. Jahrhundert** verlief. Auch im vorliegenden Textausschnitt gelangen die beiden Forscher in eine **existenzielle Notlage**. Tief in der Höhle der Nachtvögel kämpfen sie mit Dunkelheit, Nässe, ohrenbetäubendem Lärm, zunehmender Hitze und Sauerstoffmangel und geraten fast unmerklich in eine lebensbedrohliche Situation, wie Humboldts Halluzinieren und Sinnestrübungen zeigen. Das vorgeführte Verhalten Humboldts ist dabei typisch für die Charakterisierung der Romanfigur. Die Flucht der zutiefst verängstigten einheimischen Begleiter aus der Höhle kommentiert er knapp mit der Bewertung „Abergläubische Tölpel“ (Z. 36). Obwohl sie nun führerlos sind, überwiegt der Wissensdrang und er weist an: „Weiter!“ (Z. 36). Trotz widrigster Umstände zeigt **Humboldt** Spuren von **Galgenhumor**, wenn er unter der ins Unerträgliche steigenden Hitze lakonisch bezweifelt, „daß Professor Werner daran Freude hätte“ (Z. 40 f.). Obwohl sonst äußerst wortkarg, kann er sich nicht zurückhalten, begeistert Beobachtungen über seine Forschungsergebnisse mitzuteilen, selbst wenn das mit großer Unbequemlichkeit und Kraftanstrengung verbunden ist: „Interessant, brüllte er in Bonplands Ohr, genau darüber habe er in Freiberg eine Arbeit verfaßt!“ (Z. 33 f.)

Der Erzähler zeigt einen Humboldt, der über eine so starke **Selbstbeherrschung** verfügt, dass er angesichts des bemerkten Trugbildes seiner Mutter in der Höhle nicht in Panik verfällt, sondern festhält an seiner Vernunft. So beobachtet er die Symptome genau und ordnet sie in sein Denksystem ein. Obwohl er diagnostiziert, dass die halluzinierte Gestalt seiner toten Mutter nun schon länger sichtbar sei, als es bei einer Sinnestäuschung der Fall wäre (vgl. Z. 42), behält er die Kontrolle über sich, zwingt sich dazu, ruhig und bei Bewusstsein zu bleiben, und beendet seine Arbeit „konzentriert“ (Z. 47). Er nimmt seine Verantwortung für den Reisegefährten wahr und beunruhigt ihn in der akuten Situation der Gefährdung nicht, teilt seine irritierenden Wahrnehmungen nicht mit. Für einen begrenzten Zeitraum, den er benötigt, um sich selbst zu sammeln und seinen Arbeitsschritt abzuschließen, ignoriert er die beängstigenden Erscheinungen und trotzt ihnen unter Aufbietung aller Kräfte. Und doch hat Humboldt ein Gespür dafür entwickelt, wann die Gefahr ins Unkontrollierbare steigt, und ohne sich zu erklären bricht er den Entdeckergang ab. Obwohl jetzt Bonpland derjenige ist, der neugierig auf weitere Ergebnisse ist, besteht Humboldt auf ein kurzes „Besser zurück“ (Z. 51). Die **elliptische Ausdrucksweise**, die häufig Humboldts Sprechen kennzeichnet, kann hier die Anspannung andeuten, unter der die Figur steht. Das nachgefügte „Genug sei genug“ (Z. 51) zeigt die Endgültigkeit seines Entschlusses. Die beiden Forscher sind zu gut aufeinander eingespielt, als dass Bonpland jetzt weiter argumentieren würde. Stillschweigend kehren beide um.

Der **Er-Erzähler** berichtet mit großer **Objektivität**. Er formuliert seine Sätze knapp und lakonisch, verzichtet weitgehend auf sprachliche Bilder, Adjektive und Attribute und gibt nur spärliche Kommentare. Gern formuliert er verdichtet in kurzen Hauptsätzen oder Hauptsatzzusammensetzungen ohne Ausschmückungen. Durch seinen unaufgeregten Erzählton mit ruhigem Rhythmus hält er **Distanz zum Geschehen**. Er tritt **auktorial** auf, erlaubt sich aber auch häufig, personale Erzählerhaltungen einzunehmen. Dann formuliert er aus Figurenperspektive, ohne diese jedes Mal genau zu kennzeichnen, sodass der Leser gefordert ist, das Gelesene in den Kontext der Handlung einzuordnen. Starke Zeitraffung von Handlungsabschnitten wechselt mit langen zeitdeckenden Passagen, in denen der Erzähler sehr viele Gespräche zwischen den Figuren notiert. Dabei verwendet er neben wenigen elliptischen Äußerungen, die als direkte Rede gelten können, journalistisch exakt und sachlich den Konjunktiv der indirekten Rede. So wirkt die Lektüre der fiktiven Handlung **wie ein Protokoll**, das der Leser verfolgt. Hintergründe des Berichteten muss er zum Teil selbst ergänzen.

Gleich der erste Satz des Textauszugs enthält ein Beispiel dafür, dass der Leser herausgefordert ist, Leerstellen aufzufüllen: „Unweit der Mission, in der Höhle der Nachtvögel, lebten die Toten.“ (Z. 2) Als aufgeklärte Leser am Beginn des 21. Jahrhunderts wird die überwiegende Zahl der Rezipienten davon ausgehen, dass es sich hier um eine falsche Aussage handelt, die weder dem Erzähler noch den Hauptfiguren Humboldt oder Bonpland zuzuschreiben ist. Der Leser wird also dazu veranlasst, sich in Zeit und Situation der Handlung zu versetzen, um zu erkennen, dass hier offensichtlich aus der Sicht der einheimischen Bewohner mit ihren abergläubischen Vorstellungen gesprochen wird. Und richtig gibt der Folgesatz den Hinweis auf die „alten Legenden“ und die Eingeborenen, die sich weigern, die beiden Forscher dorthin zu begleiten. Der Erzähler nutzt hier geschickt **Änderungen der Perspektive:** Aus der Figurensicht im ersten Satz des Textausschnitts wechselt er für die folgenden drei Sätze in die Erzählerrede (vgl. Z. 2 bis Z. 7), gleitet im nachfolgenden Satz durch das Modalverb „mußten“ wieder in die Figurensicht („Dann erst *mußten* sie Fackeln anzünden.“, Z. 7) und erhält sie auch im letzten Satz des ersten Absatzes aufrecht („Hier begann *auch das* Geschrei.“, Z. 7).

Ein anderes Konzept, um Neugier und Spannung für den Leser aufzubauen, setzt der Erzähler ein, indem er **aus der Erlebnisperspektive Eindrücke der Figuren** benennt und diese erst im Nachhinein aufklärt. Auch hier wird der Leser versuchen, Überraschendes zunächst selbst zu deuten und das Gelesene mit dem Kontext beziehungsweise den eigenen Erfahrungen in Einklang zu bringen. So berichtet der Erzähler zum Beispiel in den bereits zitierten letzten Sätzen des ersten Absatzes sehr genau von der Größe der Höhle und wie weit die Figuren noch bei einfallendem Tageslicht gehen konnten. Mit dem vorletzten Satz „Dann erst mußten sie Fackeln anzünden.“ (Z. 7) beendet der Erzähler die recht genaue Wiedergabe optischer Eindrücke und springt anschließend überraschend zu einer neuen akustischen Wahrnehmung: „Hier begann auch das Geschrei.“ (Z. 7) Konjunktion und bestimmter Artikel – „*auch das* Geschrei“ – kündigen an, dass es sich um ein die Figuren stark beeindruckendes Phänomen handelt. Hier endet aber der Absatz abrupt. Der irritierte Leser wird zunächst selbst versuchen zu schlussfolgern, was die Ursache des Geschreis ist – er kann sich zum Beispiel an den Namen der Höhle erinnern und vermuten, dass es sich um das Geschrei von Nachtvögeln handelt, er kann auch andere Varianten assoziieren. Doch gleich zu Beginn des kommenden Absatzes liefert der Erzähler die Erklärung nach: „In der Dunkelheit lebten Vögel.“ (Z. 8)

Es ist sehr unterhaltsam, wenn der Erzähler seine **Figuren aus Außen- wie auch Innensicht charakterisiert**, indem er kommentarlos ihre Rede indirekt wiedergibt. Die fiktiven Figuren der beiden Forscher werden dem Leser nahegerückt, wenn ihre Sprechweise mit umgangssprachlichen Elementen der Gegenwartssprache versehen wird (vgl. „Zum Teufel, rief Humboldt, jetzt werde es ihm zu blöd.", Z. 29) oder wenn der Erzähler lakonisch mit subtiler Ironie berichtet, wie sie „brüllen" (Z. 20, 33). Häufige Wortwiederholungen finden sich bei den redeeinleitenden Verben. So reihen sich Sätze aneinander, in denen die Figuren etwas „sagen", „rufen" oder „fragen" (vgl. Z. 25–29, Z. 46–49). Der Erzähler ist nicht sehr um feinsinnige Abstufungen in der **Wortwahl** bemüht, sie unterliegt der **Sachlichkeit und Funktionalität**. Es geht ihm offenbar um die unkommentierte reine Information, nicht um deren abwechslungsreiche Formulierung.

Der vorliegende Textauszug ist wesentlich vom **Kontrast der Motive Hell und Dunkel** geprägt, die den Gegensatz zwischen Unwissen und Wissen veranschaulichen. Dem Aberglauben der Einheimischen, der sie von Unternehmungen zur Entdeckung ihrer Umwelt zurückhält, steht der Wissensdrang Humboldts und Bonplands gegenüber. Beide glauben nicht an übernatürliche Erscheinungen, sondern suchen nach natürlichen Begründungen für unerklärliche Sachverhalte. Mit Entschlossenheit, Konsequenz und beharrlichem Willen verfolgt Humboldt sein Ziel, vielfältiges Wissen zu erlangen, um die Welt beschreiben, erkennen und verstehen zu können. Fast schon kauzig pocht er unbedingt auf Wissen und Vernunft, wenn er angesichts der wachsenden Dunkelheit auf die nachvollziehbare Beschwerde des einheimischen Führers, „der Mensch gehöre ans Licht" (Z. 19) trotzig ruft, dass Licht nicht Helligkeit sei, „sondern Wissen" (Z. 21).

Dem Wortfeld Licht – Dunkel lassen sich im Textausschnitt viele Begriffe zuordnen, die wörtlich oder symbolisch auf diese Relation verweisen. So findet der Leser zahlreiche Wörter mit Konnotationen für das **Dunkel**, wie z. B. „Nachtvögel" (Z. 2), „Dunkelheit" (Z. 8), „Totenreich" (Z. 16), zunehmende Tiefe „hier unten" (Z. 30), „steil bergab" (Z. 37), „tasteten", „Schatten" (Z. 38 f.). Er sieht sich konfrontiert mit Bedeutungskomplexen wie Unsicherheit, Zerbrechlichkeit, Gefahr, Todesnähe, zudem mag er das Gelesene auch mit antiken Vorstellungen vom Hades verknüpfen.

Das Licht als Metapher für das **Licht der Vernunft**, das aufklärerische Denken, wird als lebensnotwendiges Element für menschliches Leben dargestellt und durchzieht den Textausschnitt. Erinnert sei an die Bemerkung der Einheimischen, der Mensch gehöre ans Licht, die Bonpland bestätigt, der Humboldt jedoch provozierend widerspricht, Licht sei „Wissen" (Z. 21). Paradoxerweise verlangt der Zugewinn an „Licht" – also „Wissen" – einen Gang in die Dunkelheit. Hier wird der Mangel an Licht in wörtlichem wie auch metaphorischem Sinne zur bedrohlichen Gefahr. Die Forscher wie auch die Leser nehmen wahr, dass unter den Bedingungen von Lichtmangel Leben möglich ist, allerdings in reduzierter Weise „verkümmert", „aufgedunsen", „ohne Farbe", „fast formlos", wie die Untersuchungen zu den Pflanzen ergeben (vgl. Z. 32 f.). „Nachtvögel" jedoch können in der Dunkelheit leben, einige Zeilen nach Ende des Textausschnitts wird Humboldt durch logisches Schlussfolgern Licht in dieses Rätsel bringen und erkennen, dass sich die Tiere durch Schall orientieren und sich so an ihre Umwelt angepasst haben.

Spätestens wenn der Erzähler die Situation in der Höhle beschreibt und von Fackeln spricht, die „ihre Schatten übergroß an die Wände" (Z. 39) werfen, kann sich der Leser an ein ähnliches Bild aus **Platons Höhlengleichnis** erinnern. Wie auch dort der Philosoph können die Forscher auf ihrem Weg zur Erkenntnis die Höhle verlassen, wenn sie „einem Bach in Richtung Tageslicht" (Z. 52) folgen und „die Fackeln" als Hilfslichtquelle löschen (Z. 53). Um im Bild zu bleiben, kann der Leser mit dem Gedanken spielen, dass beide nach ihrem Gang durch die Dunkelheit wieder ans lebensnotwendige Licht gelangen und wie der Philosoph aus Platons Gleichnis dort zur Erkenntnis finden. Darüber hinaus lässt sich allerdings auch schließen, dass sie schon in der Dunkelheit Erkenntnisse – Licht – gefunden haben, die sie nun zutage bringen. So eignen sich die beiden Forscher nicht nur neues Wissen über bisher unbekannte Pflanzen und Tiere an, sondern Humboldt hat möglicherweise auch die Erklärung gefunden für die Überzeugung der Einheimischen, dass in der Höhle die Toten wohnten. Die Schlussfolgerung liegt nahe, dass auch sie beim Versuch, die Höhle zu begehen, ähnliche Halluzinationen von ihren Toten hatten wie Humboldt von seiner verstorbenen Mutter, vielleicht als Auswirkung von Hitze, Sauerstoffmangel, halluzinogenen Pflanzen. **Licht und Dunkelheit** sind – wie in diesem Gedankenspiel – nicht nur einfach zwei Gegenpole, die einander ausschließen, sondern auch zwei **Komplementärpartner**, die einander bedingen und erst zur vollen Existenz bringen.

Der Textausschnitt bietet dem Leser auf anschauliche und unterhaltsame Weise Einblick in die Lebenswelt Alexander von Humboldts. Kehlmann entschied sich für eine Erzählweise, die den Leser zu ständiger Aufmerksamkeit und zum Mitdenken veranlasst und die ihn mit gut recherchierten Informationen, Spannung und Überraschung belohnt. Die Protagonisten werden nicht distanziert als unnahbare Größen der Geistesgeschichte und über jeden Zweifel erhabene Autoritäten vorgeführt, sondern als Menschen in existenziellen Bedrängnissen und alltäglichen Verlegenheiten zwischen dunkel und hell, Scheitern und Erfolg. Der Leser scheint in die Expedition einbezogen, er begreift, wie mühselig, schmerzhaft und bereichernd der Weg zur Erkenntnis und zum Licht des Wissens (vgl. Z. 21) verläuft. Darüber hinaus kann sich der Leser erfreuen an Denkanstößen zur eigenen philosophischen Reflexion, die in das Textgewebe eingebunden sind. So wird er angeregt, sich selbst der Herausforderung seines eigenen Weges zur Erkenntnis zu stellen.

Teil B

Johann Wolfgang von Goethe (1749–1832): Die Wahlverwandtschaften (Erster Teil, Drittes Kapitel)

[…]

„Das erste, was wir tun sollten," sagte der Hauptmann, „wäre, daß ich die Gegend mit der Magnetnadel aufnähme. Es ist das ein leichtes, heiteres Geschäft, und wenn es auch nicht die größte Genauigkeit gewährt, so bleibt es doch immer nützlich und für den Anfang erfreulich; auch kann man es ohne große Beihülfe leisten und weiß gewiß, daß man fertig wird. Denkst du einmal an eine genauere Ausmessung, so läßt sich dazu wohl auch noch Rat finden."

Der Hauptmann war in der Art des Aufnehmens sehr geübt. Er hatte die nötige Gerätschaft mitgebracht und fing sogleich an. Er unterrichtete Eduarden, einige Jäger und Bauern, die ihm bei dem Geschäft behülflich sein sollten. Die Tage waren günstig; die Abende und die frühsten Morgen brachte er mit Aufzeichnen und Schraffieren zu. Schnell war auch alles laviert und illuminiert, und Eduard sah seine Besitzungen auf das deutlichste aus dem Papier wie eine neue Schöpfung hervorgewachsen. Er glaubte sie jetzt erst kennenzulernen, sie schienen ihm jetzt erst recht zu gehören.

Es gab Gelegenheit, über die Gegend, über Anlagen zu sprechen, die man nach einer solchen Übersicht viel besser zustande bringe, als wenn man nur einzeln, nach zufälligen Eindrücken, an der Natur herumversuche.

(e 1809)

Aus: J. W. von Goethe. Werke. Hamburger Ausgabe in 14 Bänden, Bd. 6, Romane und Novellen I. Deutscher Taschenbuchverlag, München 1998.

Aufgabe:

Erschließen Sie Zusammenhänge zwischen den beiden Textauszügen.

Tipps und Hinweise

Der Textauszug ist Goethes 1809 veröffentlichtem Roman „Die Wahlverwandtschaften" entnommen.

Sie sollen Zusammenhänge zwischen den beiden Texten erschließen. Dafür ist es günstig, kurz den zweiten Text in Thematik und Inhalt vorzustellen und zur Orientierung eine knappe Übersicht zur Figurencharakterisierung und Erzählweise zu geben.

Bei der Interpretation des Textausschnitts aus Kehlmanns Roman haben Sie bereits Aussagen zur Charakterisierung der Figur Humboldts erarbeitet. Sie haben das Wirken der Figur und ihre Haltung zu den anderen Figuren analysiert und gezeigt, wie der Protagonist in der dargestellten existenziellen Situation spricht und agiert. Damit haben Sie sich Vergleichspunkte zur Untersuchung des Goethe-Textes geschaffen.

Ihre Ergebnisse aus der Analyse des Textaufbaus, des Erzählverhaltens, der Verwendung sprachlicher Mittel sowie deren Funktion und Wirkung auf den Leser eröffnen Ihnen weitere Aspekte für den Textvergleich. Entscheiden Sie sich für einige Ihnen wichtig erscheinende Punkte und stellen Sie dar, inwiefern es Gemeinsamkeiten bzw. Unterschiede bei Goethe gibt. Fassen Sie Ihre Ausführungen mit einer verallgemeinernden Wertung zusammen.

Lösungsvorschlag in Grundzügen

Im Textauszug aus dem dritten Kapitel des ersten Teils der *Wahlverwandtschaften* steht der Hauptmann im Mittelpunkt des Geschehens. Eduard hat ihn eingeladen, ihm bei der planvollen Umgestaltung seines Anwesens behilflich zu sein, und der Hauptmann legt in diesem Kapitel kräftig Hand an, um diese Bitte in die Tat umzusetzen. Der Erzähler stellt ihn dem Leser in zwei Absätzen als Experten im Landvermessen vor. Dafür gewährt er der Figur im ersten Absatz Raum, sich durch wörtliche Rede zu charakterisieren, bevor er im zweiten Absatz selbst von der Tätigkeit des Hauptmanns berichtet und sie in einem abschließenden Satz im dritten Absatz des Textauszugs in ihrer Wirkung bewertet.

Veröffentlicht wurde der Roman nur wenige Jahre, nachdem Humboldt seine Amerika-Forschungsreise beendet hatte. Der Hauptmann sieht wie auch Humboldt eine Notwendigkeit im Vermessen von Land als Voraussetzung für die tätige Auseinandersetzung mit der Natur. **Gleichen sich die Tätigkeiten beider Vermesser** rein äußerlich, unterscheiden sie sich doch völlig voneinander hinsichtlich der Arbeitsbedingungen, der Ziele und der zugrundeliegenden Haltung gegenüber der Natur.

Humboldts Anspruch ist es, die **Welt in ihrer Komplexität zu erforschen**. Er stellt sich die Aufgabe, weitgehend unbekanntes Territorium zu erschließen, um Lücken auf der Landkarte zu beseitigen und die Geografie als Wissenschaft mit empirischen Mitteln voranzutreiben. Der Forscher vermisst Land, um Länder und Kontinente zu beschreiben, zu erkennen und zu verstehen. Das Wirken des **Hauptmanns** dagegen ist auf ein sehr viel **kleineres Ziel** gerichtet: Er bearbeitet ein abgestecktes, vergleichsweise winziges privates Areal, damit dessen Besitzer es für ihre persönlichen Zwecke umgestalten können. Humboldt greift in seinem Erkenntnisstreben nach der Welt, der Hauptmann arbeitet an einem Privatgrundstück. Der Forscher hat sich gegen unbekannte Weite, Wildnis zu behaupten; der Hauptmann bewegt sich mit technischen Hilfsmitteln auf einem überschaubaren Stückchen weitgehend naturbelassenen Lands. Humboldt lässt die Natur unangetastet, bei Goethe wird der Mensch Hand anlegen, um sie nach seinem Gefallen und zu seiner Bequemlichkeit zu formen.

Beide Romanfiguren werden **unterschiedlich charakterisiert**. Humboldt erscheint wortkarg, entschieden vorwärtsdrängend. Seine Beschlüsse teilt er dem Reisegefährten mit, der sich ohne viele Worte überzeugen lässt. Die Kommunikation zwischen den beiden funktioniert in existenziellen Situationen schnell und ohne unnötige Diskussionen. Beide begegnen einander im Wesentlichen auf Augenhöhe, sie verstehen einander auch ohne viele Worte. Langes gemeinsames Reisen unter abenteuerlichen, unsicheren Bedingungen hat sie darin geschult, einander zu vertrauen, eine exzellente Bildung macht sie zu ebenbürtigen Partnern. Anders wird der **Hauptmann** dargestellt, der als alleiniger Experte auftritt. Im ersten Abschnitt erklärt er sein Vorgehen beim Vermessen mit der Magnetnadel. Er begeistert sich für Gerätschaften und technische Verfahren und preist seine Dienstleistung als unkompliziertes, „leichtes", sogar „heiteres", auf jeden Fall „erfreulich[es]" Unternehmen (Z. 3 ff.). Besonders betont er die Nützlichkeit, die gerade im relativ geringen Aufwand und doch so großen Effekt liege. Es handelt sich um eine maßvolle, absehbare Fleißarbeit, deren Erfolg von vornherein gesichert ist. Dagegen ist der Erfolg von Humboldts Tätigkeit des Vermessens und Erfassens unsicher, diese ist häufig von Gefahr für das Leben geprägt.

Der zweite Absatz zeigt den Hauptmann als kundigen Fachmann, der nicht zögert, sondern zügig und zielsicher Instrumente und Kräfte einsetzt. Er unterrichtet Eduard und „einige Jäger und Bauern" (Z. 9 f.), die ihm bei den Vermessungsarbeiten zur Hand gehen werden. Der Erzähler schildert die Arbeit als unkompliziert, der Hauptmann arbeitet scheinbar unermüdlich, auch am Abend und „frühsten Morgen" (Z. 11), die Tage werden als „günstig" bezeichnet (Z. 10), das Vermessen und Fixieren der Ergebnisse verläuft „schnell" (Z. 12). Die **praktische Arbeit** wird vom Erzähler als **etwas Angenehmes**, leicht zu Vollbringendes dargestellt, wenn der Wirkende über die nötigen Fertigkeiten und Hilfsmittel verfügt und pflichtbewusst und stetig ans Werk geht. Im letzten Abschnitt referiert der Erzähler mit dem Konjunktiv I die Sicht der Figuren und speziell deren Wertschätzung der Vermessungsarbeiten. Mit der gewonnenen Übersicht könne man die Anlagen viel besser gestalten, „als wenn man nur einzeln, nach zufälligen Eindrücken, an der Natur herumversuche" (Z. 16f.). Der Praktiker, der der Hauptmann ist, wähnt sich im Besitz der Übersicht über sein begrenztes Gebiet und glaubt, den Zufall geringschätzen zu können. Dagegen strebt Humboldt erst nach einer umfassenden Übersicht (über die Welt) und verfolgt dabei auch sich zufällig bietende Spuren.

Der Erzähler gibt dem Hauptmann als Protagonisten im vorliegenden Textausschnitt ausführlich Raum, um den anderen Figuren in direkter Rede seine Pläne darzustellen und zu erläutern. Seine Figurenrede ist von Umsicht und Takt geprägt, er verwendet den Konjunktiv, vereint sich und die Zuhörer zu einem „wir" (Z. 2), das gemeinsam handeln solle. Er bemüht sich darum, die Arbeit als einfach und angenehm zu schildern, um seine künftigen Mitstreiter zu motivieren und zu interessieren. Taktisch klug beruhigt er sie, indem er abwiegelt, dass die Arbeit nicht zu genau durchgeführt werden solle. Wenn der **Erzähler** das Berichten übernimmt, arbeitet auch er zeitraffend wie der Erzähler bei Kehlmann, doch er bewertet das Figurenverhalten selbst, erzählt längere Abschnitte aus der Außenperspektive, **kommentiert**.

Kehlmanns Erzählerinstanz geht es um **protokollarische Genauigkeit** seiner Berichte. Da er auf der Grundlage ausführlicher Recherche über tatsächliche Ereignisse schreibt, die er mit Fiktion verwebt, kann er sich an einen Leser wenden, der selbst aus seiner Vorbildung wenigstens im Groben über die Ereignisse informiert ist und, angeregt durch die Lektüre, nachforschen kann. Solche aktive Haltung fordert Kehlmann sogar von seinen Rezipienten, wenn er verkürzend Elemente einzelner Episoden auswählt, seinen Erzähler stark verdichtend erzählen und unangekündigt zwischen Rückblick und chronologischem Bericht wechseln lässt, wie am vorliegenden Textauszug nur kurz vorgeführt werden konnte. Der Leser muss sich orientieren, im Buch hin- und herblättern, um Zusammenhänge zwischen Geschehnissen selbst zu kombinieren. Er sieht sich veranlasst, Verbindungen zu eigenem Wissen zu knüpfen oder sogar erst eigenes Wissen zu erwerben. Er befindet sich **bei seiner Lektüre selbst auf einer Expedition**.

Der **Erzähler der *Wahlverwandtschaften*** kann und will nicht auf einen so informierten Leser bauen. Er erzählt **chronologisch** und übermittelt seinem Leser alles, was es mitzuteilen, zu erkennen gibt. Dafür schlägt er, wenn er nicht die Figuren selbst sprechen lässt, häufig einen leichten **Plauderton** an. Das zeigt sich an der Wortwahl für Beschreibungen, die leicht dahingeredet scheinen (z. B. „Die Tage waren günstig …", Z. 10; „Schnell war …", Z. 12). Auch wenn der Erzähler im Satzverlauf präzisierende Aufzählungen anbietet, wirkt das wie mündliche Kommunikation in entspannter Atmosphäre (vgl. Z. 13 f., Z. 15 f.). Manchmal spürt der Leser mitschwingende **Ironie** in der Erzählerrede und der Darbietung der Figurenrede, beispielsweise wenn Eduard begeistert meint, sich seines Anwesens erst so recht bewusst zu werden, nachdem er es auf dem Papier sehen kann (vgl. Z. 12 ff.). Ein anderes Beispiel für einen brillanten Umgang mit der Sprache findet der Leser im Erzählerbericht „Schnell war auch alles laviert und illuminiert" (Z. 12). Hier bringt der Erzähler eine feine Doppeldeutigkeit zum Klingen, wenn er wie zufällig bedeutungsschwere Fachwörter rhythmisch aneinanderreiht, ihnen durch den Reim spielerische Leichtigkeit verleiht und so die Wichtigtuerei des Hauptmanns auf der sprachlichen Ebene ironisch kontrastiert.

So erlebt der Leser beider Textauszüge kompetente Erzähler, die souverän und raffiniert Sprache einsetzen, allerdings dabei völlig unterschiedliche Erzählkonzepte verfolgen. Beide Texte befördern das Lesevergnügen und halten für ihre Leser Sprachgenuss und überraschende Denkanstöße bereit.

Teil A

Walter Moers (geb. 1957): Die Stadt der Träumenden Bücher (Erstes Kapitel, Eine Warnung)

Die Stadt der Träumenden Bücher
Ein Roman aus Zamonien[1] von
Hildegunst von Mythenmetz[2]
Aus dem Zamonischen übertragen und illustriert von
Walter Moers

Erster Teil
Danzelots[3] Vermächtnis

Eine Warnung

Hier fängt die Geschichte an. Sie erzählt, wie ich in den Besitz des Blutigen Buches kam und das Orm[4] erwarb. Es ist keine Geschichte für Leute mit dünner Haut und schwachen Nerven – welchen ich auch gleich empfehlen möchte, dieses Buch wieder zurück auf den Stapel zu legen und sich in die Kinderbuch-Abteilung zu verkrümeln. Husch, husch, verschwindet, ihr Kamillenteetrinker und Heulsusen, ihr Waschlappen und Schmiegehäschen, hier handelt es sich um eine Geschichte über einen Ort, an dem das Lesen noch ein echtes Abenteuer ist!

Und Abenteuer definiere ich ganz altmodisch nach dem Zamonischen Wörterbuch: „Eine waghalsige Unternehmung aus Gründen des Forschungsdrangs oder des Übermuts; mit lebensbedrohlichen Aspekten, unberechenbaren Gefahren und manchmal fatalem Ausgang."

Ja, ich rede von einem Ort, wo einen das Lesen in den Wahnsinn treiben kann. Wo Bücher verletzen, vergiften, ja, sogar töten können. Nur wer wirklich bereit ist, für die Lektüre dieses Buches derartige Risiken in Kauf zu nehmen, wer bereit ist, sein Leben aufs Spiel zu setzen, um an meiner Geschichte teilzuhaben, der sollte mir zum nächsten Absatz folgen. Allen anderen gratuliere ich zu ihrer feigen, aber gesunden Entscheidung, zurückzubleiben. Macht's gut, ihr Memmen! Ich wünsche euch ein langes und sterbenslangweiliges Dasein und winke euch mit diesem Satz Adieu!

So. Nachdem ich meine Leserschaft gleich zu Beginn wahrscheinlich auf ein winziges Fähnlein von Tollkühnen reduziert habe, möchte ich die Übriggebliebenen herzlich willkommen heißen – seid gegrüßt, meine waghalsigen Freunde, ihr seid aus dem Holz, aus dem man Abenteurer schnitzt! Dann wollen wir auch keine Zeit mehr verlieren und unverzüglich mit der Wanderung beginnen. Denn eine Reise ist es, auf die wir uns begeben, eine antiquarische Reise nach Buchhaim, der Stadt der Träumenden Bücher. Schnürt eure Schuhe fest, es geht ein langes Stück des Weges auf felsigem, unebenem Grund, dann durch eintöniges Grasland, in dem die Halme dicht, hüfthoch und messerscharf stehen. Und schließlich auf düsteren, labyrinthischen und gefährlichen Pfaden tief hinab, hinab in die Eingeweide der Erde.

Ich kann nicht vorhersehen, wie viele von uns zurückkehren werden. Ich kann euch nur empfehlen, den Mut nie sinken zu lassen – was immer uns auch widerfährt.

Und sagt nicht, ich hätte euch nicht gewarnt! […] (e 2004)

Aus: W. Moers. Die Stadt der Träumenden Bücher. Piper. München 2004.

Anmerkungen

1 Zamonien: Fiktiver und phantastischer Kontinent, der eine schier unüberschaubare Zahl von Daseinsformen beherbergt. Literarischer Schauplatz der fünf Zamonien-Romane von Walter Moers.

2 Hildegunst von Mythenmetz: in den Zamonien-Romanen von Walter Moers ein zamonischer Großschriftsteller, der der Daseinsform der Lindwürmer angehört und in den „Übersetzungen" von Walter Moers als Erzähler auftritt.

3 Danzelot: Danzelot von Silbendrechsler ist auf der Lindwurmfeste der hochbetagte Dichtpate von Hildegunst von Mythenmetz, der ihm bei seinem Ableben ein geheimnisvolles Manuskript vermacht.

4 Orm: In der Definition von Hildegunst von Mythenmetz im Märchen „Ensel und Krete" ist Orm „eine geheimnisvolle Macht, die jeden guten Schriftsteller umgibt wie eine Aura. [...] Orm, das ist die Kraft, die einen die ganze Nacht wie im Fieber schreiben, einen tagelang an einem einzigen Satz feilen, einen das Lektorat eines dreitausendseitigen Romans lebend überstehen läßt."

Aufgabe:

Interpretieren Sie das erste Kapitel des Buches. Gehen Sie dabei insbesondere auf die Art der erzählerischen Gestaltung ein.

Tipps und Hinweise

Die Bearbeitung der Aufgabe verlangt eine intensive Analyse besonders der erzählerischen Gestaltung des Textauszuges. Bei der Rezeption des ersten Kapitels sollten Sie die Hinweise in den Fußnoten gründlich lesen, denn sie enthalten wesentliche Aspekte, die dem Verständnis des Textauszuges dienen. Durch den Zusatz in der Aufgabenstellung wird zudem bereits auf die Bedeutung des ersten Kapitels verwiesen. Thema ist das Verhältnis von Autor, Text und Rezipient.

Bei der Analyse des Textauszuges müssen Sie zunächst die Figur des Erzählers genauer betrachten, formal-stilistische Aspekte und Auffälligkeiten des Erzählens sind hinsichtlich ihrer Funktionen zu erläutern.

Bei der Aufsatzproduktion ist zu beachten, dass nach einer Einleitung und einer Inhaltsangabe die in der Analyse herausgestellten formal-stilistischen, erzählerischen und inhaltlichen Aspekte in ihrer gegenseitigen Wechselwirkung beschrieben werden müssen. Die Analyseergebnisse müssen dann von Ihnen gedeutet werden

Lösungsvorschlag in Grundzügen

Inhalt des Auszuges

In dem Auszug aus dem Eingangskapitel des Romans *Die Stadt der Träumenden Bücher* stellt sich der **fiktive Erzähler in belehrendem Ton** vor und wendet sich direkt an den Rezipienten. Er warnt ihn vor dem Folgenden und beschreibt die zu erwartende Reise nach Buchhaim, die Stadt der Träumenden Bücher. Dabei wird auf die **Risiken** verwiesen, die das Durchqueren gefahrvoller Landschaften auf dem Weg und der Zielort selbst bergen. Die Gefährdung bestehe hierbei sogar für das eigene Leben. Nur diejenigen Leser, die bereit seien, das Risiko auf sich zu nehmen, werden vom Erzähler als Wegbegleiter akzeptiert. Somit wird gleich am Beginn eine Barriere zwischen dem Erzähler und einem potenziellen Rezipientenkreis, der nicht den Ansprüchen des Erzählers entspricht, aufgebaut. Gleichzeitig wird die **Gemeinschaft von Erzähler und ernsthaftem Rezipienten** betont.

Analyse des Auszuges

Der **inversive Einstieg** weckt das Interesse des Rezipienten, denn er lässt offen, an welchem Standort sich der Erzähler genau befindet. Die Nutzung des Adverbs „hier" (Z. 1) erlaubt sowohl einen temporalen als auch einen räumlichen Bezug. Es ist aber auch die Beziehung zum Titel „Die Warnung" herzustellen.

Durch die **Selbstdarstellung des Erzählers** werden dem Leser einige Fakten übermittelt, die den Erzähler klar im Kreis von Rezipienten literarisch anspruchsvoller Lektüre verorten. Bücher scheinen sein Leben zu sein, denn er vergleicht das Lesen metaphorisch mit einem Abenteuer. Der adjektivische Zusatz „echtes" (Z. 7) verdeutlicht die Ernsthaftigkeit dieser Tätigkeit. Durch den mitgedachten Kontrast zur Fiktion eröffnet sich dem Rezipienten ein Spannungsfeld, das durch **hyperbolische Wendungen** („… wo einen das Lesen in den Wahnsinn treiben kann", Z. 12) unterstützt wird. Der Erzähler selbst charakterisiert sich als **altmodisch**, was durch die Namensgebung „Hildegunst von Mythenmetz" noch unterstützt wird. Auch die Art seines Reisens erscheint als Relikt aus vergangenen Zeiten („antiquarisch", Z. 24). Hindernisse auf dem Weg in die Stadt der Träumenden Bücher werden als unumgehbar, aber durchaus überwindbar beschrieben. Die **Abenteuerlust des Erzählers** wird durch die **Beschreibungen der Landschaften** auf dem Weg noch einmal betont. Die Aussicht, das Ziel zu erreichen, lässt ihn aber alle Hindernisse in Kauf nehmen. Am Anfang der Einleitung wird sowohl auf den Besitz des Blutigen Buches als auch auf das Orm verwiesen. Die Strapazen der Reise werden sich für den Erzähler also am Ende lohnen. Durch die **Vorwegnahme des Schlusses** wird die Spannung somit auf die angekündigten lebensbedrohlichen Gefahren auf dem Weg gelenkt. Der Erzähler erscheint mutig, zielstrebig und beharrlich und enttarnt sich durch den Bezug auf „[s]eine Leserschaft" (Z. 19) als Autor. Durch die herablassende Art, in der er seine Rezipienten anspricht, wird das **Bild eines hochnäsigen, selbstgefälligen Dichters** hervorgerufen, der sich ein gebildetes Leserpublikum wünscht und Massenproduktionen verabscheut. Zusatzinformationen verstärken dieses evozierte Bild der Figur des Hildegunst von Mythenmetz noch: Er wird als „zamonischer Großschriftsteller" bezeichnet, der auf der Lindwurmfeste wohnt. Die Assoziation mit dem Bücherwurm ist hierbei sicher intendiert. Somit ist verständlich, dass sich der Dichter Hildegunst von Mythenmetz auf die Reise in die Stadt der Träumenden Bücher begibt, um literarische Perfektion im Sinne des Orms zu erlangen, zumal ihm beim Ableben seines Dichtpaten Danzelot von Silbendrechsler ein literarisches Manuskript vermacht wurde, dessen Rätsel er nun lösen möchte. Der **arrogante, zuweilen manipulative Ton** des Erzählers verweist auf einen **egozentrischen Charakter**, was sich u. a. in der anaphorischen Reihung im letzten Abschnitt („Ich") offenbart.

Von Beginn an wird eine Kluft zwischen dem naiven Leser und den Ansprüchen des Erzählers und Dichters Hildegard von Mythenmetz aufgetan. Durch die Nutzung wertender Adjektive („dünn", „schwach", Z. 2) und Substantive („Heulsusen", „Waschlappen", Z. 5) erfolgt eine **indirekte Charakterisierung des Erzählers**, der sich deutlich von dieser beschriebenen Rezipientengruppe distanziert. Der Bezug auf das Zamonische Wörterbuch suggeriert darüber hinaus **Gelehrsamkeit** des Erzählers. Die Verwendung des Modalverbs („möchte", Z. 3) verweist zunächst auf eine vertrauensvolle Beziehung zwischen Erzähler und Leser, die jedoch durch die folgende Nutzung eines Imperativs und die negativ wertende Wortwahl zerstört wird. Die Begründung der gebieterischen Erzählerhaltung wird durch den Gebrauch der bekräftigenden Partikel „ja" (Z. 12) und die Nutzung hyperbolischer Wendungen als Klimax („Wo Bücher verletzen, vergiften, ja, sogar töten können.", Z. 12 f.) zu einer **Parodie von literarischer Programmatik**.

Während in den ersten beiden Absätzen negativ konnotierte Wendungen in Bezug auf den Rezipienten überwiegen, wird im folgenden Abschnitt eine eindeutig **positive Wortwahl** zur Beschreibung des Leserkreises genutzt. Die Verwendung des elliptischen Einstiegs („So.", Z. 19) und des anschließenden Temporalgefüges (ebd.) verweist in parodisierender Weise auf die vom Erzähler angestrebte Reduzierung der Leserschaft. Die Bezeichnung „Freunde" (Z. 21) und der **Wechsel vom Personalpronomen** „euch“ im ersten Teil zu „wir“ im zweiten Teil der Einleitung **suggeriert Geistesverwandtschaft**. Nur für die anspruchsvollen Leser, die quantitativ einen kleinen Teil der Leserschaft ausmachen („winziges Fähnlein“, Z. 19f.), sei die Lektüre der Geschichte bestimmt. Die Willkommensworte unterstreichen die Freude des Erzählers. Es sind diejenigen Leser angesprochen, die offen sind für neue Formen der Literatur, für das Spiel mit dem Rezipienten, sodass die Lektüre eines Buches zu einem Abenteuer avancieren kann. Das wird durch die Nutzung wertender Adjektive („waghalsigen“, Z. 21) und substantivierter Adjektive („Tollkühnen“, „Übriggebliebenen“, Z. 20) veranschaulicht. Die Beschreibung des Abenteuerlichen der Lektüre bezieht sich auf inhaltliche Aspekte, schließt aber auch die Bewertung von Literatur („messerscharf“, „labyrinthisch“, Z. 26f.) ein.

Interessant ist hierbei die Betrachtung der **Überschriften**. Dabei wird das eigentliche Autor-Erzähler-Text-Verhältnis umgekehrt. Denn Walter Moers als Autor des Romans *Die Stadt der Träumenden Bücher*, der sich Hildegunst von Mythenmetz als Erzählinstanz erwählt hat, tritt nun als Übersetzer und Illustrator eines zamonischen Romans von dem Schriftsteller Hildegunst von Mythenmetz auf. Die Verwirrung des Lesers ist intendiert, was zusätzlich durch den Titel des ersten Kapitels „Eine Warnung“ offenbar wird.

Deutungsansätze

Das erste Kapitel bezieht sich sowohl auf den Roman *Die Stadt der Träumenden Bücher* als auch auf die Rezeption fiktionaler Lektüre im Allgemeinen. Der Auszug spielt mit traditionellen sowie modernen Formen des Erzählens. Einerseits erfüllt das erste Kapitel die Funktion einer **Einführung ins Geschehen**, andererseits werden durch die Art des Erzählens **traditionelle Erzählschemata durchbrochen**. Die direkte Leseransprache ist typisch für alle fünf Zamonien-Romane von Walter Moers. Sie verweist auf das Zusammenspiel von Autor, Text und Leser. Dabei werden der Erzähler und das **Erzählen selbst zum Thema** erhoben. Indem die scheinbar klaren Linien zwischen den drei Instanzen Autor – Erzähler – Rezipient aufgelöst werden, rückt die Beziehung zwischen Erzähltem und Erzählen in den Vordergrund. Dabei werden die Grenzen dieser beiden Instanzen überschritten, ein Verfahren, das bereits zur Zeit der Romantik von Friedrich Schlegel als „romantische Ironie“ diskutiert worden ist. Der unauflösliche Widerspruch zwischen Fiktion und Realität, Ideal und Wirklichkeit, Fragmenthaftem und Ganzheitlichem wird durch literarische Grenzüberschreitungen versinnbildlicht. Das wird auch hier deutlich. Das erste Kapitel des Romans *Die Stadt der Träumenden Bücher* ist somit zugleich eine **Form der allgemeinen poetologischen Reflexion**. Zudem bezieht es sich **in postmoderner Weise** auf sich selbst und bringt eine Metaebene hervor. Dadurch wird der Rezipient aufgefordert, über Funktionsmechanismen von Literatur und eigene Lektüreerfahrungen nachzudenken.

Nicht nur durch die Art der Wortwahl, sondern auch durch das Spiel mit dem Rezipienten wird das Eingangskapitel, wie auch der Roman insgesamt, zur **Parodie**. Es geraten Bildungsromane mit moralisierendem Gestus und traditionelle Romane im Allgemeinen in die Kritik. Zudem wird auf Funktionsmechanismen der literarischen Produktion und auf den Literaturbetrieb insgesamt angespielt. Der Text stellt die Trennung von ernsthafter Literatur für ein gebildetes Leserpublikum und Unterhaltungsliteratur für ein Massenpublikum infrage und somit auch die Sinnhaftigkeit eines Literaturkanons und eines Bewertungsschemas für den Rezipienten.

Indem im ersten Kapitel des Romans *Die Stadt der Träumenden Bücher* die Lektüre fiktionaler Literatur als Erlebnis bezeichnet wird, stellt dieser Auszug gleichzeitig ein klares **Plädoyer für das Buch** insgesamt dar, das in der heutigen, modernen Medienwelt fast schon wie ein Relikt wirkt.

Teil B

Umberto Eco (geb. 1932): Im Wald der Fiktionen (1 Eintritt in den Wald)

[…] Collodis Pinocchio zum Beispiel beginnt folgendermaßen:
Es war einmal … Ein König! werden meine kleinen Leser sofort sagen. Nein, Kinder, falsch geraten. Es war einmal ein Stück Holz.
Dieser Anfang ist sehr komplex. Zunächst scheint Collodi zu signalisieren, daß ein Märchen beginnt. Kaum haben seine Leser verstanden, daß es sich um eine Geschichte für Kinder handelt, werden die Kinder als Ansprechpartner des Autors eingeführt, die jedoch, als märchengewohnte Kinder denkend, eine falsche Prognose machen. Ist also die Geschichte nicht für Kinder gedacht? Aber Collodi wendet sich doch, um die falsche Prognose zu korrigieren, direkt an die Kinder, nämlich an seine „kleinen Leser“. Also können die Kinder das Märchen ruhig weiterlesen, als ob es für sie erdacht wäre, und brauchen nur anzunehmen, daß es nicht ein Märchen über einen König ist, sondern eins über eine hölzerne Marionette. Und am Ende werden sie nicht enttäuscht sein. Dennoch ist dieser Anfang ein augenzwinkernder Wink für erwachsene Leser. Ist das Märchen womöglich auch für sie gedacht? Könnte der Wink bedeuten, daß sie es auf andere Weise lesen müssen, aber dabei so tun sollen, als wären sie Kinder, um die allegorischen Bedeutungen des Märchens zu verstehen? Solch ein Anfang hat genügt, eine ganze Serie von psychoanalytischen, anthropologischen, auch satirischen Deutungen Pinocchios auszulösen, die nicht alle von der Hand zu weisen sind. Vielleicht wollte Collodi ein doppeltes Spiel treiben, und auf diesem Verdacht beruht ein Großteil der Faszination dieses kleinen großen Buches.
Wer stellt hier die Spielregeln auf, wer zieht die Grenzen? Mit anderen Worten, wer erschafft den Modell-Leser? Der Autor, werden meine kleinen Leser sofort sagen. Aber nachdem wir uns bemüht haben, den empirischen Leser vom Modell-Leser zu unterscheiden, können wir da noch an den Autor als an einen empirischen Menschen denken, der die Geschichte schreibt und entscheidet, vielleicht aus nicht einzugestehenden und nur seinem Psychoanalytiker bekannten Gründen, welchen Modell-Leser er sich erschaffen will? Ich will hier gleich sagen, daß mir der empirische Autor eines erzählenden Textes (und in Wahrheit jedes Textes) recht wenig bedeutet.
[…]

Aus: U. Eco. Im Wald der Fiktionen. Sechs Streifzüge duch die Literatur. Harvard-Vorlesungen, Lorton Lectures 1992–1993. Übersetzt von Burkhart Kroeber. Carl Hanser, München 1994.

Aufgabe:

Vergleichen Sie die beiden Textauszüge.

Tipps und Hinweise

Die Aufgabe, beide Textauszüge zu vergleichen, sollte bei der Aufsatzproduktion von Beginn an beachtet werden und sich bereits in der Einleitung widerspiegeln. Bei der Interpretation des Textauszuges von Walter Moers haben sich Aspekte herauskristallisiert, die nun dem Vergleich mit dem Textauszug von Umberto Eco zugrunde gelegt werden können. Am Ende sollte der Aufsatzrahmen durch einen beide Texte verbindenden Gedanken geschlossen werden.

Lösungsvorschlag in Grundzügen

Beiden Textauszügen gemein ist ihr Gegenstand, die **Beziehung zwischen Autor, Text und Leser**. Allerdings sind beide Auszüge **verschiedenen Textsorten** zugehörig. Während Moers' Text ein fiktionaler Text ist, wird der Auszug von Umberto Eco dem Bereich der Ästhetik zugerechnet. Sie bilden jedoch insofern eine inhaltliche Einheit, als der Auszug von Walter Moers etwas exemplarisch vorführt, was in dem Auszug von Umberto Eco erläutert wird.

Eco setzt sich mit der **Funktionsweise fiktionaler Literatur** auseinander. Dabei beschäftigt er sich zunächst mit der Wirkung von Literatur, die von der Intention des Autors zu trennen ist. Er verweist darauf, dass das Beziehungsgeflecht zwischen Autor, Text und Leser komplex und immer nur als Modell zu betrachten sei, das von individuellen Ausprägungen abstrahiert. Wissenschaftliche Ausführungen zu den Funktionsmechanismen literarischer Produktion und Rezeption könnten sich damit auch nur auf den „Modell-Leser" sowie „Modell-Autor" beziehen.

Bereits in der Überschrift *Im Wald der Fiktionen* wird in metaphorischer Weise angedeutet, dass die Funktionsmechanismen fiktionaler Literatur nicht leicht durchschaubar sind und ein Gespräch darüber durchaus viele Fragen aufwirft, deren Beantwortung nicht einfach ist. Diese Fragen stellt Eco im Textverlauf direkt an den Leser, um ihn auf die Komplexität des Gegenstandes hinzuweisen. Als Aufhänger für die Auseinandersetzung mit dem Beziehungsgeflecht Autor – Text – Rezipient nutzt Eco ein **Zitat aus einem literarischen Beispiel**, das den Textauszug einleitet. Er zitiert den Beginn der Pinocchio-Geschichte von Carlo Collodi. Dabei wird, ähnlich wie bei Moers, sowohl Illusionsbildung als auch Illusionsbrechung deutlich. Zunächst nutzt der Textanfang Collodis ein für Märchen typisches traditionelles Erzählschema („Es war einmal", Z. 2), um es jedoch gleich wieder infrage zu stellen („Nein, Kinder, falsch geraten.", Z. 2f.). Mit diesem höchst merkwürdigen Erzählbeginn setzt sich Eco auseinander, indem er genau dieses Verfahren zum Gegenstand seiner Analyse erhebt. In sokratischer Weise verdeutlicht er dem Rezipienten durch die Nutzung von geschickten Fragen und Antworten sowie den Gebrauch adversativer Konjunktionen (aber, doch, dennoch) die bei der Lektüre entstehenden Widersprüche in Bezug auf den intendierten Adressaten des Märchens von Collodi. Diese Art der Gestaltung entspricht dem ursprünglichen Medium, der Vorlesung, die im Nachhinein verschriftlicht und zur Veröffentlichung gebracht worden ist. Ein Blick auf die Literaturangaben zeigt, dass Eco die Vorlesungen am Anfang der 1990er-Jahre vor Studenten der Harvard University gehalten hat.

Der Hinweis des Autors, dass der zitierte Märchenbeginn die Produktion verschiedenster Deutungen verursacht habe, unterstützt die vorher aufgestellte These von der Komplexität des Erzählanfangs bei Collodi. Die weiteren Ausführungen Ecos beschäftigen sich nun mit der Motivation dieser Art des Erzählens. Durch die Nutzung einer anaphorischen Reihung des Frageworts „wer" (Z. 21) und einer fiktiven Antwort, die mit dem Zitat Collodis spielt („meine kleinen Leser", Z. 22), soll das Augenmerk des Rezipienten auf die ursächlichen Zusammenhänge zwischen Autor, Erzähler und Leser gerichtet werden. Die Verwendung des Personalpronomens „**wir**" suggeriert – darin dem Moers-Text ähnlich – **Gemeinschaft zwischen Autor und ernsthaftem Rezipienten**. In beiden Texten wird der **Fokus auf den Prozess der Rezeption** gelenkt und es wird herausgestellt, wie interessant das bewusste Lesen sein könne und dass es hierin einem Abenteuer gleiche. Der Rezipient muss sich auf den Leseprozess einlassen, um Spaß zu haben an dem Spiel mit dem Leser, an intertexuellen Bezügen, die bei Moers' Roman *Die Stadt der Träumenden Bücher* zahlreich auftreten, und an metafiktionalen Aspekten. Der Autor ist im **postmodernen Roman** keine dem Romangeschehen übergeordnete Instanz mehr, er steht sich und dem Schreiben im Rahmen der oft nichtlinearen Handlung kritisch gegenüber und macht die Prozesse der Produktion und Rezeption literarischer Texte selbst zum Gegenstand der Betrachtung. Das wird bei Eco erklärt, bei Moers vorgeführt, sodass beide Auszüge letztlich wieder ein Beweis sind für die Verwobenheit und Verflechtung literarischer Texte untereinander.

Fach und Hauptfach Deutsch (Mecklenburg-Vorpommern)
Block IV – Abiturprüfung 2010

Teil A

Eduard Mörike (1804–1875): Auf einer Wanderung

In ein freundliches Städtchen tret' ich ein,
In den Straßen liegt rother Abendschein.
Aus einem offnen Fenster eben,
Über den reichsten Blumenflor
Hinweg, hört man Goldglockentöne schweben,
Und Eine Stimme scheint ein Nachtigallenchor,
Daß die Blüthen beben,
Daß die Lüfte leben,
Daß in höherem Roth die Rosen leuchten vor.

Lang hielt ich staunend, lustbeklommen.
Wie ich hinaus vor's Thor gekommen,
Ich weiß es wahrlich selber nicht.
Ach hier, wie liegt die Welt so licht!
Der Himmel wogt in purpurnem Gewühle,
Rückwärts die Stadt in goldnem Rauch;
Wie rauscht der Erlenbach, wie rauscht im Grund die Mühle!
Ich bin wie trunken, irr'geführt –
O Muse, du hast mein Herz berührt
Mit einem Liebeshauch!

(e 1845)

Aus E. Mörike. Werke und Briefe. Erster Band.
Erster Teil. Klett-Cotta, Stuttgart 2003.

Aufgabe:

Interpretieren Sie das Gedicht.

Tipps und Hinweise

Mörikes Gedicht ist 1845 entstanden. Der Autor ist bekannt als Dichter zwischen Romantik und Biedermeier, Sie können das Gedicht vor diesem Hintergrund untersuchen. Lesen Sie den Text zunächst mehrere Male aufmerksam durch. Die Aufforderung zum „Interpretieren" schließt als Voraussetzung die Textanalyse ein, bei der Sie den Aufbau des Textes, seinen Rhythmus und seine Reimgestaltung berücksichtigen müssen. Ermitteln Sie das lyrische Subjekt und finden Sie seine Wahrnehmungen und Reflexionen heraus. Prüfen Sie die sprachlichen Mittel, die es zur Mitteilung nutzt, und untersuchen Sie diese hinsichtlich ihrer Wirkung auf den Leser. Versuchen Sie, abschließend Bedeutungszusammenhänge des Gedichtes zu klären und mögliche Intentionen des lyrischen Subjekts zusammenzufassen und zu bewerten.

Lösungsvorschlag in Grundzügen

In Mörikes zweistrophigem Gedicht *Auf einer Wanderung* verarbeitet das lyrische Subjekt eine tiefe emotionale **Erfahrung von Euphorisierung**, die sich bis ins Rauschhafte steigert. Der lyrische Sprecher, der sich durchgängig als „Ich" manifestiert, schildert seine Eindrücke, als er während seiner **Wanderung** gegen Abend eine Ortschaft betritt und sie nach ungewisser Zeit, doch vermutlich noch am selben Abend, wieder verlässt. Beide Strophen unterscheiden sich auf den ersten Blick um ein Geringes in ihrer Länge, deutlicher fällt die ungleiche, auch unregelmäßig wirkende Reim- und Rhythmusgestaltung auf.

Aus dem ersten Satz, der von den beiden Anfangsversen getragen wird, erfährt der Leser von der **Situation des lyrischen Subjekts**. Das Ich spricht in der ersten Strophe durchgängig im Präsens und bietet damit dem Leser seine Eindrücke unmittelbar an. Dieser ist also nah am Geschehen. Das Ich zeigt sich in ruhiger, aufgeräumter Stimmung, es bezeichnet die Ortschaft sympathisierend in ihrer Diminutivform als „Städtchen" und charakterisiert sie als „freundlich" (V. 1). Der Sprecher gibt sein Wohlgefühl wieder und benennt seinen ersten Gesamteindruck: den „rothe[n] Abendschein" (V. 2). Der gewählte **Paarreim** unterstreicht die Zusammengehörigkeit der ersten beiden Verse. Als Rhythmus deutet sich ein vierhebiger **Anapäst** an, in dem trotz gleicher Silbenzahl in beiden Verszeilen Senkungen ausgespart werden, sodass die Hebungen „*Städt*chen", „*tret*' ich", „*roth*er" und „*A*bendschein" gedehnt werden. Diese Dehnungen verzögern und bremsen den Sprech-/Lesefluss, verlegen damit das Schwergewicht der Verse auf ihr Ende und bringen so das Bild des roten Abendscheins zusätzlich zur Geltung. Der Sprecher äußert sich in ebenmäßigem Satzbau, wenn er zwei Hauptsätze parataktisch aneinanderfügt, die syntaktisch parallel gebaut sind – einer Lokalbestimmung folgen Prädikat und Subjekt.

Im weiteren Textverlauf bleibt das lyrische Ich jedoch nicht in dieser Grundstimmung einer ruhig maßvollen Sprechweise. Es verwendet die weiteren sieben Verszeilen der ersten Strophe (Vers 3 bis 9), um in einem langen Satz zu schildern, was es wahrnimmt. Durch ein offenes Fenster vernimmt es eine wohlklingende Stimme. Diesen Moment empfindet es als so besonders, dass es den Sprachgestus der ersten beiden Verszeilen zunehmend ablegt. Wie bisher beginnt der Satz auch im dritten Vers mit einer Ortsangabe, die das Subjekt jedoch durch eine zweite Angabe präzisiert. Schon hier zeigt sich eine gewisse **Erregung des Sprechers:** Er spricht nicht etwa von „vielen Blumen" oder „Blütenpracht", sondern verwendet den **Superlativ**, um die Blumenfülle vor dem offenen Fenster als „reichsten Blumenflor" (V. 4) zu bezeichnen. Dadurch hebt er gerade dieses Fenster gegenüber etwaigen anderen des Städtchens hervor. Das lyrische Subjekt gestattet sich den Raum von vier Versen (Vers 3 bis 6), um die eigentliche Mitteilung – das **Erklingen der Stimme** – in zwei durch „und" verbundenen Hauptsätzen vorzutragen. Die Silbenzahl ändert sich in jeder Zeile, der **Rhythmus** in seinem Wechsel von Hebungen und Senkungen wird dabei **unruhiger**, ein Enjambement bricht die bisherige Kongruenz von Verszeile und Satz, der Reim wechselt zum komplexeren **Kreuzreim**. Die Sprache wird mit Metaphern angereichert. Offensichtlich ist das lyrische Subjekt so sehr in Erregung geraten, dass es sich auf veränderte Weise äußert. Ursache dafür ist der harmonische Klang der von ihm wahrgenommenen Stimme, für deren Beschreibung das Ich mit Metapher, Synästhesie und Neologismus in verschwenderischer Weise stilistische Mittel findet: Man hört „Goldglockentöne schweben" (V. 5) und „Eine" Stimme – mitten im Satz hervorgehoben durch die Großschreibung des Artikels – scheint ein „Nachtigallenchor" (V. 6) zu sein. Die Nennung des Singvogels lässt den Leser darauf schließen, dass es sich bei den wunderbaren Tönen um **Gesang** handeln mag.

Doch nicht genug mit dieser Schilderung des Klangs, auch in den abschließenden drei Verszeilen der ersten Strophe ergänzt das lyrische Subjekt seinen Eindruck noch in weiteren drei Nebensätzen. Die dreimalige Anbindung durch die Konjunktion „daß" eröffnet sowohl eine modale als auch eine konsekutive Deutung – der Leser erfährt, in welchem Maße oder mit welcher Folge die Goldglockentöne der Stimme auf ihre Umwelt wirken. Obwohl die Töne selbst nur „schweben" (V. 5), veranlassen sie in der Wahrnehmung des lyrischen Ichs doch, dass die „Blüthen beben" und „die Lüfte leben" (V. 7 f.). Wieder schmückt der Sprecher seine Sprache mehrfach mit stilistischen Mitteln: Alliteration, Assonanz, Endreim und parallele syntaktische Struktur wie auch eine gleiche Verteilung von Hebungen und Senkungen lassen die beiden Verse 7 und 8 sehr einprägsam und beschwörend klingen. Gemeinsam mit dem dritten durch „daß" eingeleiteten Nebensatz, der die erste Strophe beendet, erhalten die **letzten drei Verse** die Funktion einer **Klimax** – die Blüten werden bewegt, die Lüfte werden belebt, die Farbwirkung der Rosen wird überhöht. Mit dem „Roth" im letzten Vers der Strophe, der als Höhepunkt der Steigerung gelesen werden kann, nimmt der Sprecher den früheren Eindruck des roten Abendscheins (V. 2) wieder auf. Hier bindet er ihn aber an die **symbolhafte Rose**, die an Liebe und Sehnsucht, Jugend und Schönheit, aber auch Vergänglichkeit und Tod erinnert. Somit eröffnet sich für den Leser eine Bedeutungsvielfalt der beschriebenen Empfindungen, die Beglückung, aber auch Schmerz einschließt.

Das dritte Glied dieser Steigerung wird auch sprachlich von seinen beiden Vorgängern abgehoben. Der letzte Vers ist länger, er wird durch mehr Hebungen gegliedert, die Inversion verlegt die Hauptbetonung des Nebensatzes auf die Bestimmung „in höherem Rot", und die Assonanz auf dem dunklen Vokal -o- strahlt klangliche Tiefe und Wärme aus. So übernimmt der Leser die Wahrnehmung des lyrischen Ichs, dass **Natur und Äther** durch die wundersame Stimme **gleichsam erhöht** werden. Doch wie der Rezipient ebenso feststellen kann, ist das Ich selbst so berührt, dass es bis ins Empfinden und Sprechen hinein verändert wirkt.

Eine deutliche **Zäsur** zur zweiten Strophe, welche um einen Vers länger ist, setzt das lyrische Subjekt durch den **Tempuswechsel zum Präteritum**. Aus dem Rückblick, mit zeitlichem Abstand zum bisherigen Geschehen, reflektiert es das eigene Verhalten: „Lang hielt ich staunend, lustbeklommen" (V. 10). Im zweiten und dritten Vers dieser Strophe konstatiert das Ich verwundert eine Lücke in der Wahrnehmung – es „weiß […] wahrlich selber nicht", wie es „hinaus vor's Thor gekommen" ist. Die Erinnerung versagt ihm, der Leser kann schlussfolgern, dass es für unbestimmte Zeit in solchem Maße gedankenverloren oder geistesabwesend war, dass es unbewusst handelte und die Stadt verließ. Erst vor dem Stadttor findet das Ich wieder zu sich selbst zurück. Aus dieser außerordentlichen Begebenheit kann das lyrische Subjekt und mit ihm der Leser im Nachhinein erahnen, wie tief seine seelische Erschütterung durch das Erlebnis vor dem offenen Fenster gewesen sein muss.

Nun, am Beginn der zweiten Strophe, befindet sich das lyrische Ich ähnlich wie am Anfang des Gedichts wieder in soweit **beruhigter Verfassung**, dass es ihm möglich ist, über mindestens vier Verse rhythmisch ausgeglichen zu sprechen. Der frühere dreitaktige Anapäst mit seinen Unregelmäßigkeiten ist einem ruhigeren vierhebigen **Jambus** gewichen, der Paarreim wird über die ersten beiden Sätze durchgehalten (Verse 10 bis 13). Ein erster Ausruf in Vers 3 leitet aber auch hier wieder eine **wachsende Gemütserregung** des Sprechers ein. Bisher hatte der Sprecher nur zwei Aussagesätze formuliert, die allerdings mit steigender Erregung länger und im Satzbau komplexer wurden. In der zweiten Strophe nun spricht das Ich insgesamt fünf Sätze, wobei es sich dreimal zu **Exklamationen** steigert.

Nachdem der Sprecher zu Beginn der zweiten Strophe reflektierend innegehalten hat und sich des Geschehens und seiner selbst wieder bewusst geworden ist, präsentiert er sich dem Leser erneut als **unmittelbar Erlebender** und schildert seine Eindrücke. In begeisterten Ausrufen preist er die Natur draußen vor dem Tor. Wieder badet er in Farben. Das Rot des Abendscheins und der Rosen aus der Stadt (vgl. V. 2, 9) sieht er hier zum wogenden Purpur eines „Gewühle[s]" am Himmel gesteigert (V. 14). Die Verbindung der edlen Farbe mit dem eher profan klingenden „Gewühle" mag auf den heutigen Leser durchaus als Stilbruch wirken; sie spiegelt **Dramatik** wider, wohl nicht nur die äußere am Himmel, sondern auch die innere des aufgerüttelten Subjekts. Sein rückwärtsgerichteter Blick **idealisiert die Stadt** aus der Entfernung in „goldnem Rauch" (V. 15). Dem akustischen Eindruck des ins Überirdische überhöhten Klangs der menschlichen Stimme entspricht hier auf der weiten Fläche der rauschende Klang des Erlenbachs und der Mühle im Grund. Dabei scheinen die sinnlichen Wahrnehmungen aus der natürlichen Umwelt klarer und in größerem Maße dynamisch zu sein, wie die Verben „wogen" (vgl. V. 14) und „rauschen" (vgl. zweimal V. 16) im Vergleich zu den eher statisch wirkenden Verben „schweben" (Z. 5), „scheinen" (vgl. V. 6) und „vorleuchten" (vgl. V. 9) der ersten Strophe nahelegen. Diese Beobachtung schließt auch das Verb „beben" (Z. 7) ein, das sich auf Blüten bezieht und so nur eine geringfügige Bewegung bezeichnet.

So befindet sich das lyrische Ich auch in der zweiten Strophe in emotionaler, freudiger Erregung. Sie mag aus dem Nachhall des Ereignisses in der Stadt resultieren und wird verstärkt durch den **Genuss des idealisierten Naturerlebnisses** hier in der freien Landschaft. Die Natur wird als Idyll geschildert, das dem lyrischen Subjekt erst den nötigen Freiraum bieten kann, sich seines tiefen Erlebens bewusst zu werden. Der Rhythmus behält ab Vers 14 den Jambus bei, der längere Vers bedingt aber mehr Hebungen (vgl. V. 16), fast wie ein länger ausgreifender Wanderschritt. Auch der abweichende synkopische Einsatz der Hebung auf der ersten Silbe bei Vers 15 „*Rück*wärts" kann vom Leser als Unterstreichung des Wanderschritts rezipiert werden – als Schrittänderung beim innehaltenden Blick zurück etwa oder auch als Signalisieren innerer Anspannung. Der folgende Ausruf „Wie rauscht der Erlenbach, wie rauscht im Grund die Mühle" (V. 16) führt in paralleler Struktur die Wendung „wie liegt die Welt so licht" (V. 13) weiter und zitiert mit der Wortwiederholung und der deutlichen Klangmalerei fast übertreibend oder gar ironisierend gängige **romantische volksliedhafte Elemente**.

In seiner Selbstvergessenheit konnte das lyrische Subjekt nur aus der Stadt heraus, zurück ins Offene der Natur streben. Dort sammelt es sich und findet zur Ruhe und zu tiefer neuer Beglückung, die das Erlebnis in der Stadt bewahrt und im inneren Empfinden steigert. Diese Ausweitung der Möglichkeiten für das Empfinden des lyrischen Subjekts lässt sich auch im Reimklang und in der Reimgestaltung erkennen. So erweitert sich der **klangliche Wirkungsraum** in der zweiten Strophe mit seinen fünf Lautgruppen (-ommen-, -ich-, -ühle-, -ührt-, -auch-) im Vergleich zu den drei Lautgruppen (-ein-, -eben- und -or-) der vorangegangenen Strophe. Auch die **Verteilung der Reime** über die zweite Strophe wird gleichzeitig raumgreifender und komplexer: In der ersten Strophe reiht der Sprecher in der ersten Gedichthälfte Paarreim („tret' ich *ein*" – „Abendsch*ein*") und Kreuzreim („*eben*" – „… fl*or*" – „schw*eben*" – „… ch*or*") aneinander und endet mit einer abschließenden Dreiergruppe, die den Anfangsreim des Kreuzreims wiederholt und diese beiden Verse mit dem zweiten Klang des Kreuzreims umarmend abschließt. Ähnlich ist auch die zweite Strophe gebaut, die Erweiterung zeigt sich jedoch in einem zweiten Paarreim, dem sich auch hier ein Kreuzreim anschließt.

Der ist jedoch nicht einfach wieder der Vorläufer der abschließenden Dreiergruppe, die es auch in der zweiten Strophe gibt, sondern beide werden kunstvoll miteinander verwoben: Mit Vers 14 löst der Sprecher wie schon zuvor in Vers 3 den Paarreim durch einen Kreuzreim ab, der aber erst am Ende des Gedichts in Vers 19 abgeschlossen wird, nachdem ein zusätzlicher Paarreim „irr'gef*ührt*" (V. 17) – „Herz ber*ührt*" (V. 18) eingeschoben wurde. Dieser Paarreim – der Beginn der abschließenden Dreiergruppe – kleidet zwei besondere Verse ein: Das lyrische Ich beschreibt die eigene Befindlichkeit als „trunken, irr'geführt" (V. 17) und wendet sich direkt an die Muse, die sein „Herz berührt" (V. 18) habe. Erst der letzte Vers treibt die Spannung auf ihren Höhepunkt mit dem Nachtrag „Mit einem Liebeshauch" und schließt gleichzeitig mit dem Ausklang auf -auch- sowohl die Dreiergruppe als auch den Kreuzreim und damit die **feingliedrige Reimstruktur** des ganzen Gedichts ab.

Diese letzten drei zusammengehörenden Verse enthalten eine den Leser überraschende wesentliche Einsicht des Subjekts. Es erfährt sich selbst „wie trunken", also wie im Rausch – das Motiv des rauschenden Erlenbachs und der Mühle scheint hier als innerer Zustand aufgenommen. Zugleich präzisiert das Ich seine Befindlichkeit als **„irr'geführt"** (V. 17). Hier ist der Leser zu **Deutungsversuchen** aufgefordert. Hat sich das lyrische Subjekt in der Stadt einfach „nur" verliebt und kommt nun außerhalb der Stadttore wieder „zur Vernunft"? Haben das Erlebnis in der Künstlichkeit der Stadt, die überhöhten Wahrnehmungen von Schönheit und Harmonie das Ich in die Irre geführt? Hat es sich selbst betrogen mit seiner Idealisierung der Reize bürgerlichen Lebens? Ist das (klein)bürgerliche Streben nach gezüchteter Blumenpracht und wohlklingender Hausmusik ein Ideal, das sich als verlockende Irre erweist? Stellt erst die „licht[e]" Welt (V. 13) in ihrer grenzenlosen Offenheit und Weite das wahre Ideal für das empfindende Ich dar?

Betrachtet der Leser das Gedicht als **verstecktes Spiel mit dem inhaltlichen Aufbau eines Sonetts**, kann er in der These der ersten Strophe das Idyll in der kleinen Stadt erkennen, dem die Antithese der zweiten Strophe – die erlebte Befreiung in der Natur – gegenübersteht. Die Synthese, die wie eine Pointe wirkt, beginnt mit den letzten drei Versen, in denen das Subjekt seinen Zustand hinterfragt und seiner Muse für ein komplexes Gefühlserlebnis dankt. Doch wer ist die **Muse**?

Der Leser kann in ihr ganz direkt die Sängerin aus der ersten Strophe erkennen, obwohl die Stimme dort nicht direkt einer Frau zugeschrieben wird. Der Sprecher ist in diesem Fall berührt durch die Schönheit und Reinheit der Sängerin am Fenster und fühlt sich euphorisiert. Der Leser kann in der angerufenen Muse aber auch eine Instanz vermuten, die schöpferische Inspiration jenseits der geschilderten Erfahrung symbolisiert. So gesehen wirken die letzten beiden Verse, als habe das lyrische Subjekt in der Stadt die **Gnade eines himmlisch anmutenden Erlebnisses** gespürt, das es in den Stand versetzt, sich nun außerhalb der Begrenztheit der menschlichen Ordnung künstlerisch zu äußern. Vielleicht ist es aber auch erleichtert, mithilfe der Natur und der „Muse" einen Irrtum überwunden zu haben.

Mörike lässt im lyrischen Subjekt eine **sensible Figur** zu Wort kommen, die zu tiefen Empfindungen fähig ist und sich differenziert und wortgewandt mitteilt. Der Autor, der aufgrund seiner Lebensdaten oft vereinfachend als repräsentativer Dichter des Biedermeier etikettiert wird, hat hier einen Text geschaffen, der in seiner Sprachgestalt erfrischend modern wirkt und den heutigen Leser fordern und berühren kann.

Teil B

Joseph von Eichendorff (1788–1857): Im Abendroth

Wir sind durch Noth und Freude
Gegangen Hand in Hand,
Vom Wandern ruhn wir beide
Nun über'm stillen Land.

Rings sich die Thäler neigen,
Es dunkelt schon die Luft,
Zwei Lerchen nur noch steigen
Nachträumend in den Duft.

Tritt her, und laß sie schwirren,
Bald ist es Schlafenszeit,
Daß wir uns nicht verirren
In dieser Einsamkeit.

O weiter, stiller Friede!
So tief im Abendroth
Wie sind wir wandermüde –
Ist das etwa der Tod?

(e 1837)

Aus: H. Fröhlich/U. Regener (Hg.). J. v. Eichendorff. Gedichte. Erster Teil. W. Kohlhammer. Stuttgart 1993

Aufgabe:

Vergleichen Sie die beiden Gedichte anhand ausgewählter Aspekte.

Tipps und Hinweise

Das Vergleichsgedicht aus dem Jahre 1837 wurde von Joseph von Eichendorff geschrieben, einem repräsentativen Schriftsteller aus der Zeit der Romantik.
Indem Sie unter der Aufgabenstellung A das Gedicht von Mörike analysiert und interpretiert haben, sind Sie zu einer Reihe von Aussagen gekommen, die Sie nun auf das Gedicht „Im Abendroth“ beziehen können, um Gemeinsamkeiten und Unterschiede zwischen den beiden Texten herauszuarbeiten.
Stimmen Sie Ihren Leser zunächst auf den Text von Eichendorff ein, indem Sie dessen Thema und Gegenstand formulieren und ihn so von Mörikes Gedicht abgrenzen. Zeigen Sie vergleichend zum Mörike-Gedicht, wie Eichendorff sein Gedicht aufbaut (Strophenbau, Reim, Rhythmus). Benennen Sie das lyrische Subjekt und zeigen Sie, mit welchen sprachlichen Mitteln sich das „Wir“ bei Eichendorff äußert und welche Wirkung seine Reflexionen auf den Leser haben. Vergleichen Sie die Befindlichkeiten der Sprecher in den beiden Texten, ihre jeweilige Situation, ihre Perspektiven. Zuletzt sollten Sie über Ihre unterschiedlichen Lektüreeindrücke schreiben und versuchen, diese einzuordnen und zu verallgemeinern.

Lösungsvorschlag in Grundzügen

In Mörikes Text *Auf einer Wanderung* aus dem Jahr 1845 schildert ein lyrisches Ich seine Eindrücke, als es abends eine Stadt betritt, dort überwältigt von Eindrücken innehält und sich später wieder ins Weite begibt. Eichendorffs Text *Im Abendroth* von 1837 lässt ein kollektives Wir ebenfalls am Abend **ermüdet vom Wandern** rasten. So eröffnen sich bereits auf den ersten Blick Ähnlichkeiten hinsichtlich der Entstehungszeit, der Themen- und Stoffwahl und der Wahl der lyrischen Sprecher. Auch die Länge der Texte ist mit 19 bzw. 16 Versen vergleichbar.

Mörike stellt dem Leser **einen Sprecher** vor, der seine sinnlichen Wahrnehmungen artikuliert und reflektiert. Dessen besondere Sensibilität lässt ihn über Farben und harmonische Klänge in Entzücken geraten, sodass er in der Naturidylle Besinnung und Beseeltheit sucht und findet und sich schließlich von seiner Muse im Liebeshauch berührt fühlt. Das lyrische Subjekt fühlt sich zwar „wie trunken, irr'geführt" (V. 17), doch seine Stimmung weist in die Zukunft: Die Berührung durch die Muse, das Erlebte, kann ihm die Kraft und Fähigkeit zur künstlerischen Äußerung geben.

Anders verhält es sich mit dem „**Wir**" aus **Eichendorffs Gedicht**. In vier gleich gebauten volksliedhaften Strophen zu je vier Versen spricht ein „Wir", das sich im zweiten Vers als vermutlich **zwei Personen** („Hand in Hand"), im dritten Vers als „wir beide" genauer zu erkennen gibt. Ebenso wie Mörike setzt auch Eichendorff Rhythmus und Reim ein, um die Stimmung seines lyrischen „Wir" zu untermalen. Der zugrundeliegende dreihebige Jambus mit seinen abwechselnden weiblichen und männlichen Kadenzen spiegelt wie auch der ebenmäßige Kreuzreim die ruhige, ausgeglichene Befindlichkeit des Sprechers wider. Der Sprechgestus der ersten und zweiten Strophe lässt offen, ob der Sprecher sich ausspricht oder sich dem Partner zuwendet. Sein Text setzt im Perfekt ein, wenn er bildhaft daran erinnert, dass beide „Hand in Hand" durch „Noth und Freude" gegangen sind (V. 1 f.), wechselt dann aber ins Präsens. Auch in diesem Gedicht ist der **Leser also nah am Sprecher**. Oberflächlich betrachtet äußert das „Wir" seine große Müdigkeit am Abend nach langer Wanderung, es gibt seine Wahrnehmungen und Gedanken in der Einsamkeit der Landschaft und der Stimmung der zunehmenden Dunkelheit und des Abendrots wieder. Es genießt den weiten, stillen Frieden und seufzt: „Wie sind wir wandermüde" (V. 15).

Erst der letzte Vers bringt wirklich Gewissheit und bestätigt etwaige Assoziationen und Vorahnungen des Lesers, wenn das Wir sich fragt: „Ist das etwa der Tod?" (V. 16). Berührt überdenkt der Leser das Gedicht und spürt jenen Konnotationen nach, die die Textaussage in die Nähe des **Abschieds vom Leben** rücken. Bereits in der ersten Strophe lässt das Begriffspaar „Noth und Freude" auf einen langen Weg schließen, der länger als die Dauer einer Wanderung währt, es sei denn, man bezeichnet den **Lebensweg des Menschen** – wie es hier geschieht – **als Wanderung**. Dass die beiden ihren langen Weg gemeinsam „Hand in Hand" gegangen sind, wird den Leser darauf schließen lassen, dass nicht nur Wanderfreunde, sondern zwei Lebenspartner von sich sprechen bzw. einer für beide das Wort nimmt.

Untersucht man Eichendorffs Text hinsichtlich der **Räume**, in denen Handlung und Reflexion stattfinden, so deuten sich unterschiedliche Ebenen an. Eine untere wird gebildet durch das „stille Land" (V. 4) und „rings […] die Thäler" (V. 5), die beiden Figuren sind umgeben von der dunkelnden „Luft" (V. 6). Auf einer oberen Ebene nehmen sie „den Duft" (V. 8) wahr, in den die Lerchen „steigen" (V. 7). Schon am Ende der ersten Strophe erwähnt das Wir, dass „beide" „über'm" stillen Land ruhn – dass sie sich also wörtlich genommen oberhalb des Grundes befinden. In der zweiten Strophe wird bestätigt, dass sich die Täler „neigen", auch hier scheint sich das Wir auf einem erhöhten Punkt zu befinden. Die einzigen noch erkennbaren Lebewesen „in dieser Einsamkeit" (V. 12) sind die zwei Lerchen, die metaphorisch in den Duft aufsteigen. Der lyrische Sprecher bezeichnet sie mit dem personifizierenden Neologismus „nachträumend“ (V. 8) – die Parallele zur Situation der beiden Menschen drängt sich auf, auch sie entfernen sich gedanklich von den Gegebenheiten der irdischen Welt. Stilles Land und Täler liegen in einiger Distanz unter den beiden, und auch sie hängen träumend ihren Gedanken nach, die nach Ruhe, Zufriedenheit und Abschied klingen. Die beiden in die Lüfte aufsteigenden **Vögel** sind das **verbindende Element** zwischen der Erde, den beiden Menschen, die sich schon „über'm stillen Land“ wähnen, und dem Himmel.

Am Beginn der dritten Strophe spricht der Sprecher den Partner/die Partnerin an mit der Aufforderung: „Tritt her“. Er bittet um Nähe und wehrt leichthin ab: „laß sie schwirren“ (V. 9). Damit meint er wörtlich die Lerchen, doch der Leser kann im Bild der zwei aufsteigenden Vögel auch die beiden Wandermüden selbst, ihre Seelen, die Jugend oder das Leben an sich entdecken.

Die Aufforderung, noch dichter heranzutreten, hat einen Grund. Der Sprecher mahnt: „Bald ist es Schlafenszeit“ (V. 10). Die **Symbolik des Todes als Schlafes Bruder** klingt hier an. Gemeinsam will das Wir dem Kommenden begegnen. Es sammelt die Kräfte und bereitet sich vor auf einen unbekannten Weg, der Gefahren birgt, denn „in dieser Einsamkeit“ (V. 12) kann man sich „verirren“ (V. 11). Doch die Gedanken des Wir sind nicht von Trauer oder Verzweiflung geprägt. Tiefe **Ruhe und Gefasstheit**, sogar **Zuversicht und Freude** schwingen für den Leser mit, wenn er den Ruf liest „O weiter, stiller Friede!“ (V. 13). Dies ist nicht nur ein Ausruf, sondern auch ein **Anruf**. Wie eine Begrüßung ruft das Wir diesen Frieden an und schließt dabei die Ahnung ein, dass das – dieser Friede und die Wandermüdigkeit des Wir – vielleicht der Tod sei.

Wunderbare und einfache Worte legt Eichendorff seinem Sprecher in den Mund. Wenige Sätze und Bilder zeichnen schemenhaft die **Harmonie**, die zwischen den beiden Menschen liegt wie auch zwischen ihnen und der Welt. Ruhe, Frieden und Hoffnung gibt Eichendorff ihnen in diesem bedeutenden Augenblick des Abschieds vom Leben. In dem Gedicht erkennt der Leser deutliche Züge der Romantik – das Subjekt löst sich vom Gegenständlichen, überhöht es romantisierend und verlagert seine Sehnsucht nach Vollkommenheit ins Transzendentale.

Beide Gedichte thematisieren den Menschen in seiner **Wahrnehmung der Natur** und in der **Überschreitung von Grenzen**, sowohl räumlichen als auch inneren. Für Mörikes Ich ist die Natur der existenzielle Lebensraum. Dort kann es sich des außerordentlichen Erlebnisses aus der Stadt bewusst und seiner Euphorisierung Herr werden. Dort findet es auch wieder in die Realität zurück. Während sich **Mörikes lyrisches Subjekt** auf seiner **Wanderung** im Leben befindet, ruht das **Wir Eichendorffs** von seiner **lebenslangen Wanderung** bildhaft über der Natur, schon entfernt von jeglicher menschlicher Gesellschaft, „über“ dem Land. Abgeklärt schöpft es dort Ruhe und Kraft, um sich auf den Tod vorzubereiten, dem es gefasst und fast sehnsuchtsvoll entgegenblickt. Einfache Naturbilder übertragen bildhaft Konnotationen, die auf Abschied und Lebensende verweisen. Spendete bei **Mörike** die profane **Natur Lebenskraft** in einer besonderen individuellen Situation, so ist sie bei **Eichendorff** ein **Sinnbild für die Gesamtheit des Lebens**. In beiden Texten gelangen die Subjekte an Grenzen – das Mörike-Ich verliert aus emotionaler Übersteigerung für eine gewisse Zeit die Kontrolle über sich und fasst sich dann wieder, es deutet sich im Text an, dass es – durch den Musenkuss erweckt – zur künstlerischen Sprache finden könne. Dem Paar Eichendorffs kommt zu Bewusstsein, dass es die Grenze des Lebens erreicht, und es stellt sich darauf ein, diese endgültige Grenze zu überschreiten.

Beide Autoren nutzen ihr lyrisches Handwerkszeug souverän, um die Stimmungen ihrer Sprecher und die Atmosphäre der Situationen für den Leser nachvollziehbar zu machen und zu vertiefen. Dabei erscheint der Text Eichendorffs als repräsentativ für romantisches Schreiben, während im jüngeren Text von Mörike bewusst mit Reim und Rhythmus gespielt wird und Disharmonien und Unregelmäßigkeiten in das Textgewebe eingeflochten werden.

Ihre Meinung ist uns wichtig!

Ihre Anregungen sind uns immer willkommen. Bitte informieren Sie uns mit diesem Schein über Ihre Verbesserungsvorschläge!

Titel-Nr.	Seite	Vorschlag

Bitte hier abtrennen

Bitte hier abtrennen

Zutreffendes bitte ankreuzen!

Die Absenderin/der Absender ist:

- ☐ Lehrer/in in den Klassenstufen: ____
- ☐ Fachbetreuer/in
  Fächer: ____
- ☐ Seminarlehrer/in
  Fächer: ____
- ☐ Regierungsfachberater/in
  Fächer: ____
- ☐ Oberstufenbetreuer/in
- ☐ Schulleiter/in
- ☐ Referendar/in, Termin 2. Staatsexamen: ____
- ☐ Leiter/in Lehrerbibliothek
- ☐ Leiter/in Schülerbibliothek
- ☐ Sekretariat
- ☐ Eltern
- ☐ Schüler/in, Klasse: ____
- ☐ Sonstiges: ____

Unterrichtsfächer: (Bei Lehrkräften!)

____

STARK Verlag
Postfach 1852
85318 Freising

20-VDN

Bitte ausfüllen und im frankierten Umschlag an uns einsenden. Für Fensterkuverts geeignet.

Kennen Sie Ihre Kundennummer? Bitte hier eintragen.

Absender (Bitte in Druckbuchstaben!)

Name/Vorname

Straße/Nr.

PLZ/Ort/Ortsteil

Telefon privat

Geburtsjahr

E-Mail

Schule/Schulstempel (Bitte immer angeben!)

(Bitte blättern Sie um)

Abitur-Prüfungsaufgaben

Von den Kultusministerien zentral gestellte Abitur-Prüfungsaufgaben, einschließlich des aktuellen Jahrgangs. Mit schülergerechten Lösungen.

Sachsen

Abiturprüfung Mathematik – LK Sachsen .... Best.-Nr. 145000
Abiturprüfung Mathematik – GK Sachsen .... Best.-Nr. 145100
Abiturprüfung Deutsch – GK/LK Sachsen .... Best.-Nr. 145400
Abiturprüfung Englisch – LK Sachsen .... Best.-Nr. 145460
Abiturprüfung Physik – LK Sachsen .... Best.-Nr. 145300
Abiturprüfung Chemie – GK/LK Sachsen .... Best.-Nr. 145730
Abiturprüfung Biologie – GK Sachsen .... Best.-Nr. 145700
Abiturprüfung Geschichte – GK/LK Sachsen ..... Best.-Nr. 145760

Sachsen-Anhalt

Abiturprüfung Mathematik – LKN Sachsen-Anhalt .... Best.-Nr. 155000
Abiturprüfung Mathematik – GKN Sachsen-Anhalt .... Best.-Nr. 155100
Abiturprüfung Deutsch – GKN/LKN Sachsen-Anhalt .... Best.-Nr. 155400
Abiturprüfung Englisch – GKN/LKN Sachsen-Anhalt .... Best.-Nr. 155460
Abiturprüfung Physik – LKN Sachsen-Anhalt .... Best.-Nr. 155300
Abiturprüfung Chemie – GKN/LKN Sachsen-Anhalt .... Best.-Nr. 155730
Abiturprüfung Biologie – GKN/LKN Sachsen-Anhalt .... Best.-Nr. 155700
Abiturprüfung Geschichte – GKN/LKN Sachsen-Anhalt .... Best.-Nr. 155760

Thüringen

Abiturprüfung Mathematik – Thüringen .... Best.-Nr. 165100
Abiturprüfung Deutsch – Thüringen .... Best.-Nr. 165400
Abiturprüfung Englisch – gA/eA Thüringen mit Audio-Dateien zum Downloaden .... Best.-Nr. 165460
Abiturprüfung Physik – gA/eA Thüringen .... Best.-Nr. 165300
Abiturprüfung Biologie – gA/eA Thüringen ...... Best.-Nr. 165700
Abiturprüfung Geschichte – eA Thüringen .... Best.-Nr. 165760

Mecklenburg-Vorpommern

Abiturprüfung Mathematik Mecklenburg-Vorpommern .... Best.-Nr. 135000
Abiturprüfung Deutsch Mecklenburg-Vorpommern .... Best.-Nr. 135410
Abiturprüfung Englisch mit Audio-Dateien zum Downloaden Mecklenburg-Vorpommern .... Best.-Nr. 135460
Abiturprüfung Biologie Mecklenburg-Vorpommern .... Best.-Nr. 135700

Berlin/Brandenburg

Abiturprüfung Mathematik mit CD-ROM – LK Berlin/Brandenburg .... Best.-Nr. 125000
Abiturprüfung Mathematik mit CD-ROM – GK Berlin/Brandenburg .... Best.-Nr. 125100
Abiturprüfung Deutsch Berlin/Brandenburg .... Best.-Nr. 125400
Abiturprüfung Englisch Berlin/Brandenburg .... Best.-Nr. 125460
Abiturprüfung Biologie – GK/LK Berlin/Brandenburg .... Best.-Nr. 125700

Interpretationen zu Prüfungsschwerpunkten im Fach Deutsch

Die optimale Vorbereitung auf das Abitur: Mit Informationen zu Autor und Werk, ausführlicher Inhaltsangabe sowie einer systematischen Interpretation des Textes.

Brecht: *Der aufhaltsame Aufstieg des Arturo Ui*
Prüfungsschwerpunkt Brandenburg, Berlin 2011 .... Best.-Nr. 2400281
Brecht: *Leben des Galilei*
Prüfungsschwerpunkt Brandenburg, Berlin 2011 .... Best.-Nr. 2400011
Fontane: *Frau Jenny Treibel*
Prüfungsschwerpunkt Brandenburg, Berlin 2011 .... Best.-Nr. 2400611
Fontane: *Irrungen, Wirrungen*
Prüfungsschwerpunkt Brandenburg, Berlin, Mecklenburg-Vorpommern 2011 .... Best.-Nr. 2400401
Keller: *Romeo und Julia auf dem Dorfe*
Prüfungsschwerpunkt Mecklenburg-Vorpommern 2011 .... Best.-Nr. 2400321

Bestellungen bitte direkt an:

STARK Verlagsgesellschaft mbH & Co. KG · Postfach 1852 · 85318 Freising
Tel. 0180 3 179000* · Fax 0180 3 179001* · www.stark-verlag.de · info@stark-verlag.de
*9 Cent pro Min. aus dem deutschen Festnetz, Mobilfunk bis 42 Cent pro Min.
Aus dem Mobilfunknetz wählen Sie die Festnetznummer: 08167 9573-0

Lernen · Wissen · Zukunft
STARK

20-VDN